REDLINE | VERLAG

Ingo Leipner

DIE KATASTROPHE DER DIGITALEN BILDUNG

Warum Tablets Schüler nicht klüger machen – und Menschen die besseren Lehrer sind

Bibliografische Information der Deutschen Nationalbibliothek
Die Deutsche Nationalbibliothek verzeichnet diese Publikation in der Deutschen Nationalbibliografie. Detaillierte bibliografische Daten sind im Internet über http://dnb.d-nb.de abrufbar.

Für Fragen und Anregungen
info@redline-verlag.de

1. Auflage 2020

© 2020 by Redline Verlag, ein Imprint der Münchner Verlagsgruppe GmbH,
Nymphenburger Straße 86
D-80636 München
Tel.: 089 651285-0
Fax: 089 652096

Alle Rechte, insbesondere das Recht der Vervielfältigung und Verbreitung sowie der Übersetzung, vorbehalten. Kein Teil des Werkes darf in irgendeiner Form (durch Fotokopie, Mikrofilm oder ein anderes Verfahren) ohne schriftliche Genehmigung des Verlages reproduziert oder unter Verwendung elektronischer Systeme gespeichert, verarbeitet, vervielfältigt oder verbreitet werden.

Redaktion: Karla Seedorf
Umschlaggestaltung: Marc Fischer
Umschlagabbildung: Ben Romalis/ Computer Tablet smashed and destroyed
Satz: ZeroSoft, Timisoara
Druck: GGP Media GmbH, Pößneck
Printed in Germany

ISBN Print 978-3-86881-804-8
ISBN E-Book (PDF) 978-3-96267-239-3
ISBN E-Book (EPUB, Mobi) 978-3-96267-240-9

Weitere Informationen zum Verlag finden Sie unter

www.redline-verlag.de

Beachten Sie auch unsere weiteren Verlage unter www.m-vg.de

INHALT

EINBLICKE INS BUCH **7**

KAPITEL 1
UNTERRICHT FÜRS »SCHWARZE LOCH« **11**
Corona-Zeit: Warum selbst perfekte digitale Lernsysteme niemals in der Lage sind, den Unterricht von Mensch zu Mensch zu ersetzen

KAPITEL 2
AUFSTIEG UND FALL DES MAURICE DE HOND **36**
Warum die Steve-Jobs-Schulen in Holland scheitern mussten

KAPITEL 3
GUTE IDEEN – KOMPLETT AUF DEN KOPF GESTELLT **46**
Nicht alles ist Gold, was glänzt: Weshalb das Konzept der »Individualisierung« in die Irre führt

KAPITEL 4
JAHRELANG ALLEIN VOR DEM COMPUTER **66**
E-Mail-Interview mit der Psychiaterin Prof. Noriko Maruta. Sie erforscht Hikikomori: Menschen, die in Japan jahrelang ihr Zimmer nicht verlassen

KAPITEL 5
TOTALITÄRE BILDUNG **73**
Die dunkle Seite von Learning Analytics – und wie wir Kinder dem Datenmoloch ausliefern

KAPITEL 6
KAMPF GEGEN DIE »GRAUEN HERREN« 96
Warum uns Momo gestohlene Zeit zurückbringt – und kleine Kinder nichts vor Bildschirmen verloren haben

KAPITEL 7
DIGITALES RAUBRITTERTUM 114
Warum wir im elektrischen Strom nicht baden können, und der Cyberspace kein Himmel auf Erden ist

KAPITEL 8
VEGANE KÜCHE FÜR STEAK-FREUNDE? 130
Paradox: Eltern im Silicon Valley lassen den Nachwuchs nicht an Computer

KAPITEL 9
DIGITALE ANALPHABETEN 147
Warum Schüler das Lesen am besten mit Büchern lernen – und Wissenschaftler zeigen, dass Bildschirme das Denken verflachen

KAPITEL 10
GLÜCKSSPIEL IN DER HOSENTASCHE 163
Wie wir alle in die digitale Sucht gelockt werden und warum Kinder besonders in Gefahr sind

KAPITEL 11
AUF DEM SILBER-TABLET SERVIERT! 185
Warum das Bohren dicker Bretter wichtig ist – und kein Computerspiel harte Arbeit beim Lernen ersetzt

KAPITEL 12
SPALTPILZE 207
Wie die Vereinigten Staaten und China die soziale Spaltung vorantreiben – und dabei Digital-Technik nur unterschiedlich einsetzen

KAPITEL 13
INDOKTRINATION 2.0 231
Warum es Tech-Konzerne nicht nötig haben, simple Propaganda zu verbreiten

KAPITEL 14
ES MUSS NICHT IMMER DIGITAL SEIN 256
Wie Medienpädagogen gut arbeiten, ohne dem IT-Hype der Gegenwart zu verfallen

DANKE 278

ÜBER DEN AUTOR 280

ANMERKUNGEN 281

STICHWORTVERZEICHNIS 297

EINBLICKE INS BUCH

»Das Publikum beklatscht ein Feuerwerk, doch keinen Sonnenaufgang.«
Friedrich Hebbel (1813 – 1863)

2015 erscheint die *Lüge der digitalen Bildung*, ein reißerischer Titel, wie die Kritik schnell feststellt. 2020 haut das Marketing noch mehr auf die Pauke; es kommt *Die Katastrophe der digitalen Bildung* auf den Markt. Und 2025? Da wird ein ganzes Stadion voller Blechbläser ertönen – mit einem gewaltigen »Fortissimo« für den Titel: *Der Untergang des Universums durch digitale Bildung*. Schlimmer geht's nimmer.

Diese Geschichte habe ich in letzter Zeit oft erzählt, wenn es um mein aktuelles Buchprojekt ging. Ein leichtes Unbehagen schwang mit, die Befürchtung, den Mund etwas zu voll zu nehmen. »Die Katastrophe der digitalen Bildung«? Wäre es nicht auch etwas kleiner gegangen?

Dann stürzte ich mich in die Recherche und das Unbehagen löste sich allmählich in Luft auf. Virtuell bereiste ich die halbe Welt, vom Silicon Valley über China und Japan bis nach Holland. Überall traf ich auf Spuren einer Digitalisierung, die im Bildungsbereich katastrophale Konsequenzen hat – oder in Zukunft haben könnte.

Warum droht eine Katastrophe? Corona wurde zum Brandbeschleuniger digitaler Bildung, weil deren Protagonisten glauben, digitalen Notunterricht dauerhaft im Schulsystem verankern zu können. Bitkom-Chef Achim Berg spricht von einem »überfälligen Epochenwechsel in den Schulen«.

Nun, in der Not frisst der Teufel auch Bits und Bytes. Doch gerade die Schulschließungen zeigten, dass ein »Mehr an Digitalisierung« nicht die Lehre aus der Corona-Krise sein kann (Klaus Zierer). Wenn mein Bein gebrochen ist, freue ich mich über Krücken. Sobald ich wieder laufen kann, räume ich sie in den Keller (Kapitel 1: »Unterricht fürs ›schwarze Loch‹«).

Der digitale Notunterricht war besser als gar kein Unterricht. Doch seine vielen Mängel machen uns auf die erfreuliche Tatsache aufmerksam: Der Mensch lernt am besten vom Menschen! Klingt fast trivial, ist aber in digitalen Zeiten nicht mehr selbstverständlich. Zu oft wird die Illusion genährt, individualisierte Lernprogramme würden Kinder besser fördern, als es ein Lehrer jemals leisten kann. Dabei ist »Individualisierung« ein positiv besetzter Begriff, der die wahren Konsequenzen fürs Individuum verschleiert. Warum ich zu dieser Auffassung komme, begründe ich ausführlich in Kapitel 3: »Gute Ideen – auf den Kopf gestellt«.

Die »personalisierten« Programme leben von einem gewaltigen Datenstaubsauger, dem Rückkanal. Er ist nötig, damit das Programm die richtige Schublade öffnet, in der eine passende Aufgabe liegt. Vorher hat es die Leistung des Schülers analysiert. Deshalb ist von Learning Analytics die Rede, eine Technologie, die zum Bestandteil lebenslanger Überwachung werden kann.

Da zeichnen sich am Horizont Gewitterwolken ab, weil sich Learning Analytics mit biometrischer Vermessung kombinieren lässt, um digitale Lernumgebungen zu »optimieren«. Der gläserne Schüler bekommt genau gesagt, wann sein Interesse erlahmt und er eine Pause braucht, weil seine Nase wärmer geworden ist. Katastrophal, wenn sich dieser Trend zur Entmündigung durchsetzen sollte (Kapitel 5: »Totalitäre Bildung«).

Soziale Medien haben längst ihre Unschuld verloren. Manipulationen und Suchtgefahren tauchen oft als Thema in den Schlagzeilen auf. Was aber nur wenige wissen: Es gab von Anfang an Strategien, um Menschen an Bildschirme zu fesseln – durch psychologisch ausgeklügelte Suchtmechanismen. Diese Sicht der Täter fand ich spannend! Durch die Texte von Tristan Harris ergab sich auf dieses Phänomen ein neuer Blick, womit sich Kapitel 10 »Glücksspiel in der Hosentasche« befasst. Katastrophal? Das müssen Sie selbst beurteilen, wenn Sie wieder auf Ihr Smartphone starren …

Völlig paradox wird die Welt, wenn die *New York Times* übers Silicon Valley schreibt: Wer im Job eine neue Suchtschleife programmiert, hält vielleicht zu Hause seine Kinder von Bildschirmen fern – aus Angst vor Sucht und fehlender Bildung. Mich erinnert das an Dealer, die ihren Stoff in Discos verkaufen – und den eigenen Kindern verbieten, in Discos zu gehen. Schon wieder ist uns das Silicon Valley weit voraus, wie wir in Kapitel 8 »Vegane Küche für Steak-Freunde?« sehen werden.

Im übrigen Amerika wird die soziale Spaltung vorangetrieben – durch Online-Programme, die arme Kinder vor Bildschirmen abspeisen. Angeblich fehlt überall das Geld, um genügend Plätze in »Preschools« einzurichten. Reiche Kinder dagegen türmen Bauklötze und spielen mit Kameraden. Eine echte Katastrophe bahnt sich hier an (Kapitel 12: »Spaltpilze«).

Schließlich bietet das Buch noch Einblicke in eine alte Debatte: Macht es einen Unterschied, ob ich an einem Bildschirm oder auf Papier lese? Ja, einen gewaltigen Unterschied, wie Wissenschaftler im EU-Projekt »E-READ« herausgefunden haben. Ihre »Erklärung von Stavanger« 2019 ist ein Weckruf, der Digitalfans nachdenklich machen sollte (Kapitel 9: »Digitale Analphabeten«).

Eine neue Debatte ist ebenfalls nötig: Wie viel Einfluss erlaubt eine Demokratie Digital-Konzernen, wenn es um die Gestaltung von Schule geht? Sie kommen als IT-Samariter um die Ecke und zahlen kaum Steuern, die dann auch im Bildungswesen fehlen. Wieder ein Paradoxon! Und langfristig eine Katastrophe, wenn ökonomische Macht über Bildungsinhalte entscheidet (Kapitel 13: »Indoktrination 2.0«).

Soweit ein paar Einblicke in die Themen des Buches. Je mehr ich recherchierte, desto sicherer war ich, dem Verlag den richtigen Titel vorgeschlagen zu haben. Allerdings muss ich noch ein Thema erwähnen, damit nicht schon wieder der Vorwurf zu hören ist: »Sie alter Technikfeind und Kulturpessimist!« Jugendliche sollen Meister am PC sein, Programmieren lernen, Recherchen im Internet machen, Videos drehen und Websites gestalten. Toll, was mit digitalen Medien alles möglich ist. Aber bitte erst in einem Alter, wenn sie dazu die kognitive Reife erreicht haben (Kapitel 6: »Kampf gegen die ›grauen Herren‹«). Kindergärten und Grundschulen sollten bildschirmfrei bleiben. Außerdem gibt es eine Medienpädagogik, die sich genau an diesen Überlegungen orientiert (Kapitel 14: »Es muss nicht immer digital sein ...«).

Das Buch ist so angelegt, dass Sie sich die Themen herauspicken können, die Sie am meisten interessieren. Die Kapitel bauen nicht aufeinander auf, weisen aber durchaus Querbezüge auf. Wer *Die Lüge der digitalen Bildung* kennt, wird schnell merken, dass viel neues Material eingeflossen ist. Selbst die Überlegungen zur Entwicklungspsychologie greifen neue Aspekte auf, sodass »Die Katastrophe der digitalen Bildung« ein eigenständiges Werk geworden ist.

Nun bleibt mir zu wünschen, dass der provozierende Titel seine Wirksamkeit entfaltet – und sich möglichst viele Menschen neue Gedanken über digitale Bildung machen. Wenn nämlich Wirtschaft und Politik die Digitalisierung der Schule »alternativlos« fordern, muss sich die Gesellschaft auf jeden Fall mit Alternativen beschäftigen. Die Erfahrung lehrt: In einem Diskurs der »Alternativlosigkeit« gibt es immer Alternativen. Sie sind zu entdecken und ernst zu nehmen, zum Beispiel in diesem Buch.

Ingo Leipner

KAPITEL 1
UNTERRICHT FÜRS »SCHWARZE LOCH«

Corona-Zeit:
Warum selbst perfekte digitale Lernsysteme niemals in der Lage sind, den Unterricht von Mensch zu Mensch zu ersetzen

Die Stunde der digitalen Bildung hat geschlagen. »Die Corona-Krise hat dem digitalen Lernen endlich auch in Deutschland einen großen Schub verliehen«, schreibt Prof. Christoph Meinel, Direktor und Geschäftsführer des Hasso-Plattner-Instituts.[1] Ähnlich äußert sich Hannes Schwaderer, Deutschland-Chef von Intel, allerdings mit einem kritischen Unterton. Schwaderer wurde gerade zum Präsidenten der Digital-Initiative D21 wiedergewählt und sagte: »Corona hat uns mit aller Wucht aufgezeigt, dass wir bei der Digitalisierung in Bereichen wie Bildung, Gesundheit oder Verwaltung viel weiter sein müssten.« Daher zieht er die Schlussfolgerung: »Politik und Wirtschaft müssen jetzt die Krise als Chance verstehen und Digitalisierung erstens stärker als je zuvor und zweitens nachhaltiger verankern.«[2] Und der Vertreter der IT-Branche, Achim Berg, ruft eine neue Epoche aus. Der Bitkom-Präsident ist überzeugt: »Die Corona-bedingte Digitalisierung hat einen überfälligen Epochenwechsel in den Schulen eingeleitet. Das Rad dürfen wir nicht einfach zurückdrehen.«[3]

»Epochenwechsel«? Ihm wollen wir auf die Spur kommen, indem wir zum Homeschooling sechs Studien auswerten, die alle im Sommer 2020 erschienen sind. Beteiligt waren diese Institutionen:

- Otto-von-Guericke-Universität Magdeburg[4]
- Philipps Universität Marburg / Technische Universität Dortmund[5]
- Institut für Arbeitsmarkt- und Berufsforschung[6]
- Universität Koblenz-Landau[7]
- Ifo-Institut[8]
- DAK-Gesundheit[9]

Jede dieser Studien nahm eine besondere Perspektive ein. Daher ist zu erwarten, dass die Wissenschaftler nicht ganz ähnliche Ergebnisse gefunden haben. Aber es lassen sich gemeinsame Grundlinien erkennen, die wir in Form von fünf Erkenntnissen formulieren wollen.

Erkenntnis 1: Sehr viele Haushalte hätten die technischen Möglichkeiten gehabt, online einen Kontakt zwischen Schülern und Lehrern zu organisieren, etwa durch Videokonferenzen.
Aber die große Mehrzahl der Lehrer beschränkte sich auf das Verschicken von Aufgaben-Paketen (E-Mail), wobei ein Feedback auf die Lösungsvorschläge der Schüler häufig ausgeblieben ist (siehe Kasten »Kommunikation«).

Kommunikation

Otto-von-Guericke-Universität Magdeburg: Online wurden 4.000 Eltern von Grundschülern befragt. Die Kommunikation lief zu 50 Prozent über E-Mails; 15 Prozent der Lehrer gaben Aufgaben in Schriftform weiter. Die Lehrer nutzten auch andere Wege wie Smartphone oder die Homepage der Schule. Ein Drittel der Eltern bekam nur Aufgaben für die Kinder zugeschickt, sonst gab es keine Unterstützung durch die Schule. Zwei Drittel kannten die Kontaktdaten der Lehrer, die sie im Zweifelsfall um Rat fragen konnten. Nicht einmal zwei Prozent der Grundschüler erhielten »synchrone Unterstützungsangebote« wie Videochats. Prof. Raphaela Porsch: »An der Technikausstattung kann das nicht gelegen haben, denn fast alle befragten Eltern verfügen über internetfähige Geräte.«

Philipps Universität Marburg / Technische Universität Dortmund: Etwa ein Drittel der befragten Eltern sagten, dass die Mathematiklehrer bisher zwar Aufgaben zur Verfügung gestellt, jedoch keine Lösungen geschickt haben. Bei anderen Fächern sah die Situation noch schlechter aus: Deutsch (40 Prozent) und Sachkunde (56 Prozent). Ähnlich das Bild beim Feedback zu Lösungen: 59 Prozent der Eltern vermissten es im Fach Deutsch und 74 Prozent im Biologie- und Sachkundeunterricht. Diesen Trend sehen die Wissenschaftler kritisch: »Das ist aus motivationspsychologischer Sicht bedenklich, da Feedback sowohl mit einer positiven Entwicklung der Leistung einhergeht und motiviert – wenn die Rückmeldung richtig formuliert wird.« Trotz »technischer Möglichkeiten für Onlineunterricht« in vielen Familien wurde das Homeschooling überwiegend »durch das Versenden von Aufgaben« umgesetzt, so die Studie.

Ifo-Institut, München: 96 Prozent der Schüler erhielten mindestens einmal pro Woche Aufgabenblätter. In dieser Studie beträgt die Quote der Rückmeldungen durch Lehrer 64 Prozent, wobei die Schüler mit ihnen mindestens einmal pro Woche in Kontakt standen. 36 Prozent haben das weniger als einmal pro Woche erlebt – und 17 Prozent niemals! Gemeinsamen Unterricht gab es seltener als einmal pro Woche, und zwar für fast zwei Drittel der Schüler (57 Prozent), etwa per

Videoanruf oder Telefon. 45 Prozent wurden niemals zusammen unterrichtet. Aber: Bei sechs Prozent war das täglich der Fall, bei 29 Prozent mehr als einmal pro Woche. Beobachtung der Studie: »Die Möglichkeit des Onlineunterrichts wurde von den Schulen also nur vergleichsweise selten genutzt.«

Erkenntnis 2: Das Internet spielt eine wichtige Rolle.
Das Ifo-Institut berichtet, dass die Kinder von 53 Prozent der befragten Eltern mehrmals pro Woche Lernvideos geschaut haben. 43 Prozent gaben an, ihr Kind habe mehrmals in der Woche eine Lernsoftware nutzen sollen. Die Universität Koblenz-Landau hat herausgefunden: 75 Prozent der Eltern sahen den Kontakt zu den Lehrern über E-Mail gewährleistet. Zudem gab es Material zum Download (54,5 Prozent), Internetseiten (41,6 Prozent), Videos auf YouTube (28,9 Prozent) und eigene Videos (15,4 Prozent). Befragt wurden Eltern von Schülern, die Grundschulen und weiterführende Schulen besuchen.

Erkenntnis 3: Die große Mehrzahl der Schüler hat ihren Zeitaufwand für schulische Aktivitäten in der Corona-Zeit deutlich reduziert.
Das ist eine heikle Aussage, denn manche Studie nimmt einen Vergleich in dieser Weise vor: Sie stellt die Zeit der Anwesenheit in der Schule (plus Zeit für Hausaufgaben) den Zeiten gegenüber, die Schüler jetzt im Homeschooling waren. Beispiel Ifo-Institut: »Die Zeit, die Schulkinder mit schulischen Aktivitäten verbracht haben, hat sich während Corona von 7,4 auf 3,6 Stunden täglich halbiert«, schreiben die Wissenschaftler. »38 % der Schüler*innen haben höchstens zwei Stunden pro Tag gelernt, 74 % höchstens vier Stunden.« Schlussfolgerung der Forscher: »Der Ausfall des Schulbesuchs konnte nur in geringem Maße durch gesteigerte Lernaktivitäten zu Hause aufgefangen werden.«

Ob sich diese Frage so eindeutig beantworten lässt? Vielleicht gibt es im konventionellen Schulbetrieb auch Leerlauf – und zu Hause wird intensiver gearbeitet? Das »Institut für Arbeits- und Berufsforschung«

(IAB) stellt fest: Die reine Stundenzahl besage nichts über die »Intensität und Qualität des Lernens«:

> »Es wäre theoretisch möglich, dass leistungsstarke Jugendliche den vorgesehenen Lernstoff mit einem geringeren Stundenpensum als im Schulkontext bewältigen können. Gegen diese Annahme spricht, dass Befragte mit geringerem Leistungsniveau (unter einem Notendurchschnitt von 2,5 in den Fächern Deutsch, Mathematik und Englisch) weniger Zeit für die Schule aufwenden.«

Dann hat das IAB den Zeitaufwand fürs Lernen mit dem digitalen Lernangebot der Schule verglichen. Auf diese Weise konnte das Institut zeigen, »dass Schülerinnen und Schüler, die häufiger Lehrmaterialien bekommen, mehr Zeit für die Schule aufwenden.« Das IAB befragte Schüler in der gymnasialen Oberstufe und verzeichnete einen deutlich gesunkenen Zeitaufwand fürs Lernen: »Diese Befunde machen deutlich, dass es selbst in den gymnasialen Oberstufen für viele Schülerinnen und Schüler eine Herausforderung ist, ihren Lernalltag mittels Homeschooling zu gestalten.«

Erkenntnis 4: Die sozialen Folgen des Homeschoolings können beträchtlich sein, weil benachteiligte Schüler zu Hause überfordert sind.
Wie oben bereits erwähnt, war Feedback der Lehrer häufig Mangelware. Darunter leiden besonders Kinder mit Lernschwierigkeiten, etwa bei einer Aufmerksamkeitsdefizit-/Hyperaktivitätsstörung (ADHS). »Die Kinder können sich nicht selber strukturieren und planvoll vorgehen und die Delegation an die Eltern ist schwierig, da gerade die Hausaufgabensituation oftmals stark konfliktbehaftet ist«, sagt Prof. Hanna Christiansen von der Universität Marburg. »Es entstehen Wissenslücken, die kaum im Alleinstudium wieder aufgeholt werden können.«

Ihre gemeinsame Studie mit der TU Dortmund sieht »Kinder benachteiligter Bevölkerungsschichten« gefährdet, zum Beispiel »Geflüchtete in Gemeinschaftsunterkünften und Kinder mit Lernschwierigkeiten«. Die Schulen sollten bundesweit Lösungen entwickeln, »wie alle Kinder aus allen Schichten bestmöglich erreicht werden können, um strukturiert und ohne Benachteiligung unterrichtet werden zu können.« Homeschooling kann nur funktionieren, wenn die Eltern Unterstützung gewähren. Viele Erwachsene stießen dabei an ihre Grenzen und mussten staunend erkennen: »Lehrer ist ein richtiger Beruf!«

Einen weiteren sozialen Aspekt greift die Universität Koblenz-Landau auf: Das Homeschooling bietet für Kinder zu wenige Möglichkeiten, um mit ihren Klassenkameraden in Kontakt zu treten: »Knapp 60 Prozent der Eltern geben an, dass sich ihre Kinder nicht mit Mitschülern austauschen.« Mehrmals am Tag kam es zu einem Austausch bei 9,7 Prozent der Eltern; 14,1 Prozent berichteten, dass die Kinder einige Male in der Woche Kontakt mit anderen aufnahmen. Schlussfolgerung der Wissenschaftler: »Im ›Homeschooling‹ finden im Vergleich zum normalen Schulalltag wenig Interaktionsmöglichkeiten statt.«

Erkenntnis 5: Die passive Nutzung von Bildschirmmedien hat in der Corona-Zeit stark zugenommen.
Das Ifo-Institut hat festgestellt: »Relativ passive Tätigkeiten wie Fernsehen, Computer- und Handyspiele und der Konsum von sozialen Medien [sind] während der Corona-Zeit stark angestiegen.« Das heißt in Zahlen: Mit diesen Medien verbrachten die Schüler am Tag 5,2 Stunden, was 1,25 Stunden mehr Zeit bedeutet hat, als es vor Corona der Fall war. Auf diese Weise haben die Schüler täglich 1,5 Stunden mehr mit Fernsehen, Computerspielen und Handy verbracht, als mit Aktivitäten des Homeschoolings (3,6 Stunden).

Die Studie der DAK-Gesundheit hat sich demselben Thema zugewendet. Sie nimmt einen Vergleich von Daten vor, und zwar aus dem September 2019 und Mai 2020. Also vor der Corona-Zeit und während der Schulschließungen. Zum ersten Zeitpunkt zeigten 10 Prozent der 10- bis 17-Jährigen ein riskantes Spielverhalten. Ein »pathologisches Gaming«

stellten die Wissenschaftler bei 2,7 Prozent der Teenager fest. Interessant die Verteilung der Geschlechter: Bei den Jungen waren 3,7 Prozent betroffen, bei den Mädchen nur 1,6 Prozent. »Die ersten Ergebnisse sind alarmierend«, erklärte Andreas Storm, Vorstandschef der DAK-Gesundheit. »Hochgerechnet auf die Bevölkerung ist bei fast 700.000 Kindern und Jugendlichen das Gaming riskant oder pathologisch.« Das gilt für die Auswertung der September-Daten.

Der nächste Schritt: Auch im Mai 2020 erfassten die Wissenschaftler die Spieldauer pro Woche, die im Vergleich zu September 2019 um 75 Prozent in die Höhe schießt. An Werktagen steigt die durchschnittliche Gaming-Zeit von 79 auf 139 Minuten. Dazu Prof. Rainer Thomasius, Ärztlicher Leiter am »Deutschen Zentrum für Suchtfragen«: »Die Nutzungszeiten der Kinder und Jugendlichen haben die größte Vorhersagekraft für ein problematisches und pathologisches Verhalten.«

Auch Aktivitäten in Social Media können bedenklich sein: Die September-Daten lassen den Rückschluss zu, dass 8,2 Prozent der Teenager eine »riskante Nutzung« zeigen. Das wären hochgerechnet etwa 440.000 Jugendliche. Bei 3,2 Prozent ist eine »pathologische Nutzung« erkennbar, was 170.000 Teenager betrifft. Mai 2020 wandelt sich das Bild erheblich: Werktags gehen die Social-Media-Zeiten um 66 Prozent in die Höhe (von 116 auf 193 Minuten). Die Absicht der Kinder: Langeweile bekämpfen und soziale Kontakte erhalten. »Rund ein Drittel der Jungen und Mädchen will online aber auch der ›Realität entfliehen‹ oder Stress abbauen«, schreibt die Krankenkasse. Das sind erste Symptome für Suchtverhalten.

Eine letzte interessante Zahl: 50 Prozent der Eltern gaben an, dass sie mit ihren Kindern keine Regeln zur Mediennutzung vereinbart haben, vor und während der Corona-Zeit. Vor diesem Hintergrund warnt DAK-Chef Storm: »Die Corona-Krise kann die Situation zusätzlich verschärfen. Es gibt erste Warnsignale, dass sich die Computerspielsucht durch die Pandemie ausweiten könnte.«

Es stellt sich selbstverständlich die Frage, ob ohne Corona-Umwelt die Gaming-Zeiten wieder stark sinken. Corona war ein heftiger externer Schock, der das Leben in Deutschland auf den Kopf gestellt hat. Daher wurde die DAK-Untersuchung als Längsschnittstudie angelegt, um über einen größeren Zeitraum Daten zu sammeln. Dann werden die Wissenschaftler vielleicht im nächsten Jahr Auskunft geben, wie sich das digitale Suchtverhalten entwickelt hat. Bis dahin sollten wir keine vorschnellen Schlüsse ziehen, wenn auch die bisherigen Zahlen sehr eindrucksvoll sind.

Perspektivwechsel: Bisher richtete sich unser Blick auf Eltern und Schüler. Aber es gab während der Schulschließungen auch Umfragen unter Lehrern, etwa von der Vodafone-Stiftung.[10] Aus dieser Untersuchung wollen wir nur zwei Details herausgreifen. Eine Frage zielte auf Lehrer ab, die sich einer größeren Belastung ausgesetzt sahen. Was waren die Ursachen? Die Betroffenen nannten an erster Stelle »Feedback an die Schüler« (62,3 Prozent), gefolgt von »Kontrolle der Aufgaben« (59,5 Prozent) und »Organisation« (57,6 Prozent).

Eine weitere Frage bezog sich auf die Effizienz des Fernunterrichts, gemessen am regulären Unterricht: 76,9 Prozent schätzten das Distanzlernen als »weniger effektiv« ein, lediglich 0,8 Prozent hielten ihn für »effektiver«, 6,2 Prozent für »genauso effektiv«, und 16,1 Prozent machten »keine Angaben«.

Kein Wunder, dass Lehrer die Feedback-Schleife zu den Schülern als besonders belastend erlebten. Wenn der größte Teil des Kontakts über Aufgabenblätter und E-Mail läuft, entsteht ein gewaltiger bürokratischer Aufwand. Deshalb ist es nicht erstaunlich, dass Feedback für viele Schüler ausgeblieben ist. Schon im normalen Schulalltag prüfen Lehrer in der Regel, wie ein Drittel der Hausaufgaben einer Klasse ausfallen – als Stichprobe. Je nach Deputat sehen die Lehrer pro Woche 200 bis 300 Schüler. Das erklärte uns eine Lehrerin aus Baden-Württemberg, die Musik am Gymnasium unterrichtet. Mehr Feedback ist auch unter gewöhnlichen Umständen nicht möglich, »aber in der Corona-Zeit waren die Ansprüche der Eltern besonders hoch«, so die Musiklehrerin.

Sie wurde in der Krise unter anderem zur »Radio«-Moderatorin: Ihre Schüler sprachen zu Hause Witze oder Geschichten aufs Handy, oder sie spielten sogar ganze Stücke auf der Flöte. Aus diesem Material und eigenen Musik-Rätseln machte die Lehrerin Sendungen, die sie selbst moderierte. Sie dauerten fünf bis zehn Minuten und die Schüler haben sich sehr über das gemeinsame Ergebnis gefreut. So kreativ lassen sich digitale Medien nutzen, in der richtigen Altersgruppe und bei einem aktiven Einsatz (Kapitel 14: »Es muss nicht immer digital sein ...«).

Aber: Laut Vodafone-Studie halten 76,9 Prozent der Lehrer Distanzlernen für »weniger effektiv« als den normalen Unterricht im Klassenzimmer. Das findet auch die Musiklehrerin: »Ich muss in das Gesicht eines Schülers schauen, um zu sehen, ob er etwas verstanden hat.« Bildung funktioniere über Emotionen und Resonanz, was nur im Präsenzunterricht möglich ist. Der Fernunterricht spreche nur »den Kopf an, aber nicht Herz und Hand«, davon ist die erfahrene Pädagogin überzeugt. »Der Unterricht bleibt an der Oberfläche.«

Wie sieht es jedoch mit interaktiven Digital-Formaten aus? Etwa Videokonferenzen, wie sie 2020 zum neuen Standard der Arbeitswelt geworden sind? Lässt sich nicht so mehr Nähe erreichen zwischen Lehrern und Schülern?

Große Ernüchterung: Die Otto-von-Guericke-Universität Magdeburg hat ermittelt, dass nicht einmal 2 Prozent der Grundschüler »synchrone Unterstützungsangebote« wie Videochats erhielten – trotz geeigneter technischer Ausstattung der Eltern.

Weitere Enttäuschungen kommen dazu. Die Robert-Bosch-Stiftung ließ eine Umfrage unter Lehrkräften durchführen (»Deutsches Schulbarometer spezial«). Da heißt es:[11] Als »Unterrichtsformat« lagen Aufgabenblätter an der Spitze, Grundschulen (79 Prozent), Haupt-, Real- und Gesamtschulen (85 Prozent) sowie Gymnasien (90 Prozent). Interaktivität? Fehlanzeige. Wie sah der Anteil der Videokonferenzen aus? Sie fanden zwar in allen Schulformen statt, aber mit einem sehr geringen Anteil: Grundschulen (9 Prozent), Haupt-, Real- und Gesamtschulen (16 Prozent) und Gymnasien (19 Prozent).

Es gab aber einen Bereich des Bildungssektors, in dem Videokonferenzen eine große Rolle spielten: Fachhochschulen, Duale Hochschulen oder Universitäten. Das Sommersemester 2020 ging online! Viele Vorlesungen verlagerten sich in den virtuellen Raum, zum Beispiel schaffte es die Freie Universität Berlin (FU), fast 90 Prozent aller Veranstaltungen digital anzubieten. Auch das Videokonferenzsystem lief auf Hochtouren.

Begleitet wurde dieser Online-Trend von großen Hoffnungen: »Wir reagieren damit nicht nur auf die aktuelle Notsituation«, so Prof. Angelika Altmann-Dieses, »sondern fassen das auch als Chance auf, neue Wege in der Vermittlung von Studieninhalten auszuprobieren, die Digitalisierung voranzutreiben und neue Angebote zu formulieren.« Altmann-Dieses arbeitet an der »Hochschule Karlsruhe« als Prorektorin für Studium, Lehre und Internationales.[12]

Online-Lehre in der Kritik

Die interne Evaluation einer süddeutschen Fachhochschule liegt uns vor. Thema: Wie haben die Studierenden das Online-Semester erlebt? Hier dokumentieren wir einen Teil der Ergebnisse. Die Antworten erfolgten auf einer fünfteiligen Skala von »trifft gar nicht zu« bis zu »trifft völlig zu«.

Sie sind mit dem Vorlesungsbetrieb unter den Corona-Bedingungen allgemein zufrieden?

trifft gar nicht zu	trifft nicht zu	weder – noch	trifft zu	trifft völlig zu
19 Prozent	27 Prozent	22 Prozent	24 Prozent	8 Prozent

Nur knapp ein Drittel der Studierenden war mit der Situation an der Hochschule zufrieden, was bei einer Generation erstaunlich ist, die als Digital Natives mit dem Internet groß geworden ist.

Wie hat sich der Vorlesungsbetrieb unter den Bedingungen der Pandemie verändert?

viel schlechter	schlechter	weder – noch	besser	viel besser
19 Prozent	42 Prozent	30 Prozent	7 Prozent	2 Prozent

Weniger als ein Zehntel der Studierenden sieht eine Verbesserung der Lehre angesichts der Umstellung auf digitale Formate.

Wie erlebten Sie die Vermittlung von Lehrinhalten?

viel schlechter	schlechter	weder – noch	besser	viel besser
22 Prozent	37 Prozent	32 Prozent	7 Prozent	2 Prozent

Fast zwei Drittel der Studierenden kamen zu der Einschätzung, dass sich unter Online-Bedingungen die Vermittlung von Lehrinhalten verschlechtert hat.

Sie haben zu Hause keine Probleme mit der Organisation des Lernens.

trifft gar nicht zu	trifft nicht zu	weder – noch	trifft zu	trifft völlig zu
17 Prozent	25 Prozent	21 Prozent	21 Prozent	17 Prozent

42 Prozent der Studierenden hatten Probleme, ihr Lernen in einer häuslichen Umgebung effektiv zu strukturieren.

Wie hoch ist der Zeitaufwand im Vergleich zur Präsenzlehre?
- Deutlich höher: 63 Prozent
- Deutlich geringer: 12 Prozent
- Kein Unterschied: 18 Prozent
- Keine Angaben: 6 Prozent

Trotz der geringeren Mobilität nimmt der Zeitaufwand im Online-Studium deutlich zu, was vielleicht mit dem Mangel an Selbstorganisation zusammenhängen könnte (vorherige Frage). Es wird aber auch als anstrengend erlebt, online mehr Inhalte in kürzerer Zeit verarbeiten zu müssen.

Welchen Typ von Online-Veranstaltung bevorzugen Sie?
- Asynchron (Zeitpunkt frei wählbar):   52 Prozent
- Synchron (Zeitpunkt festgesetzt):   43 Prozent
- Keine Angaben: 6 Prozent

Asynchrone Medienangebote sind heute selbstverständlich (Netflix, YouTube). Aber ein hoher Anteil der Studierenden wünscht sich Online-Veranstaltungen zu festen Zeiten, eventuell weil so eine stärkere Tagesstruktur entsteht.

Was aber sagen die Praktiker? Wie gestaltet sich die Interaktion mit Studierenden in Online-Vorlesungen, deren digitales Format einer Videokonferenz entspricht? Theoretisch bieten dazu Lernplattformen wie Moodle vielfältige Möglichkeiten, zum Beispiel mit dem Tool Blackboard Collaborate: Videobilder aller Beteiligten, Audio-Kanal zum direkten Gespräch, Hochladen von Präsentationen, Gruppenarbeit, kleine Umfragen (Ja/Nein oder Multiple Choice), Chat-Funktion, Whiteboard für »Tafel«-Anschrieb etc.

Ja, diese technischen Möglichkeiten sind eindrucksvoll. Aber die Kommentare von Dozenten sind es ebenso, sobald sie solche Online-Vorlesungen im Semester ausprobiert haben.

Unsere Umfrage fand am Standort Mannheim der Dualen Hochschule Baden-Württemberg statt. Wir fragten im Studiengang Steuern/Prüfungswesen, wie zwölf Dozenten den Online-Unterricht erlebt haben, wobei alle mit Blackboard Collaborate (Moodle) ihre Erfahrungen sammelten. Sicher keine repräsentative Evaluation, aber aus den Antworten im Freitext-Bereich lassen sich klare Tendenzen ablesen. Wir wollten wissen, wie die Dozenten ihre Online-Vorlesungen erlebten und was sie vermisst haben. Besonders beeindruckt hat uns, dass die große Mehrzahl der Antworten dieselbe Stoßrichtung hatten. Das wollten wir dokumentieren, auch wenn es zu der einen oder anderen Redundanz führt. Hier die Reaktionen nach Themen geordnet:

Thema 1: Kaum eingeschaltete Webcams der Studierenden.
- *»Äußerst irritierend finde ich, dass keiner der Studenten seine Kamera aktiviert hat und man insofern ›blind‹ dem eigenen Laptop ›einen Vortrag hält‹.«*
- *»Das Präsentieren und Sprechen ohne Blickkontakt zu den Studenten ist ermüdend. Mehr Pausen erforderlich.«*
- *»Es ist für mich schwer einzuschätzen, ob die Studierenden den Lehrstoff verstanden haben. Ob zum Beispiel noch zusätzliche Erklärungen oder Beispiele nötig wären. Mimik der Studenten hilft mir, in der Präsenzvorlesung zu erkennen, ob die Studierenden den Lehrstoff verstanden haben oder auch nicht.«*
- *»Der persönliche Blickkontakt zu den Teilnehmern fehlt. Es ist schwierig festzustellen, ob der Lehrinhalt tatsächlich verstanden worden ist.«*
- *»Es fehlt der direkte Bezug zu den Studierenden (Gesichtsausdruck), um einschätzen zu können, ob diese das Thema verstanden haben.«*
- *»Vermisst: Direkte Rückmeldungen ›face to face‹.«*

Thema 2: Wenig Feedback durch die Studierenden.
- *»Es fehlt das ausreichende Feedback, besonders um beurteilen zu können, wie die Stoffvermittlung ankommt.«*
- *»Studenten machten von den Möglichkeiten für Rückfragen (Chat, Handheben, Mikrofon) im Vergleich zur Präsenzvorlesung deutlich weniger Gebrauch.«*
- *»Ich hatte am Ende keine Idee, ob mein Vortrag aufgenommen wurde oder nicht. Feedback fehlt.«*

- »Die Rückmeldung der Studierenden fehlt extrem, was die Vorlesung für die Studierenden sowie für mich als Dozentin sehr einseitig macht.«
- »Was fehlt: Interaktion, Spontanität und ›Feed-back‹.«
- »Davon gibt es zu wenig: Aktivität, spontane Rückmeldungen, Austausch, Zugang zu den Studierenden.«
- »Besonders der persönliche Austausch und das Feedback zur eigenen Kontrolle fehlen.«
- »Zu wenig ist der unmittelbare Kontakt mit den Studenten, der es ermöglicht, deren Aufmerksamkeit, Interesse und Wissensaufnahme in der Vorlesung abzuschätzen und hierauf bei Fehlentwicklungen in der Vorlesung reagieren zu können.«
- »Der verbale Austausch fehlt, i.d.R. frage ich am Ende von bestimmten Themen oder Gliederungspunkten nach, ob noch Fragen dazu sind. Man spürt zuweilen, ob die Studenten Stoff aufnehmen oder Interesse zeigen. Das fehlt bei Online-Vorlesungen komplett.«

Thema 3: Fehlende menschliche Atmosphäre in der Online-Vorlesung.
- »Der persönliche Kontakt zu den Studierenden und zwischen den Studierenden fehlt.«
- »Die Interaktion zwischen den Studenten ist nicht vorhanden oder gering. Dies mindert die Motivation der Studierenden, und gegenseitige Hilfe ist auch nicht möglich.«
- »Interaktion und Diskussion der Studierenden untereinander gibt es zu wenig.«
- »Die Begeisterung für die Fachinhalte zu wecken, ist schwierig, da die Online-Vorlesung sich auf die Stoffvermittlung konzentriert. Geschichten, eigene Erfahrungen passend zum Stoff oder aus dem Berufsleben kommen zu kurz.«
- »Die Anonymität erschwert es, einen persönlichen Kontakt aufzubauen, über den der Lernerfolg – auch bei den vermeintlich Schwächeren – befördert werden kann.«
- »Spontanität und Dialog einer Präsenzvorlesung fehlen online.«

Thema 4: Humor und persönliche Facetten des Dozenten.
- »*Es ist sehr viel schwerer, den Stoff in ›lockerer Atmosphäre‹, auch gelegentlich garniert mit einer kleinen Anekdote oder einem kleinen Scherz, ›rüberzubringen‹, wenn man keinen persönlichen Kontakt aufbauen kann.*«
- »*Anekdoten etc. fallen oft weg, weil man nicht einschätzen kann, ob es lustig ist.*«
- »*Ich für mich persönlich habe den – vielleicht falschen – Eindruck, dass man die Studenten in einer Präsenzvorlesung besser mitnehmen/abholen/begeistern kann.*«
- »*Verstehen lebt auch von Lachen, also Spaß am Lernen, und wenn man die Kurse nicht mehr kennt, werden die Vorlesungen tendenziell trockener und die Resultate gegebenenfalls langfristig schlechter?*«

Thema 5: Positive Erfahrungen mit Online-Vorlesungen.
- »*Die Rahmenbedingungen wurden optimal ausgeschöpft. Von den gesamten Vorlesungen könnten einige ›online‹ erfolgen!*«
- »*Es war neu für Dozenten und Studenten und erforderte einen schnellen Lernprozess. Es hat aber auch Spaß gemacht und ist eine gute Ergänzung zu Präsenz-Veranstaltungen.*«
- »*Die Online-Vorlesung kann künftig ein bereicherndes Tool für Zusatz- oder Vertiefungsveranstaltungen sein; eventuell mit einem begrenzten Zuhörerkreis.*«
- »*Grundsätzlich finde ich die Online-Vorlesung schon ok. Zumal man sich die Anfahrt spart.*«

Die wissenschaftliche Begleitforschung zum »Lockdown« der Schulen ist längst nicht abgeschlossen. Die bisherigen Umfragen lieferten nur Momentaufnahmen, die aber grundlegende Tendenzen erkennen lassen: Ein »Epochenwechsel« ist nicht in Sicht, wie ihn Bitkom-Chef Achim Berg ausgerufen hat. Dazu kamen in der Corona-Krise zu wenig Lernsysteme zum Einsatz, die es auf einer kollaborativen Basis möglich gemacht hätten, eine lebendige Interaktion zwischen Schülern und Lehrern zu gestalten. Stattdessen dominierten Arbeitsblätter und asynchrone E-Mail-Kontakte! Dabei fehlte oft das Feedback der Lehrkräfte, das unabdingbar für die Motivation ist.

Wenn Online-Vorlesungen als Videokonferenz denkbar waren, wurde ihr volles Potenzial nicht ausgeschöpft. Diese Vermutung steht im Raum, wenn es um die Hochschulen in Deutschland geht. Gibt es keine Kultur gegenseitiger Sichtbarkeit, versagt auch Blackboard Collaborate (Moodle), wie die kleine Umfrage unter Dozenten gezeigt hat.

Doch die didaktischen Experimente der Corona-Zeit brachten noch mehr ans Tageslicht, wie Prof. Sylvia Kreiß bestätigt. Sie lehrt das Fach Finanzierung an der Hochschule Würzburg (FHWS) und hat ähnliche Erfahrungen gemacht wie unsere Dozenten, die wir befragt haben:

> *»Auch für Dozierende ist es wichtig, die Studierenden live zu sehen: Wenn die Blicke im Saal ratlos werden, muss man die Sache noch mal anders erklären. Zu Hause am eigenen Schreibtisch kann man die Mimik der Studierenden nicht sehen und viel schlechter einschätzen, ob etwas verstanden wurde.«*[13]

Diese Einsicht lenkt den Blick auf unsere zentrale Erkenntnis.

Tatsächlich, wir könnten einen epochalen Wechsel á la Berg im Bildungssystem einleiten: Alle Schulen erhalten Highspeed-Internet und stabile WLAN-Netze, alle Schüler Laptops oder Tablets. Digitaler Fernunterricht ist selbstverständlich, Videokonferenzen werden zum Normalfall, da alle Eltern über hochwertige Netzanschlüsse verfügen.

Jeder Lehrer hat einen Dienst-Laptop, der alle zwei Jahre ausgetauscht wird. Lehrer bilden sich zudem regelmäßig in digitalen Themen fort – und beherrschen so die gesamte Klaviatur des modernen Online-Unterrichts, inklusive digitaler Klassenzimmer und VR-Brillen, um Dinosaurier anzuschauen.

Die Lehrerausbildung ist digital organisiert, Referendare tragen die digitale Revolution in jede Schule. Fehlt noch etwas? Ja, innovative Modellschulen schicken Lehrer als lebensechte Hologramme los, um zu Hause den Schülern persönlich Mathe beizubringen ... natürlich über 5G, das flächendeckend funktioniert.

Diese »schönste aller Digitalwelten« hat aber einen gewaltigen Haken: Würde sie Wirklichkeit werden, wäre sie niemals in Lage, eine entscheidende Quelle sprudeln zu lassen: die ureigenste Kraft des Menschen, durch Resonanz und Begegnung vertrauensvolle Beziehungen aufzubauen und zu pflegen, die immer das soziale Fundament für Lernprozesse bilden. Dazu müssen sich Menschen direkt in die Augen schauen – ohne Technik als Hindernis!

So zieht sich ein roter Faden durch die gesamte Forschung, die Bildung in Corona-Zeiten beleuchtet: Kinder wurden ohne Feedback allein gelassen; lernschwache Schüler waren durch Homeschooling zusätzlich benachteiligt; strukturiertes Arbeiten fiel selbst älteren Schülern schwer; Dozenten fühlten sich in ein »schwarzes Loch« gezogen, wenn sie auf ihren Laptop einsprachen – und Studierende nie antworteten, wobei oft deren Kamera ausgeschaltet war. Gleichzeitig schossen die Bildschirmzeiten der Kinder in die Höhe, um Computerspiele zu machen oder in sozialen Medien unterwegs zu sein.

Die Beispiele zeigen deutlich: Immer fehlte im Lernprozess der entscheidende Faktor – ein Mensch, der in Beziehung tritt, um freundlich Wertschätzung zu äußern. Ein Mensch, der seelisch schwingungsfähig ist, weil Beziehungen durch wechselseitige Resonanz lebendig werden. Ein Mensch, der real in seinem emotional-kognitiven Wesen zu spüren ist und nicht auf das Briefmarkenformat eines Videochats reduziert wird. Ein Mensch, der durch ein klares Feedback Kinder ermutigt, ihren Lernprozess fortzusetzen. Es fehlte einfach der Mensch!

Offener Brief zur »Präsenzlehre«

Prof. Roland Borgards ruft mit 5.915 Mitstreitern zur »Verteidigung der Präsenzlehre« auf.[14] Dazu hat er im Sommer 2020 einen offenen Brief verfasst, in dem zwar eingeräumt wird: »*Ohne digitale und virtuelle Formate hätte sich das Sommersemester 2020 nicht durchführen lassen.*« Doch indem immer mehr digitale Elemente genutzt würden, sollten drei wichtige Aspekte der Universität nicht verloren gehen:

1. »*Die Universität ist ein Ort der Begegnung. Wissen, Erkenntnis, Kritik, Innovation: All dies entsteht nur dank eines gemeinsam belebten sozialen Raumes. Für diesen gesellschaftlichen Raum können virtuelle Formate keinen vollgültigen Ersatz bieten. Sie können womöglich bestimmte Inhalte vermitteln, aber gerade nicht den Prozess ihrer diskursiven, kritischen und selbstständigen Aneignung in der Kommunikation der Studierenden.*«
2. »*Studieren ist eine Lebensphase des Kollektiven. Während des Studiums erarbeiten sich die Studierenden Netzwerke, Freundschaften, Kollegialitäten, die für ihre spätere Kreativität, ihre gesellschaftliche Produktivität und Innovationskraft, für ihren beruflichen Erfolg und ihre individuelle Zufriedenheit von substanzieller Bedeutung sind. Dieses Leben in einer universitären Gemeinschaft kann in virtuellen Formaten nicht nachgestellt werden.*«
3. »*Die universitäre Lehre beruht auf einem kritischen, kooperativen und vertrauensvollen Austausch zwischen mündigen Menschen. Dafür, so sind sich Soziologie, Erziehungs-, Kognitions- und Geisteswissenschaften völlig einig, ist das Gespräch zwischen Anwesenden noch immer die beste Grundlage. Auch dies lässt sich nicht verlustfrei in virtuelle Formate übertragen.*«

Oder wie Prof. Klaus Zierer in einem Beitrag für die *Welt* schreibt: Manche Schulen haben zwar die Digitalisierung »verschlafen«. Der Preis dafür ist hoch: Eltern agieren als Ersatzlehrer, Kinder aus sozialen

Brennpunkten werden abgehängt. Wer jetzt aber einfach mehr digitale Strukturen für die Bildung fordert, ist auf dem Holzweg: »Während die genannten Probleme unstrittig sind«, so Zierer, »ist die Ursachenzuschreibung falsch: Die digitale Ausstattung ist nicht der erste Grund. Damit ist ein Mehr an Digitalisierung auch nicht die Lehre aus der Corona-Krise.«

Welche Lehren zieht der Pädagogik-Professor von der Universität Augsburg? Fernunterricht erziele nur geringe Effekte. »Somit ist er ein Unterricht, den man machen kann, wenn es notwendig ist, den man aber nicht machen sollte, wenn es nicht sein muss.« So sehen wir das auch: Wer einen Beinbruch erlitten hat, kann froh sein, eines Tages seine Krücken wegzuwerfen. Digitaler Fernunterricht ist eine gute Notlösung! Aber nur eine Notlösung, aus der sich nicht der Anspruch ableiten lässt, Schulen in die »schönste aller Digitalwelten« zu verwandeln.

Der »Epochenwechsel« der Bitkom sollte ausbleiben, aus guten Gründen, die wir in diesem Buch diskutieren: lebenslange Überwachung, Suchtförderung, Entmündigung, sensomotorische Desintegration, Verflachung kognitiver Prozesse, soziale Spaltung ... um nur ein paar Stichworte zu nennen, die in den nächsten Kapiteln auftauchen. Das alles droht, wenn wir den Lobbyisten der IT-Industrie das Spielfeld überlassen. So wird Seite für Seite deutlich, warum das Buch einen provokanten Titel hat: »Die Katastrophe der digitalen Bildung«.

Zurück zu Zierer: Er stützt sich bei seiner Analyse auf die große Metastudie von John Hattie (*Invisible Learning*): Die »Professionalität von Lehrpersonen« sei entscheidend bei der Frage, »ob Unterricht wirkt.« Technik gibt nicht den Ausschlag, ob Fernunterricht erfolgreich ist. Denn: »Eine Lehrkraft [kann] digital ebenso wie analog Lernende mit Arbeitsblättern überfrachten«, schreibt Zierer.
Trotzdem lässt sich feststellen, dass sich unter den effektivsten Faktoren aus *Invisible Learning* keine Digitalisierungsfaktoren befinden. Eine geringe Wirksamkeit bescheinigt die Studie drei beliebten Digital-Me-

thoden: »Einsatz von Smartphones und Tablets im Unterricht«, »Flipped Classroom« oder »Laptopeinzelnutzung«. Das Urteil von Zierer: »Wer also damit argumentiert, dass Digitalisierung der Schlüssel für eine Bildungsrevolution ist, der verkennt oder noch schlimmer: der ignoriert empirische Forschung.«

Was gibt nun wirklich den Ausschlag für guten Unterricht? Zierer nennt als Beispiel die »hochwirksame Lehrer-Schüler-Beziehung«. Und die gleichaltrigen Peers spielen eine genauso wichtige Rolle. Mit anderen Worten: Es kommt auf den Menschen an, wie wir es oben schon betont haben. Alle Digitalität der Welt kann ihn nicht ersetzen – mit der Persönlichkeit des Lehrers steht und fällt jede Form des Unterrichts! Daher lautet auch der Untertitel des Buches: »Warum Tablets Schüler nicht klüger machen – und Menschen die besseren Lehrer sind«.

Die Hattie-Studie hat für die Lehrer-Schüler-Beziehung eine hohe Wirksamkeit ermittelt. »Eine intakte Lehrer-Schüler-Beziehung ist unabdingbar für den Lernerfolg«, so Hattie und Zierer in ihrem Buch *Kenne deinen Einfluss!*[15]. Kann das im Fernunterricht funktionieren? Eher nicht, wie auch Prof. Roland Borgards in seinem offenen Brief schreibt: Für einen »vertrauensvollen Austausch« sei das Gespräch von Angesicht zu Angesicht die beste Grundlage. »Auch dies lässt sich nicht verlustfrei in virtuelle Formate übertragen«, so Borgards (siehe Kasten »Offener Brief zur ›Präsenzlehre‹«).

Genau das ist der Knackpunkt: Selbst in Videokonferenzen kann der Blick für alle Teilnehmer verloren gehen; die Wahrnehmung des Gegenübers schrumpft auf das Format einer Briefmarke. Diese Effekte treten weniger stark in Online-Meetings auf, in denen sich Profis auf Augenhöhe begegnen, etwa im beruflichen Zusammenhang. Aber im Unterricht wird es in der Regel ein Wissensgefälle geben, was Lehrer und Schüler nicht auf derselben Ebene agieren lässt.

Umso entscheidender ist die Beziehung zum Schüler, bewusst aufgebaut und gepflegt vom Lehrer. »Es ist in Schule und Unterricht nicht nur wichtig«, so Hattie und Zierer, »was Lehrpersonen sagen, sondern wie und warum sie es sagen.« Das Wie und Warum geht aber weit über eine sachliche Ebene hinaus, weshalb Bildschirme kaum in der Lage sind, Signale aus solchen seelisch-geistigen Tiefenschichten zu transportieren.

Wirklich? Können wir nicht auch auf Bildschirmen in Gesichtern lesen? Das ist eine wichtige Frage für digitalen Fernunterricht, denn bereits Hildegard von Bingen (1098–1179) wusste: »Die Augen sind die Fenster der Seele.« Wer etwas in die Psyche seiner Schüler schauen kann, hat die Chance, besseren Unterricht zu machen. Dazu sagt der Mediensucht-Experte Bert te Wildt dem *ZEITmagazin*:[16] Durch Bildschirme gehe immer mehr die Fähigkeit verloren, dass sich Menschen wirklich anschauen. »Viele glauben ja«, so te Wildt, »man könne sich per Skype in die Augen sehen. Kann man nicht.«

Warum? Um diese Frage zu klären, wollen wir Prof. Hartmut Rosa zu Wort kommen lassen. Der Soziologe und Philosoph spricht im Buch *Resonanzpädagogik* über seine Forschung. Ein erster Aspekt ist die Bedeutung der menschlichen Augen:[17] »Die Augen sind die zentralen Resonanzfenster. Man kann in Augen Resonanz spürbar machen. Manchmal genügen dafür schon wenige ›Augen-Blicke‹«.

Um den Begriff »Resonanz« hat Rosa eine kleine Welt geschaffen, die für unser Thema wertvoll ist. Das Wort bedeutet in seinem Sinne: »Wir lassen uns von einem Weltausschnitt erreichen, der uns anspricht. Wir machen dabei die Erfahrung, dass wir selbst etwas erreichen oder bewegen können, wir erleben Selbstwirksamkeit«. Es entstehen »Momente des wechselseitigen geistigen Berührens und Berührtwerdens.« Etwa, wenn es einem Lehrer gelingt, die Aufmerksamkeit der Schüler zu fesseln.

Das Gegenteil ist genauso möglich: Bleibt unser Bemühen ohne Resonanz, entwickelt sich keine lebendige Beziehung. »Wenn nichts zurückkommt, wenn ich das Gefühl habe, ›ins Leere zu reden‹, wenn es also keinen Resonanzraum gibt«, sagt Rosa. So ist es einigen Dozenten aus unserer Befragung ergangen, die vom »schwarzen Loch« bei Online-Vorlesungen berichtet haben.

Für Rosa ist »Resonanz« immer ein »leibliches Phänomen«: »Das ist schon an der Körperhaltung zu sehen, an den Begegnungen und Interaktionen sowohl im Klassenzimmer als auch im Lehrerzimmer.« Wir orientieren uns als Menschen in einem dreidimensionalen Raum; wir sind auf eine ganzheitliche Wahrnehmung der Welt angewiesen. Mit allen Sinnen! Da entfalten leuchtende Kinderaugen ihre Kraft kaum auf Bildschirmen. Trotz dieser Tatsachen der Evolution droht die Gefahr, dass der Bildschirm »mein einziger Zugang zur Welt wird«, wie es Rosa ausdrückt.

Der Soziologe und Philosoph erklärt: »Resonanzbeziehungen haben immer auch eine leibliche Dimension, die über die Augen hinausgeht. Und da glaube ich schon, dass Bildschirme potenzielle Resonanzkiller sind.« Das würde nicht an ihren technischen Eigenschaften liegen, sondern an der Generation Z, »bei der der Bildschirm zum Monokanal zur Welt, zur einzigen Verbindung mit ihr wird.« Die jungen Menschen zahlen dafür einen hohen Preis; es kommt zur »Verarmung in Form einseitiger Reduktion«, sagt Rosa. Daher sei es wichtig, »Interaktionsformen und Weltbegegnungen auch jenseits von Bildschirmen zu ermöglichen.«

Realität schlägt Virtualität, wenn es um Resonanz geht, wie Rosa sie versteht. So bleibt der Präsenzunterricht erste Wahl. Er lebt von der körperlichen Anwesenheit des Lehrers – als Mensch, der nicht einfach Informationen präsentiert. Nein, seine professionelle Haltung drückt sich auch in der physischen Erscheinung aus, seine Emotionalität wird im Klassenzimmer spürbar. Mit welchen Gefühlen geht er in die Klasse? Hält er seine Schüler für kooperativ? Das spiegelt sich im Faktor Lehrererwartungen, für den Hattie einen wirksamen Einfluss berechnete. Wer positiv über seine Schüler denkt, fördert sie auch stärker. Leider geht's auch umgekehrt.

Humor sollte ebenfalls nicht zu kurz kommen, wie uns die Dozenten aus ihren Online-Vorlesungen berichtet haben: »Anekdoten etc. fallen oft weg, weil man nicht einschätzen kann, ob es lustig ist.« Hattie und Zierer meinen, »dass ein Unterricht, in dem nicht gelacht wird, aufhört, Unterricht zu sein.« Gemeinsames Lachen an Bildschirmen, gar ein Lachen, das ansteckend ist? Das gibt es durchaus, aber Heiterkeit in einer Gruppe fällt schwerer, wenn sie nur übers Internet verbunden ist.

Ein Grund ist sicher auch der »Chamäleon-Effekt«: Wenn wir uns mit anderen Menschen in einem Raum befinden, neigen wir dazu, unbewusst deren Handlungen nachzuahmen. Als Beispiele nennen Hattie und Zierer: »Körperhaltung, beiläufige Bewegungen, Gestik, Mimik, Sprachgeschwindigkeit und Intonation«. Dieser Effekt mache deutlich, »dass Menschen unbewusst in einem wechselseitigen Verhältnis zueinander stehen und es zu gegenseitigen Anpassungen kommt.« Wer diese Wirkung auf andere Menschen kennt, kann einen guten Zugang zu seinen Schülern aufbauen, so die Wissenschaftler:

> »*Durch Vorbild, durch Leidenschaft, durch Kompetenz und Haltung können wir ein bestimmtes Verhalten aufseiten der Lernenden erreichen. Achten Sie darauf, wie Sie das Klassenzimmer betreten, wie Sie mit den Lernenden interagieren, welche Gestik und Mimik Sie verwenden usw.*«

»Chamäleon-Effekt« am Bildschirm? Verschwindend gering, im Vergleich mit einer Live-Situation im Klassenzimmer.

Fazit: Digitaler Notunterricht über die Distanz bleibt eine Krücke, die wir schnell wegwerfen sollten. Was nichts an der Notwendigkeit ändert, diesen Notunterricht zu praktizieren, um Schüler nicht völlig ins Hintertreffen geraten zu lassen. Wer ein Bein gebrochen hat, freut sich über seine Krücken. Ohne Not sollte aber der Notunterricht nicht verlängert werden, weil echtes Lernen immer ein sozialer Prozess ist, gekoppelt an die Begegnung mit anderen Menschen. Rosas Konzept der Resonanz wirkt am besten in realen Räumen – und eben nicht in der virtuellen Welt. Nicht umsonst bezeichnet der Philosoph Bildschirme als »potenzielle Resonanzkiller«. Das gilt für alle Stufen des Bildungsprozesses, vom Kindergarten bis zur Universität.

Wollen wir jetzt das Rad zurückdrehen? Diese Gefahr malt ja Bitkom-Chef Achim Berg an die Wand. Nein, das fordern wir nicht, aber wir ziehen ganz andere Schlüsse aus der Corona-Krise, als es der IT-Lobbyist macht. Berg postuliert: »Wenn wir das Virus besiegt haben, müssen wir über diese Zeit sagen können: Corona hat den deutschen Schulen Digitalisierung beigebracht.«[18]

Wir aber finden, dass Corona uns allen beigebracht hat, wie unverzichtbar im Bildungsprozess der menschliche Faktor ist, nämlich engagierte Lehrerinnen und Lehrer! Das zeigten gerade einige Mängel im Fernunterricht, etwa das häufig fehlende Feedback und der oft eingeschränkte Kontakt mit Schülern. Dabei hätten wohl fast alle Lehrkräfte E-Mails auf Reisen schicken können. Schade, dass einige ihre Schüler im Regen stehen ließen.

Aber diese Defizite hätte auch ausgefeilte Digitaltechnik nicht behoben! Unsere Kernthese lautet: Selbst perfekte digitale Lernsysteme sind niemals in der Lage, direktes Lernen von Menschen durch Menschen zu ersetzen. Wir brauchen gute Lehrkräfte, die mit ihren Klassen so arbeiten, dass ein Funke überspringt. Ein Funke der Begeisterung, der Schulen und Hochschulen zu »Resonanzräumen« (Rosa) werden lässt. Davon ist unser Bildungssystem an vielen Stellen weit entfernt.

Wir halten es für einen Irrglauben, pädagogische und soziale Probleme durch Technik lösen zu wollen. Nicht die Digitalisierung ist der »Schlüssel für eine Bildungsrevolution«, wie Zierer schreibt. Vielmehr könnte es die Professionalität der Lehrer sein! Sie zu »Lernbegleitern« zu degradieren, scheint uns die falsche Strategie (Kapitel 3: »Gute Ideen – auf den Kopf gestellt«).

Bleibt noch eine letzte Frage: Wollen wir als Maschinenstürmer alle Computer aus den Schulen verbannen? Natürlich nicht. Wir vertreten eine sehr differenzierte Position, die wir schon in unserem ersten Buch ausführlich entwickelt haben (*Die Lüge der digitalen Bildung*). Diese Haltung greifen wir in zwei Kapiteln auf, um sie differenzierter zu betrachten (Kapitel 6: »Kampf gegen die ›grauen Herren‹« / Kapitel 14: »Es muss nicht immer digital sein ...«). Die kurze Antwort lautet:

Es kommt immer auf das Alter an – und auf eine aktive oder passive Nutzung digitaler Medien. Ein Alarmzeichen war es sicher, dass in der Pandemie der Bildschirmkonsum bei Jugendlichen explodiert ist (DAK-Gesundheit: plus 75 Prozent!). Es ist zu hoffen, dass dieses Phänomen bald vorübergeht, was auch im Sinn der Bitkom sein sollte.

KAPITEL 2
AUFSTIEG UND FALL DES MAURICE DE HOND

Warum die Steve-Jobs-Schulen in Holland scheitern mussten

Holland wurde zum Mekka der Digital-Gläubigen: Sie pilgerten voller Begeisterung zu den Steve-Jobs-Schulen, den Stätten künftigen Lernens. Die gefeierte Lehre hatte einen prophetischen Namen: »Unterricht für eine neue Zeit«– *Onderwijs voor een Nieuwe Tijd*. Abkürzung: O4NT. Ihr Hohepriester war Maurice de Hond, in Holland ein bekannter Meinungsforscher. Seine Schulen lockten auch Pilger aus Deutschland an ... so Dr. Julia Hense von der Bertelsmann Stiftung, die sich freute: »Tablets sind hier der Schlüssel zu allem.«[19]

Entscheidend sei im Unterricht: »Jeder Schüler bekommt so einen ganz individuellen Stundenplan. Jeden Tag«, so Hense. Alle sechs Wochen würden Lehrer, Schüler und Eltern »den Lehrplan für die kommenden sechs Wochen« besprechen. Dr. Hense: »So kann es sein, dass ein Kind sehr viel Mathematik macht und ein anderes mehr Englisch, je nach Motivation und Kenntnisstand. Am Ende des Schuljahres haben trotzdem alle den Lernstoff gelernt – und wer möchte, sogar noch mehr.«

Überall gebe es Tablets und AppleTV, gleichzeitig beobachtete die promovierte Pädagogin auch Kinder, die aus Milchtüten und Papprollen eine Murmelbahn bauten. Die Tablets ermöglichten es den Schülern, »selbstbestimmt zu lernen«, entweder in einer Gruppe oder im Selbstlernbereich. Dr. Henses Resümee: »Das Tablet kann helfen, etwas für alle möglich zu machen, wonach wir schon so lange streben: den individualisierten Unterricht, die optimale Förderung jedes Einzelnen in seinen Eigenheiten und Talenten.« Der heilige Gral der Bildungsforschung schien endlich gefunden zu sein.

Diesen Gral erblickte bei einem Besuch auch Prof. Dr. Stefan Aufenanger: »Die gesamte Pädagogik ist vom Kind aus gedacht. D. h., die Kinder bestimmen ihre Lerngeschwindigkeit selbst und bekommen Aufgaben entsprechend ihrem Lernstand.«[20] Das wird möglich, weil die Kinder in Mathe etwa Aufgaben auf ihren iPad bekommen – und »je nach richtiger oder falscher Lösung weiterführende oder wiederholende Aufgaben«, berichtet der Medienpädagoge. So wurde der Traum der perfekten Binnendifferenzierung wahr, automatisiert und inklusive vollständiger Transparenz bei den Leistungen. Prof. Aufenanger: »Diese Lernfortschritte können die Lehrpersonen sowie die Eltern auf ihren iPads verfolgen. So kann man etwa genau erkennen, welche Aufgaben das Kind gelöst hat, ob die Lösung richtig oder falsch ist und wie lange dazu gebraucht wurde.«

Außerdem lassen sich die einzelnen Ergebnisse vergleichen – mit den Leistungen anderer Kinder oder dem Durchschnitt anderer Klassen. »In einem schnellen Überblick erfährt man, wo das Kind in den verschiedenen verlangten Fertigkeiten steht«, so Prof. Aufenanger.

Auf diese Weise trugen Dr. Hense und Prof. Aufenanger ihre frohe Kunde nach Hause, ins rückständige Deutschland, wo wohl auch das »Manifest« von Maurice de Hond kaum Leser gefunden hatte.[21] Er schrieb 2013 über O4NT:

»Die Welt verändert sich immer schneller, besonders unter dem Einfluss der digitalen Revolution. Kinder müssen sich sehr früh damit auseinandersetzen. Wir sind überzeugt, dass die Erfindung des iPad eine neue Phase in der Interaktion zwischen Kind und virtueller Welt darstellt.«

Der Schulgründer war sich sicher, »sehr kleine Kinder« seien in der Lage, diese Geräte intuitiv zu bedienen. »Dabei erwerben sie spielerisch Fähigkeiten, die für ihre Zukunft im 21. Jahrhundert wichtig sind.« Illustriert wird das durch ein Erklärvideo, in dem ein Kleinkind in Windeln an einem Stapel Tablets hinaufschaut – sinnbildlich für den Beginn einer Bildungslaufbahn, die Zeit und Raum überwindet. Denn: Die Schule existiert auch in einer weiteren Dimension, der Virtualität. »Alle Schüler haben ein iPad [...] und können eine große Zahl von Lern-Apps nutzen«. Diese Aussage führt im »Manifest« direkt zum Glaubensbekenntnis: »Lernen kann überall und jederzeit stattfinden.« Das iPad ist zum universellen Schlüssel zur Bildung geworden, wobei Zeit und Raum aufgehoben sind ...

Harter Schnitt: Schwarze Gewitterwolken ziehen auf, ein Sturm braust über Holland – und lässt von den vielgepriesenen Steve-Jobs-Schulen nur Ruinen stehen. Wie konnte das geschehen, bei einem so modernen Konzept, dem »Unterricht für eine neue Zeit« (O4NT)? Natürlich war es keine Naturkatastrophe, die O4NT ins Meer spülte ... Es waren handfeste ökonomische und pädagogische Gründe, die das Ende des »Unterrichts für eine neue Zeit« einläuteten.

Kreuzfahrer Maurice de Hond

Der holländische Philosoph Hans Schnitzler über die Heilsidee der iPads

Die »faustische Seele« (Oswald Spengler) überwindet die Grenzen von Zeit und Raum; sie errichtet aus Glas und Stahl Kathedralen, die in die Wolken reichen. Für die »faustische Seele« ist Geschichte ein Prozess des Fortschritts, der zu immer mehr Perfektion führt. So eröffnet der holländische Philosoph Hans Schnitzler ein Essay, in dem er digitale Bildung à la Maurice de Hond geistesgeschichtlich einordnet.[22]

»Nachdem wir alle Ecken der realen Welt erkundet haben, suchen wir unser Glück in der virtuellen Realität«, stellt der Philosoph fest. Sie sei ein Biotop, »in dem sich alles verwirklichen lässt, wo unsere Erlösung nahe ist.« Maurice de Hond sei einer der »Revolutionäre«, die diesen historisch scheinbar »alternativlosen« Kurs einschlagen.

Seinem Weg liegt eine »tief sitzende Vision« zugrunde – das religiöse Ideal der Erlösung. Die Welt Gottes wurde gegen Vernunft und Technik ausgetauscht, »eingewickelt in das Geschenkpapier der Aufklärung«. Die Erlösung werde jetzt im Diesseits gesucht, das Jenseits spielt keine Rolle mehr. Eine »weltliche Heilsidee«! An ihr halten die Utopisten des Fortschritts unerschütterlich fest, auch wenn die Errichtung des »Himmels auf Erden« oft zur Hölle wurde.

Diese Menschen können jetzt ihre Kinder in eine Steve-Jobs-Schule schicken, wo »Gebäude und Lehrer in einem iPad stecken«, schreibt Schnitzler. Was fortschrittlich wirkt, hat aber Schattenseiten: De Hond als »postmoderner Kreuzfahrer« vergesse, so Schnitzler, dass »jeder angebliche Fortschritt seine eigene Pathologie hervorruft«. So würden gerade IT-Schüler unter einem »überdrehten Gehirn« leiden, das zu viele Reize gleichzeitig verarbeiten muss. Konzentrations- und Aufmerksamkeitsstörungen sind die Folge.

Schnitzler sieht als Problem bei den »Fundamentalisten des Fortschritts«: Sie wollten altes, eigentlich gesichertes Wissen überwinden, um ihren Ideen freie Bahn zu geben. Dabei lässt sich Schaden nur vermeiden, wenn dieses expansive Denken gezähmt wird. Der Philosoph denkt an einen Tag im Monat ohne E-Mail, Tweets und Facebook, um in Ruhe zu überlegen, »wie sich die neuen Technologien sinnvoll und verantwortungsvoll ins Leben einbetten lassen.« Schnitzler: »Abstinenz reinigt. Es ist Zeit zum Nachdenken, also Zeit für eine digitale Diät.«

Rückblende: August 2013 nahmen elf Steve-Jobs-Schulen ihre Arbeit auf, ein Jahr später kamen zehn weitere dazu, bis zu hundert waren geplant – und das Ausland war fest im Visier. Das holländische Schulsystem unterstützt solche privaten Gründungen: Sie sind staatlich finanziert wie öffentliche Schulen, genießen aber eine hohe Autonomie. Die Schulaufsicht kontrolliert überall die Qualität des Unterrichts; sie hat ein Auge auf die staatlich definierten Curricula und Lernziele. Es gibt weiterführende Schulen und die *basisschool*, die Kinder von vier bis zwölf Jahren besuchen. Das entspricht acht Schuljahren (*groeps*), an deren Ende der »Cito-Test« steht. Er ist gefürchtet und entscheidet bei den Zwölfjährigen, wie ihr weiterer Bildungsweg aussieht.

Zurück zur Grundschule: Ab dem dritten Schuljahr beginnen Sechsjährige Lesen, Schreiben und Rechnen zu lernen. Klasse 1 und 2 entsprechen dem deutschen Kindergarten. Das bedeutet: Weil die Steve-Jobs-Schulen als *basisschool* konzipiert waren, drückten die Lehrer schon Vierjährigen einen bunten iPad in die Hand, damit sie selbstständig lernen. »Ook de jongste«, wie de Hond in seinem Manifest betont. Laut *FAZ* hatte er seiner Tochter schon im ersten Lebensjahr erlaubt, ein Smartphone in die Hand zu nehmen. Viele Leute würden nicht verstehen, so de Hond, dass »das Gehirn durch das vermehrte Leben in der digitalen Welt anders verdrahtet wird«.

Anders verdrahtet? Dann wären die Steve-Job-Schulen eine intelligente Antwort gewesen ... zudem de Hond die rhetorische Frage stellt: »Warum ist es besser, auf Papier zu lesen als auf dem Tablet?« Denn seine Antwort ist klar: Das Tablet biete mehr Möglichkeiten, Wissen zu vermitteln, etwa durch Verlinkungen und Videos.

Da kommt Joost Meijer zu einer völlig anderen Einschätzung. Er arbeitet an der Universität Amsterdam, Kohstamm Institute. Der Bildungsforscher war zunächst beeindruckt, wie gut die Atmosphäre in den Steve-Jobs-Schulen zu sein schien. Das war ihm aber nicht genug. Im *Deutschlandfunk* setzte er sich kritisch mit iPads in der Pädagogik auseinander: Schüler entwickelten ein »abstraktes Verständnis für bestimmte Lehrinhalte«. Dazu müssten sie einen formalen Weg finden, was »in meinen Augen mit digitalen Lernmitteln sehr schwer ist, weil sie volatil sind«, so Meijer. Volatil? Damit meint der Wissenschaftler Unbeständigkeit! iPads würden mehr Ablenkung als Bücher bieten. Dann bringt er seine Kritik auf den Punkt:

> *»Manche denken, sie könnten mehrere Sachen gleichzeitig lernen, sie parallel verarbeiten, also schnell von einem zum anderen wechseln. Aber die Forschung zeigt, dass das Gehirn Informationen im Wesentlichen nacheinander verarbeitet, nicht nebeneinander. Da wird es schwer, digitale Mittel zu nutzen, um diese, wie gesagt, komplizierteren Bildungsziele zu erreichen.«*

Vokabeln lernen? Solche einfachen Tätigkeiten ließen sich am Computer bewältigen, aber bei aufwendigen Lernprozessen seien »nach wie vor Buch und Heft« erste Wahl, so der holländische Bildungsforscher. Ähnliche Ergebnisse brachte ein aufwendiges EU-Projekt, das 2019 in Stavanger vorgestellt wurde (Kapitel 9: »Digitale Analphabeten«).

In den Niederlanden regte sich noch mehr Kritik, besonders am »selbstbestimmten Lernen«, das Kinder überfordern würde. Die Jüngsten waren schließlich vier Jahre alt. Dazu Presley Bergen vom Lehrerverband Beter Onderwijs Nederland: »Kinder sind nicht in der Lage, über Unterricht selbst zu entscheiden«, sagte er der *taz*. »Die Schüler können nicht prozessgebunden lernen, sie brauchen eine feste Struktur. Lehrer müssen die Regie haben.«[23]

Wie sieht es aber mit der Motivation aus? Steigt sie nicht durch Computer? Das sieht Meijr ganz anders: Untersuchungen hätten gezeigt, dass Computer für Kinder interessant sind, um damit zu spielen oder YouTube zu schauen. Ihr Reiz geht schnell bei der Schularbeit verloren. Meijr vermutet, dass die schwindende Motivation ein Grund dafür gewesen sei, dass es zu schlechten Leistungen in den Steve-Jobs-Schulen gekommen ist.

Schlechte Leistungen? Im »Unterricht für eine neue Zeit«? Konnten sich Dr. Hense und Prof. Aufenanger in ihrem Urteil so täuschen? Offensichtlich, wie Lorianne van Gelder in einem Text für *Het Parol* zeigt – mit Insiderwissen aus den Steve-Jobs-Schulen.[24] Mit vielen Anekdoten zeichnet sie das Bild einer Schule, in der nicht alles Gold war, was auf dem Bildschirm glänzte.

In der ersten Steve-Jobs-Schule (*De Ontplooiing*) ging es mit 46 Kindern los, allerdings mit der Auflage, in fünf Jahren mindestens 323 Schüler zu haben. So lautet der Grundstandard für Amsterdam. Die Folge: Bei der Auswahl der Schüler wurde oft ein Auge zugedrückt, viele Kinder hätten eigentlich eine sonderpädagogische Betreuung gebraucht.

Eine Überforderung für die neu gegründete Schule, in der »die Atmosphäre chaotisch war«, wie van Gelder schreibt. Das lag auch an den flexiblen Startzeiten am Morgen: Zwischen 8.30 Uhr und 9.30 Uhr kamen die Kinder, wodurch ständig Unruhe entstand. Dann gab es die Idee, Workshops statt fester Klassenzimmer einzurichten: Ein Vater berichtet, dass es sehr schwer gewesen sei, kleine Kinder zu bewegen, von Raum zu Raum zu wandern. Ihn zitiert Van Gelder: »In den Korridoren kam es regelmäßig zu Streitigkeiten oder Störungen.«

Doch der schöne Schein wirkte weiter, quer über die Kontinente: Filmteams aus aller Welt besuchten die Schule, etwa aus Brasilien, Japan oder Kanada. Auch das Magazin *Galileo* auf ProSieben berichtete verzückt: »So können die Lehrer individuell auf die Kinder eingehen. Mit den iPads als Datenquelle.« Der Film zeigte Schüler mit blauen Kopfhörern, die mit einer Lernsoftware per Mikrofon sprachen.[25] Ein Sinnbild sozialer Isolation? Das fiel wohl keinem Besucher auf ...

Was aber Eltern auffiel: eine Neigung der Kinder zu suchtartigem Verhalten, das durch die Schule legitimiert wurde. Ein Kind wollte nicht mehr im Freien spielen, sondern vor allem auf dem Tablet: »Wie verbieten Sie das? Es ist auch Schule«, sagte dazu die Mutter. Andere Eltern wunderten sich, wie viel Zeit die Kinder am iPad verbrachten.

Laut van Gelder kommt die schulische Aufsicht zum ersten Mal im Oktober 2016 vorbei. Zunächst ergeben sich wenige Ansatzpunkte für Nachforschungen, aber der Vorstand der Schule wird bei den Finanzen unter Aufsicht gestellt, unter anderem fließt zu viel Geld in »Management- und Lernressourcen«. Das passt zu Meldungen, dass die Software für die iPads immer teurer geworden ist. Der Träger von O4NT arbeitete gewinnorientiert – und verdiente an der Software, die alle beteiligten Schulen genutzt haben.

Da gab es das Programm »Agenda«: Es verfolgte genau, wo sich die Kinder gerade in der Schule aufhielten und mit welchen Inhalten sie sich beschäftigten.

Ein weiteres Angebot: ein virtueller Schulhof, ausgestattet mit Funktionen der Augmented Reality. Oder eine App für Eltern, um den Lernfortschritt der Schüler zu überwachen. So sah das Geschäftsmodell von de Hond aus, das er global in einem großen Maßstab aufziehen wollte. Er träumte von einem Markt mit rund zehn Millionen Grundschulen, alleine in der westlichen Welt ...[26]

Zurück zur tristen Wirklichkeit: Juni 2017 kommt die Schulbehörde wieder bei der Schule De Ontplooiing vorbei. Sie stellte unter anderem fest: Die Schüler lernen nicht genug, um ihre mathematischen und sprachlichen Fähigkeiten zu entwickeln. Wer in derselben Klassenstufe die Schule wechselt, hinkt dem verlangten Stoff der anderen Schule deutlich hinterher. Außerdem gab es Bedenken zur Sicherheit. Die gesamte Bewertung lautete: *zeer zwak* (sehr schwach). Es ist die schlechteste Note, die in Holland die Schulaufsicht einer Schule geben kann.

Zeer zwak – ein vernichtendes Urteil, das einen Teufelskreis in Gang setzt: Aufmerksame Eltern verfolgen auch in Holland, welche Schulen in den Augen der Aufsicht gut abschneiden. So schmilzt das Image der »innovativen iPad-Bildung« wie Eis in der Sonne. Die Steve-Jobs-Schulen verlieren immer mehr Schüler, wodurch die finanzielle Basis erodiert. Denn: Die staatliche Grundfinanzierung richtet sich nach den Schülerzahlen. So geht es auch finanziell bergab, zusätzlich beschleunigt durch steigende Kosten für die Software ...

Dann ist es so weit: Am 12. Februar 2018 ist die O4NT-Stiftung von de Hond zahlungsunfähig. Nach Jahren des Hypes der steile Absturz. Oder genauer: Hier endet die Geschichte vom »Aufstieg und Fall des Maurice de Hond«. Er war als Prophet einer »*Nieuwe Tijd*« in die Öffentlichkeit getreten, getragen von großem Sendungsbewusstsein. Der holländische Philosoph Hans Schnitzler nannte ihn bereits 2012 einen »postmodernen Kreuzfahrer« (siehe auch Kasten).

Und Peter Olstoorn schreibt in seinem Beitrag für netkwesties.nl:[27] De Hond halte an seinem Glauben fest, weil nur eine unzureichende O4NT-Umsetzung die Ursache des Scheiterns sei. Das Konzept selbst sei völlig okay. Auch den Vorwurf der Kommerzialisierung wies er entschieden zurück. Zudem stellt Olstoorn fest:

> »*Das pädagogische Konzept O4NT war weit davon entfernt, klare Konturen zu gewinnen. Letztlich wurden keine Untersuchungen durchgeführt. Vielleicht ist O4NT ein phänomenaler Wurf, vielleicht auch nicht. Das lässt sich von außen weder bestätigen noch widerlegen.*«

Nur dumm, dass die Eltern mit den Füßen abgestimmt haben.

Fazit: Die Geschichte der Steve-Jobs-Schulen liefert viele Stichworte, die in diesem Buch eine wichtige Rolle spielen. Etwa: »selbstbestimmtes Lernen«, »Individualisierung«, »Überwachung« oder »Motivation«. Daher lassen sich die Erfahrungen in Holland als Blaupause betrachten, um ein kritisches Buch zur digitalen Bildung zu schreiben. Die genannten Begriffe tauchen in vielen Kapiteln auf – und ihre vielfältige Bedeutung diskutieren wir, immer mit der Frage verbunden: In welchem Alter ist es sinnvoll, junge Menschen vor Computer zu setzen oder ihnen ein Smartphone in die Hand zu drücken? Oder anders formuliert: Wann kommt es zu einer aktiven statt einer passiven Nutzung digitaler Systeme?

Denn der Absturz der Steve-Jobs-Schulen zeigt wie unter einem Brennglas: Eine Frühdigitalisierung ist zum Scheitern verurteilt, gerade wenn sie im Namen einer weltlichen Heilslehre stattfindet: »Unterricht für eine neue Zeit«. In diesem Anspruch steckte bereits der Kern zur Selbstüberhebung, der die Macher zum Opfer gefallen sind. Sie glaubten, mit iPads die Bildung der Zukunft zu gestalten. Doch ihre »Kathedralen aus Glas und Stahl« (Schnitzler) sind krachend zusammengestürzt, auch wenn sie Maurice de Hond im virtuellen Raum errichten wollte.

KAPITEL 3
GUTE IDEEN – KOMPLETT AUF DEN KOPF GESTELLT

Nicht alles ist Gold, was glänzt:
Weshalb das Konzept der »Individualisierung« in die Irre führt

Die Steve-Jobs-Schulen gingen 2018 pleite. Im Rückblick lassen sich die Ursachen leichter erkennen. Trotzdem scheint der Enthusiasmus deutscher Besucher merkwürdig zu sein ... Ihre Kommentare klingen so, als wenn sie die »wahre Pädagogik« in Holland gefunden hätten. Endlich individualisierter Unterricht, endlich optimale Förderung! Und alles auf der Grundlage eines digitalen Zauberkastens, dem iPad. Es schien ein Traum wahr geworden zu sein, den Reformpädagogen Anfang des 20. Jahrhunderts bereits geträumt hatten. Machen wir also einen kleinen Streifzug durch die Reformpädagogik, zuerst besuchen wir Hugo Gaudig (1860–1923), der sein pädagogisches Credo so formulierte:

> »Im Mittelpunkt aller pädagogischen Erwägungen und Handlungen [steht] nicht die schaffende Kunsttätigkeit des Lehrers, deren ›Objekt‹ der Schüler ist, sondern die Tätigkeitsweise des Schülers: Der Schüler ist die ›handelnde Person‹, um die sich alles dreht. Nicht als Objekt einer frem-

den Tätigkeit, sondern als selbstwirkendes Subjekt (als Täter seiner Taten) kommt der Schüler infrage.«[28]

Da klingt es wie ein Echo aus der Gegenwart, wenn der Gehirnforscher Gerald Hüther fordert: »Kinder dürfen nicht ihre angeborene Freude am Entdecken und Gestalten verlieren. Damit das gelingt, dürfen wir sie niemals zum Objekt machen – von Erwartungen, Absichten, Belehrungen oder Bewertungen sowie von Maßnahmen und Anordnungen.« Würde ein Kind in diese »Rolle als Objekt« gezwungen, verliere es seine natürliche Offenheit. »Dazu muss es«, so Hüther, »seine Freude am eigenen Entdecken unterdrücken – und es schreibt sich in seinem Gehirn das Muster ein: ›Ich habe keine Lust mehr, ich habe kein Bock mehr.‹«[29]

Kinder als »Subjekt« verstehen, sie in ihrer Würde ernst nehmen – diesen Forderungen würde heute niemand widersprechen. Solche Gedanken finden sich auch in der Reformpädagogik, wie sie Maria Montessori (1870–1952) entwickelt hat, der zweiten Station unserer Reise. Der Grundsatz ihrer Arbeit mit Kindern lautet: »Hilf mir, es selbst zu tun!«.

Was bedeutet das in wesentlichen Grundzügen? Das schildert das Institut für angewandte Pädagogik e.V. auf seiner Website montessori. de:[30] »Die Basis der Montessori-Pädagogik ist das Kind selbst mit seinen Bedürfnissen und seiner eigenen Persönlichkeit. Die Montessori-Pädagogen helfen dem Kind, seinen Willen zu entwickeln, indem sie ihm Raum für freie Entscheidungen geben.« Das Konzept dafür heißt »Freiarbeit«: Die Kinder entscheiden selbst, »was, wann, wie und ob sie lernen.« Das soll ihre Motivation stärken, Aufgaben zu Ende zu bringen.

Dazu passt die Rolle der »Montessori-Erzieher«: Sie sollen die Kinder beobachten, ihre Entwicklungsphasen erkennen und geeignetes Lehrmaterial anbieten. »Sie müssen großes Vertrauen in die Kompetenz des Kindes haben und greifen nur dann in das Geschehen ein, wenn ein Kind um Hilfe bittet, oder um die Vorgehensweise mit dem Material zu erklären.« Diese Ideen sind keine Einladung zur Anarchie, Montessori selbst forderte Ordnung und Disziplin von den Kindern:

> »Die Freiheit des Kindes muss als Grenze das Gemeinwohl haben, als Form das, was wir als Wohlerzogenheit bei seinen Manieren und seinem Auftreten bezeichnen. Wir müssen also dem Kind alles verbieten, was den anderen kränken oder ihnen schaden kann oder als unschickliche oder unfreundliche Handlung gilt.«[31]

Bisher wirkt unser kleiner Streifzug sympathisch, den wir durch die Reformpädagogik unternommen haben. Viel zu lange waren Kinder Objekte erzieherischer Willkür, die Erwachsene uneingeschränkt ausübten, inklusive physischer und psychischer Gewalt.

Kein Wunder, dass die Reformpädagogik am Anfang des 20. Jahrhunderts aufblühte. Neil Postman schreibt über diese Epoche: »In der Zeit zwischen 1850 und 1950 erlebt die Kindheit ihre Hochphase.« In Amerika sollten die Kinder Schulen besuchen, statt in Fabriken zu malochen. Es gab für sie eigene Kleidung, Möbel, Literatur und Spiele. Ganz wichtig: »In Hunderten Gesetzen wurden Kinder anders eingestuft und behandelt als Erwachsene; in hundert Sitten und Gepflogenheiten wurde ihnen ein bevorzugter Status eingeräumt und Schutz vor den Unbilden des Erwachsenenlebens gewährt.« Doch vor dem 16. Jahrhundert hatten Künstler Kinder als kleine Erwachsene gemalt, weil sie sich wie Erwachsene zu kleiden hatten, sobald sie keine Wickeltücher mehr benötigten.[32]

Im 20. Jahrhundert wurde das Kind in seiner Würde erkannt und ernst genommen; Kindheit entwickelte sich zu einem gesellschaftlichen Schutzraum: Das Kind war kein kleiner Erwachsener mehr, es bekam seinen eigenen Status als Persönlichkeit, der es bis zum 18./21. Lebensjahr erlaubt war, einen geschützten Reifungsprozess zu durchlaufen. Die hohe Verletzlichkeit in Kindheit und Jugend wurde gesehen. Doch auf diesem Niveau blieb die Entwicklung nicht stehen; sie entfaltete eine Dynamik, die alles infrage stellt, was für Kinder bisher errungen wurde. Wieso schossen manche Pädagogen weit über das Ziel hinaus – und mussten das Kind gleich mit dem Bade ausschütten? Was war geschehen? Dieser Frage wollen wir jetzt nachgehen, nach den kurzen Schlaglichtern auf die Reformpädagogik.

Die Metapher aus dem Badezimmer liegt nahe, wenn wir einen Sprung in die 1970er-Jahre machen. Die nächste Station der Reise ist die »Antipädagogik«! Diese radikale Antithese vertrat Ekkehard von Braunmühl, der die herkömmliche Erziehung als »mörderischen Wahnsinn« bekämpfte. Er war der Meinung, »dass man für die Zukunft eines Menschen gar nicht verantwortlich sein kann.« Wer sich für die Zukunft eines Kindes verantwortlich fühlt, habe »dieses wirkliche Kind aus dem Denken schon ausgeklammert.« Es käme in diesem Denken nicht mehr als »freies Subjekt« vor, »sondern als Marionette, als Roboter, als Maschine«.[33]

Die »Antipädagogik« lehnte alle Zielvorstellungen der etablierten Pädagogik ab, da sie ihr zum Vorwurf machte, Kinder nur manipulieren und beherrschen zu wollen. Diese radikale Strömung setzte sich für Selbstbestimmung und Emanzipation der Kinder ein. Die Grundthese lautete: Kinder sind »gut« und haben einen natürlichen Anspruch, für sich Verantwortung zu übernehmen. Konsequenz: Die Eltern sollten einen gleichberechtigten und demokratischen Umgang mit ihren Kindern pflegen.[34] Von Braunmühl stellte der üblichen Erziehung eine schlechte Diagnose: »Jedes Kind, das [...] zum Objekt erzieherischer Ansprüche degradiert und sich selbst entfremdet – genauer gesagt: entselbstet – wird, findet sich gezwungen, das übliche Spiel des Sich-terrorisierenlassens und seinerseits Terrorisierens (sogar sich selbst) mitzuspielen [...].«[35]

Solche Ideen schlugen sich 1980 im »Deutschen Kindermanifest« nieder, das der »Freundschaft mit Kindern – Förderkreis e.V.« veröffentlichte. Die Präambel lautete: »Die Menschenrechte sind unteilbar. [...] Jeder junge Mensch muß ungeachtet seines Alters die Möglichkeit haben, von den Rechten, Privilegien und Verantwortlichkeiten erwachsener Menschen uneingeschränkt Gebrauch machen zu können.«[36]

Also: Zehnjährige fahren Auto? Achtjährige kaufen Schnaps? Siebenjährige verweigern den Schulbesuch? Und: Zwölfjährige Ladendiebe werden wie Erwachsene bestraft? Eine Liste der Merkwürdigkeiten, wenn wir die Präambel aus dem »Kindermanifest« ins reale Leben übersetzen.

Aber die Strahlkraft dieser Gedanken war groß, der Zeitgeist setzte unter anderem auf eine radikale Kritik am Schulsystem. Ein Beispiel: *The Wall* von Pink Floyd, 1979. Da transportiert ein Förderband Schüler zu einem Trichter, sie stürzen hinein – und unten kommt rohes Hackfleisch heraus. Dazu der bekannte Text: »We don't need no education / we don't need no thought control / No dark sarcasm in the classroom / Teachers leave the kids alone.« Auch Herbert Grönemeyer ritt in Deutschland auf dieser Welle, als er 1986 den Song *Kinder an die Macht* veröffentlichte: »Sie sind die wahren Anarchisten / lieben das Chaos / räumen ab / kennen keine Rechte / keine Pflichten / noch ungebeugte Kraft / massenhaft ungestümer Stolz«.

Erstaunlich: Kindern wuchs plötzlich eine machtvolle Rolle zu, die im pädagogischen Diskurs als Emanzipation gefeiert wurde. Ihre unbestreitbare Würde als Mensch wurde zum Ausgangspunkt, um die Unterschiede zwischen Kind und Erwachsenen im großen Stil zu nivellieren. Was für ein Rückschritt! Die radikale Kritik diente nur einer vorgeblichen Emanzipation der Kinder, die de facto durch solche Ideen ins Mittelalter zurückgeschleudert wurden. Kinder verwandelten sich wieder in kleine Erwachsene wie in vergangenen Jahrhunderten.

Die Folge: Erwachsene fordern oft von Kindern Entscheidungen, die sie kognitiv überfordern. Der Kinder- und Jugendpsychiater Michael Winterhoff erzählt dazu die Geschichte einer Erzieherin:[37] Es hatte geregnet, und die Kinder durften zwischen Gummistiefeln und leichten Schuhen wählen, bevor sie in den Garten der Kita gingen. Ein Kind wollte keine Gummistiefel anziehen – und die Erzieherin ließ ihm diese Freiheit. Ergebnis: Das »selbstbestimmte« Kind kam mit völlig durchweichten Schuhen nach Hause ...

Das nennen wir eine Pseudo-Emanzipation, weil Kinder in ihrer allmählichen Entwicklung dringend Erwachsene brauchen, die den Weg weisen und Leitplanken aufstellen. Ein solches Verhalten entlastet Kinder – und kann tatsächlich zu einer Erziehung werden, die später zu Freiheit und Selbstbestimmung führt. Alles zu seiner Zeit.

Doch unsere Reise ist noch nicht zu Ende. Die nächste Station ist die Schweiz. Dort ist der Lehrer Peter Fratton zu Hause, der 1980 »vier pädagogische Urbitten« formuliert hat, aus kindlicher Perspektive und ganz im Geiste der pädagogischen Befreiungstheologie:

- »Erziehe mich nicht – sondern begleite mich.«
- »Bringe mir nichts bei – sondern lass mich teilhaben.«
- »Erkläre mir nicht – sondern gib mir Zeit zu erfahren.«
- »Motiviere mich nicht – aber dich.«

Dieses pädagogische Credo klingt nach Reformpädagogik, angereichert um das tiefe Misstrauen, das die »Antipädagogik« jeder Form von Erziehung entgegenbringt. Diese Zeilen überhöhen kindliche Fertigkeiten und reduzieren Erwachsene auf eine passive Rolle. Ihre Aufgabe ist es, auf Erziehung zu verzichten – und die Freiräume der Kinder als experimentelle Spielwiese zu gestalten. Dazu kommt ein demokratischer Anspruch: Die zentralen Begriffe »Teilhabe« und »Begleitung« leuchten hell auf, sie stehen für die vordergründige »Gleichheit« von Alt und Jung, was an das »Kindermanifest« erinnert.

Prof. Andreas Gruschka kommentiert diese Ideenwelt sehr deutlich: »Wie der Teufel das Weihwasser vermeidet dieser Reformer [Fratton!] das Lehren.« Sein »Gegner« sei der Lehrer, »der noch etwas lehrt, indem er es vor der Klasse offensiv vertritt, der etwas zeigt, etwas verlangt, was die Schüler erzieherisch herausfordert.«

Und der emeritierte Pädagogik-Professor geht einen Schritt weiter, er nennt Frattons Gedanken »reformpädagogische Insunationen des Schönen und Guten.« Sie täuschen vor, an alte Traditionen anzuknüpfen. In Wirklichkeit verbiete die erste »Fürbitte« (»Erziehe mich nicht!«) »das Beibringen als eine Praxis, mit der ein Lehrer etwas dem Schüler vermittelt.« Die zweite »Fürbitte« (»Bringe mir nichts bei!«) fordere »die radikale Abstinenz von Antworten als Königsweg der Pädagogik«, falls ein Schüler sachliche Fragen stellen sollte. Der Schüler bleibt in erster Linie auf sich selbst gestellt, auch wenn ihm ein »Lernbegleiter« zur Seite stehen soll. Gruschka spricht eine klare Warnung aus: »Die Maßlosigkeit dieser Fürbitten und ihr agitatorischer Schwung sollten nicht unterschätzt werden.«[38]

Eigentlich ist Frattons Stimme eine von vielen ..., wenn er nicht 2011 bis 2013 für die Landesregierung von Baden-Württemberg tätig gewesen wäre. Zum einen als Ausbildungsleiter am »Seminar für Lernbegleitung« (im Auftrag des Kultusministeriums), zum anderen als Mitglied der »Expertenkommission zur Weiterentwicklung der Lehrerausbildung«. Als seine Thesen in die Kritik gerieten, sah sich der damalige Kultusminister Andreas Stoch (SPD) gezwungen, in der *FAZ* Stellung zu beziehen: »Die Urbitten können von einem großen Teil der Bevölkerung falsch verstanden werden, weil sie provokativ sind und auch sein sollen. Sie sollen zeigen, dass nicht äußerer Druck Anstoß für das Lernen eines Kindes sein muss, sondern die Lernbegierde auch vom Kind selbst kommen kann.«[39]

Da ist sie wieder ... die reformpädagogische Verpackung für ein Programm, das Kinder nicht nur in ihrer Würde schützt, sondern sie in den Rang kleiner Erwachsener erhebt. Denn: Es macht einen großen

Unterschied, ob ich für Kinder Menschenrechte durchsetze oder sie mit einer Pseudo-Autonomie belaste, die sie kognitiv und emotional nicht bewältigen können.

Die aktuelle Pädagogik unternimmt eine gefährliche Gratwanderung. Verführerisch schimmert ein Gipfel in der Sonne, umkreist von Werten wie Selbstständigkeit, Teilhabe und Freiheit. Wer würde seinen Kindern diesen Weg verstellen wollen ... doch der Absturz droht auf jedem Meter zu dieser Bergspitze. Warum? Um diese Frage zu klären, wenden wir uns jetzt der Diskussion um die »Neue Lernkultur« zu, der nächsten Station auf unserer Reise durch die Pädagogik.

Die »Neue Lernkultur« hält gerade Einzug in deutschen Schulen; idealtypisch wird sie so umgesetzt: Bildungsstandards geben Lehrern Kompetenzziele vor; Schüler schließen Lernkontrakte mit Lehrern ab. Diese Kontrakte legen fest, was in welcher Zeit zu erledigen ist. Schüler heißen Lernpartner und sind verantwortlich für ihren Lernprozess, indem sie Lernpakete abarbeiten und sich selbstständig an Wochenplänen orientieren. Schüler lernen selbstgesteuert und führen Lerntagebücher; sie sollen ihren Lernprozess reflektieren und evaluieren.

Lernfortschritte werden in Kompetenzrastern erfasst; Lehrer verwandeln sich in Lernbegleiter, die Kompetenzdiagnosen stellen. Individuelle Potenzialentfaltung findet statt; es gibt individuelle Förderung; Coaching wird angeboten; Schule wird als lebendiger Organismus begriffen – und nicht als starre Organisation. So lauten die verheißungsvollen Begriffe, die der »Neuen Lernkultur« den Weg ebnen ... Dabei immunisiert sich diese Sprache gegen Kritik, weil diese Lawine wohlmeinender Begriffe jeden Skeptiker unter sich begräbt.

Wir müssen schon etwas genauer hinhören, etwa bei einem Vortrag, den Peter Fratton in Hamburg gehalten hat.[40] Er gilt als Vertreter der »Neuen Lernkultur« und formuliert als Forderung, »dass alles Lernen so organisiert wird, dass wir als Lernbegleiter möglichst überflüssig sind. Möglichst – zum Glück nicht ganz. Ein wesentlicher Teil ist, dass die Jugendlichen ihr Ziel möglichst selbst erreichen können. Wir strukturieren die Materialien dazu.«

Schüler haben sich jetzt selbst zu steuern, etwa durch Wochenpläne. In seinem Hamburger Vortrag zeigt Fratton dazu ein Bild: die »Computer-Bar« aus einer seiner Schulen. Ein langer, schlauchartiger Gang, der ganz in Weiß erstrahlt. Auf jeder Seite Computerarbeitsplätze, sodass sich die Schüler gegenseitig den Rücken zuwenden. Vereinzelung in Reinkultur. Kann das eine Alternative zum viel geschmähten »Frontalunterricht« sein, der auch als inspirierendes Unterrichtsgespräch möglich ist?

Mit seiner Vorstellung »überflüssiger Lernbegleiter« steht Fratton für eine zentrale Position der »Neuen Lernkultur«, die trotz geschmeidiger Worte auf Kritik stößt: Matthias Burchardt und Jochen Krautz stellten in der *FAZ* fest: Die Sprache dieser Pädagogik schwanke »zwischen Ökonomismus und reformpädagogischer Emphase«. Dabei kündige die »Neue Lernkultur« das »pädagogische Grundverhältnis« auf:

> *»Die Pädagogik weiß seit Jahrhunderten, was heute viele Humanwissenschaften belegen: Erziehung, Bildung und Lernen sind ein Beziehungsgeschehen zwischen Personen, die ihre Aufmerksamkeit gemeinsam auf eine Sache richten. Hier wird aber der unabdingbare Zusammenhang von personaler Beziehung und fachlichem Sachanspruch zugunsten einer kompetenzorientierten Selbststeuerung nach dem Modell des Projektmanagements aufgekündigt.«*

Du und Ich

»Der Mensch wird am Du zum Ich« – diese berühmten Worte stammen vom Philosophen Martin Buber, die er 1923 im Text *Du und Ich* festgehalten hat.[41] Eigentlich eine klare Absage an die Selbstoptimierung unserer Zeit, da sich die Persönlichkeit des Menschen im Austausch mit anderen entwickelt. Identität entsteht durch Begegnung! Das Ich erwacht nur, wenn es sich in Beziehung zu anderen Menschen setzt. Das gilt besonders für jede Form von Unterricht: Viele Kinder lernen für ihren Lehrer, weil sie sich auf der Beziehungsebene verbunden fühlen. Ihr »Ich« braucht das »Du«, den wirklichen Dialog mit einem Menschen, der empathisch und zugewandt reagiert. Dieser zutiefst menschliche Prozess lässt sich nicht substituieren – auf keinen Fall durch Lernprogramme und Lehrer, die in eine Rolle des Lernbegleiters gezwungen werden. Auch in einer digitalisierten Welt muss gelten: Am »Du« wird der Mensch zum »Ich«.

Auch in diesem Zusammenhang sei an die Hattie-Studie erinnert. Vereinfacht lässt sich seine gewaltige statistische Anstrengung auf einen Nenner bringen: Der Lehrer ist der entscheidende Faktor im Klassenzimmer! Im Ranking landet sein Einfluss gegenüber Schülern auf Platz 1. Ulrich Steffens und Dieter Höfer schreiben über Hatties Ergebnisse: »Für Hattie steht die Lehrperson im Mittelpunkt der Wirksamkeit von Unterricht. [...] Er plädiert deshalb – teilweise in vehementer Weise – dafür, lehrerbezogene und nicht strukturbezogene Maßnahmen in den Mittelpunkt von Schulentwicklung zu rücken.«[42]

Ganz klar: »Selbsttätigkeit« sollte zu einer inneren Haltung von Kindern werden, ein Ziel, das mit der »Neuen Lernkultur« zu teilen ist. Allerdings angeleitet durch Lehrer, die sich Schülern bewusst zuwenden – und nicht als Lernbegleiter in den Hintergrund treten. Auf diese Weise wird der Schüler zum »selbstwirkenden Subjekt«, wie es bereits dem Reformpädagogen Gaudig vorschwebte. Oder in den Worten von Burchardt und Krautz:

»*Daher bedarf innere Selbsttätigkeit einer pädagogischen Führung und eines menschlichen Gegenübers, an und mit dem sich das eigene Denken reiben und entwickeln kann. Guter Unterricht lehrt Verstehen, durch Zeigen und Erklären des Lehrers, durch gemeinsames Diskutieren und Überprüfen lernen Schüler zunehmend, ein eigenes, sachlich fundiertes Urteil zu bilden.*«

So untermauerten die zwei Autoren ihre Kritik an Fratton – mit spürbaren Konsequenzen: Ehe die Diskussion um dessen Ideen richtig hochkochte, zog sich der Schweizer aus allen offiziellen Positionen zurück. Die Landesregierung musste auf seine Beratung verzichten.

Damit könnte unser Streifzug zu Ende sein, gäbe es nicht noch einen wesentlichen gesellschaftspolitischen Aspekt, der mit der »Neuen Lernkultur« verbunden ist. Denn sie geht eine unselige Allianz mit einer dominanten Strömung unserer Zeit ein: dem Neoliberalismus! Er unterwirft immer mehr Bereiche der Gesellschaft dem Diktat der Ökonomie. Dazu zählt in letzter Zeit besonders die Bildung, die aus privatwirtschaftlicher Perspektive einen gewaltigen Markt darstellt, der erschlossen sein will (Kapitel 13: »Indoktrination 2.0«). Nicht umsonst träumte Maurice de Hond von »zehn Millionen Grundschulen«, die es in der westlichen Welt gibt. Außerdem schleichen sich ökonomistische Denkweisen in die Bildungspolitik ein, was sich in Begriffen wie »Effizienz« oder »Bildungsrenditen« spiegelt. Erfolg misst sich fast ausschließlich in statistischen Kennzahlen.

Dabei kann der gesunde Wunsch nach Individualität in die Mühlen einer wirtschaftlichen Ideologie geraten. Steht am Ende eine atomisierte Gesellschaft, die kaum mehr zu solidarischem Handeln in der Lage ist? Dieser Prozess beginnt sehr früh, etwa in der Schule!

Blenden wir uns in ein Gespräch ein, das die *WirtschaftsWoche* mit Prof. Dr. Karl-Heinz Dammer (Pädagogische Hochschule, Heidelberg) geführt hat.[43] Zuerst war das Thema die »selbstständige Lernaktivität« der Schüler, ein Stichwort aus der »Neuen Lernkultur«. In Dammers Augen ein »trivialer Begriff«, weil jeder Mensch nur selbst und für sich lernen kann. In den Worten klingt aber ein Stück Reformpädagogik durch, in der die »Selbsttätigkeit« der Schüler eine große Rolle spielt. Dammer: »Reformpädagogische Methoden sind aber nicht an sich gut, sondern abhängig davon, in welchem fachlichen Kontext und mit welchen Schülern sie zu welchem Zweck angewandt werden.«

Dann folgt eine Analyse, in welche sozioökonomischen Bedingungen die »Neue Lernkultur« eingebettet ist. Da diese Kultur sehr menschenfreundlich aussieht, stößt sie auf viel Beifall – und wenig Kritik. Dammer: »Dieser Humanismus ist aber nur vordergründig.«

Der Begriff des »selbstgesteuerten Lernens« lädt dazu ein, ihn leicht mit aufklärerischen Ideen wie Autonomie oder Mündigkeit zu verwechseln. Doch das Gegenteil sei der Fall: »Selbststeuerung« ist ein Konzept aus der Kybernetik. Das bedeutet: Der Begriff hat eigentlich einen technischen Hintergrund. Es geht darum, industrielle Prozesse programmiert und automatisch ablaufen zu lassen, damit der Mensch nicht mehr eingreifen muss. Kommt so der automatisierte Schüler, der »selbstgesteuert« lernt? Dammer: »Mit diesem Begriff wird der Lerner implizit zu einem technischen System und das Lernen zu einem technischen Vorgang erklärt, der sich auf der Basis von Vorgaben präzise selbst steuert.« Der scheinbare Humanismus löst sich in Luft auf ...

Es kommt aber noch schlimmer. Das pädagogische Konzept der »Selbststeuerung« übersieht nicht nur, wie komplex tatsächlich Lernvorgänge sind, sondern steht auch für ein fragwürdiges Menschenbild. Dammer drückt das so aus: »›Selbstgesteuert‹ als technische Metapher bedeutet, dass die Schüler sich aus eigenem Antrieb Fremdbestimmung unterwerfen und damit auch verantwortlich fühlen sollen für eine erfolgreiche Umsetzung der Erwartungen.«

Die Schüler werden schließlich individuell gefördert, ihre Umgebung wird optimal angepasst, die Lernpakete sind effizient gepackt – und die Lernprozesse perfekt optimiert. Jetzt müssen die jungen Menschen natürlich über jedes Stöckchen springen, das ihnen in einer präzise errechneten Höhe hingehalten wird. Scheitern? Unmöglich. Was für ein Erwartungsdruck!

Der Schüler wird so zum »Unternehmer in eigener Sache«, der sein Leben »quasi als Managementprojekt zur Optimierung des individuellen Humankapitals betrachtet und eventuelles Scheitern als sein persönliches Versagen interpretiert.« Willkommen in der kalten Welt des Neoliberalismus, der Ideologie selbstgesteuerter Märkte!

Es ist nicht zu übersehen, dass dieses ökonomische Konzept immer mehr auf Grenzen stößt – genauso wie ein automatisierter Mensch nicht weit kommen kann, jenseits echter Freiheit und Autonomie. »Eine Schule, die sich dieser Ideologie andient«, sagt Dammer, »möglicherweise ohne dass die in ihr Handelnden dies durchschauen, hat in meinen Augen versagt, denn sie sollte ein Schonraum für Lern- und Entwicklungsprozesse sein und ihren Schülern verschiedene Zugänge zur Welt eröffnen, statt sie zu ›Selbstunternehmern‹ abzurichten.«

Keine Frage: Kaum ein engagierter Pädagoge will Schüler »abrichten«. Aber das System »Neue Lernkultur« tendiert zu diesem extremen Verhalten, da es die Bedingungen der Vereinzelung optimiert, um Schüler als »Lehrplanbewältiger« in eine Effizienz versprechende Isolation zu treiben. Am besten vor Computern mit Lernprogrammen, die individuell zugeschnitten sind. Damit sind wir bei der letzten Station der Reise angekommen: dem IT-Einsatz in der Schule, der wie ein Deckel zum Topf der »Neuen Lernkultur« passt!

Einer der digitalen Propheten in Deutschland ist Prof. Christoph Meinel. Er ist Direktor und Geschäftsführer des Hasso-Plattner-Instituts und schreibt in der *FAZ*:

> »*Durch die Nutzung und Bewertung einzelner Lernanwendungen entsteht gleichzeitig eine effektive Qualitätskontrolle durch die Nutzer. Mit den Mitteln der Learning Analytics können die digitalen Lernangebote auf der Basis des Nutzerverhaltens gezielt weiterentwickelt und Lernen individueller und erfolgreicher gestaltet werden.*«[44]

»Effektive Qualitätskontrolle durch den Nutzer«? Das klingt nach einer aktiven Bewertung von Lerninhalten, geht aber völlig an der Realität von Learning Analytics vorbei. Wie diese rechnergestützte Analyse von Lernprozessen abläuft, schildern Jörg Dräger und Ralph Müller-Eiselt, die das Geschäftsmodell von Jose Ferreira beschreiben (Firma Knewton): »Mithilfe von Big Data will er über jeden so viel wie möglich erfahren, um mit diesem Wissen und einer sich anpassenden Lernsoftware den Unterricht zu personalisieren.«

Argument: Im Gegensatz zu Lehrern in großen Klassen ist die Software Knewton in der Lage, »jedes Detail zu jedem Schüler« zu speichern. Konkret heißt das:[45]

> »*Knewton durchleuchtet jeden, der das Lernprogramm nutzt. Die Software beobachtet und speichert minutiös, was, wie und in welchem Tempo ein Schüler lernt. Jede Reaktion des Nutzers, jeder Mausklick und jeder Tastenanschlag, jede richtige und jede falsche Antwort, jeder Seitenaufruf und jeder Abbruch wird erfasst.*«

Genau dieser Rückkanal ist die Achilles-Ferse automatisierter Lernsysteme, die biometrische Messungen an Schülern ergänzen können. Das Ergebnis sind minutiöse Lernprotokolle, die sich versilbern lassen. Dräger und Müller-Eiselt nennen Ferreiras Geschäftsmodell: »Individuelle Bildung für alle im Tausch gegen Daten von jedem.«

Was solche Tauschgeschäfte im Bildungsbereich anrichten, beleuchten wir ebenfalls in Kapitel 5: »Totalitäre Bildung«. Jetzt halten wir erst einmal fest: Lernprogramme sind scheinbar die logische Weiterentwicklung einer Lernkultur, die mit Technologie soziale Probleme lösen will. Kleinere Klassen? Mehr Lehrer? Mehr Sozialarbeiter? Das kostet viel zu viel Geld! Menschen sind schließlich »Kostenstellen«! Das Geld fließt besser in den IT-Sektor, weil der Mythos der Digitalisierung in allen Köpfen steckt. Ohne Computer keine Bildung! Dabei sollte es heißen: Wir fordern **echte Bildung**, um gut mit Computern umzugehen (Kapitel 14: »Es muss nicht immer digital sein ...«).

Fazit: Das war eine große Reise, die wir in diesem Kapitel unternommen haben. Die erste Station war die Reformpädagogik, die viele sympathische Aspekte hat, etwa die Forderung nach »Selbsttätigkeit«. Und: Anfang des 20. Jahrhunderts wurde die Kindheit als schützenswerter Raum entdeckt, was für viele Kinder eine große Errungenschaft war. Später schlug aber das Pendel der Pädagogik immer extremer aus – und in der »Antipädagogik« wird das Bild eines Kindes entworfen, das Erwachsenen gleichgestellt ist.

Daran fällt es schwer, Kritik zu üben, denn die Würde des Kindes ist genauso unantastbar wie die Würde der Erwachsenen. Aber: Die emotionale und kognitive Reife der Kinder unterscheidet sich deutlich! Erwachsene haben daher einen Erziehungsauftrag, sei es als Eltern, sei es als Lehrer. Das bezweifeln aber Anhänger einer »Neuen Lernkultur«, für die Peter Fratton seine vier »pädagogischen Urbitten« formuliert hat.

So kippt das Verhältnis zwischen Jung und Alt: Wo vorher zu Recht die Würde des Kindes erkämpft wurde, wird jetzt die Kindheit überfrachtet, und zwar mit überzogenen Idealen einer Selbstständigkeit, die nicht dem emotional-kognitiven Stand junger Menschen entspricht. Diese Entwicklung mündet in der Idee vom »selbstgesteuerten Lernen«, das Lehrer zu Begleitern degradiert! Dabei wird Schülern eine Verantwortung aufgeladen, der nur die stärksten gewachsen sind. Kinder mit schwächeren Leistungen fallen leicht durchs (Kompetenz-)Raster.

Aber sie haben ja das vermeintliche Glück der individuellen Förderung – durch Lernprogramme, die sie genau auf ihrem Verständnisniveau abholen. Kollege Computer übernimmt, wo eigentlich ein empathischer Lehrer gefragt ist.

Auf diese Weise entsteht eine digitale Illusion von Bildung, weit entfernt von den Werten einer Maria Montessori. Und genauso weit weg von Martin Buber, der die einfachen Worte fand: »Der Mensch wird am Du zum Ich«. Eine klare Botschaft an jede Pädagogik: Im direkten Austausch von Lehrer und Schüler entstehen Wissen, Fähigkeiten und Einsichten in die komplexe Welt. Das leistet keine noch so perfekte Videokonferenz, wie sie in Corona-Zeiten ausprobiert wurden und was in Kapitel 1 »Unterricht fürs ›schwarze Loch‹« klar wurde.

Last but not least: Die Ideologie des Neoliberalismus unterwirft alle Bereiche des Lebens einer gnadenlosen Marktlogik. Stephen Metcalf schreibt in der Wochenzeitung *der Freitag*:[46] Wir werden alle dazu gedrängt, »uns als Individuen zu verstehen, die für ihr Glück eigenverantwortlich sind. Wie selbstverständlich [wird] uns mit auf den Weg gegeben, dass wir miteinander konkurrieren und uns anpassen müssen.« Die Logik der Märkte wird inzwischen auf die »gesamte Gesellschaft« angewandt – »bis sie unser ganzes Leben beherrscht. ›Verkauf dich immer richtig‹ ist Leitspruch der Selbstverwirklichung geworden.« Still und leise bestimmt unser Leben, »dass Wettbewerb das einzig legitime Organisationsprinzip menschlichen Handelns ist.«

Der Neoliberalismus erobert jetzt auch das Bildungssystem – unter der Tarnkappe der »Neuen Lernkultur«. Deren positive Begriffe sind

Nebelkerzen, die verschleiern, was die Konsequenzen für unsere Gesellschaft sind: Atomisierung sozialer Bezüge, Entsolidarisierung und technische Substitution menschlicher Beziehungen. Was allein zählt, ist die ökonomische Effizienz und Verwertbarkeit »automatisierter Menschen«. Noch ist es nicht so weit; noch gibt es Schulen, die sich nicht auf einem solchen Weg der Digitalisierung befinden. Aber Skepsis ist angebracht, weil im Nebel der schönen Worte unschöne Ziele zu erkennen sind – verfochten von Vertretern neoliberaler Ideologie. Wer will aber in einer solchen Gesellschaft leben? Muss es erst zu einer Katastrophe kommen?

Anbindung an Lehrer unverzichtbar

Interview mit Sybille Schmitz, Referentin und Beraterin für frühkindliche Bildung und Entwicklung. Autorin des Buches Kindliche Bedürfnisse als Mittelpunkt der Kita-Pädagogik.

Wie schätzen Sie die Praxis des »individualisierten Lernens« in Grundschulen ein?

Die »Neue Lernkultur« setzt stark auf ein individualisiertes Lernen, bei Grundschülern schon von der ersten Klasse an. Dabei gibt es keine entwicklungspsychologischen Erkenntnisse, die das Konzept stützen. Es beruht auf einer falschen Auslegung intrinsischer und extrinsischer Motivation. Der innere Antrieb der Kinder, die Welt zu erkunden, wird uneingeschränkt auf Lerninhalte wie Lesen und Schreiben übertragen. Das führt dazu, dass Lehrer auf die Rolle von Lernprozessbegleitern reduziert werden. Sie sollen sich möglichst früh im Lernprozess überflüssig machen.

Dabei wird außer Acht gelassen, welche geistige Reife das Kind erreicht hat. Auch die emotionale Orientierung und Anbindung des Kindes an den Lehrer verlieren in diesem Konzept an Bedeutung. Dabei muss ein Kind in den ersten Schuljahren Kulturtechniken wie Schreiben und Rechnen lernen, zu denen es zunächst keinen unmittelbaren Zugang hat. Manche Kinder interessieren sich schon im Kindergarten für das Schreiben, andere brauchen die Beziehung zum Lehrer und seine motivierende Unterstützung, um sich für das Schreiben zu öffnen.

Was sind die Folgen einer solchen »Neuen Lernkultur«?

Wenn die Kinder schon in den ersten Klassen alle Lerninhalte selbst wählen und ihre Leistungen selbst bewerten sollen, droht eine Vereinzelung und Isolation des Kindes. Viel zu früh wird eine Erwartungshaltung an das Kind herangetragen, Selbstreflexion und Eigenverantwortung zu entwickeln. Das geht einher mit einer Überschätzung und Fehleinschätzung kognitiver Fähigkeiten von Kindern in der Grundschule.

Selbstregulation und Selbstbestimmung bei Kindern werden überbetont, obwohl sie dafür in ihrer Entwicklung noch nicht weit genug sind. Kinder verlieren so die Orientierung und beginnen sich nur nach dem »Spaßfaktor« zu richten, den eine Tätigkeit bringen könnte. Manche Kinder kapitulieren auch vor dem hohen Erwartungsdruck der Erwachsenen und verweigern das Lernen.

Es heißt doch: »Kinder lernen den ganzen Tag«! Was ist der Unterschied zwischen Kulturtechniken wie Lesen oder Rechnen und anderen Lerninhalten?

Kulturtechniken sind nicht nötig, um die biologische Existenz zu sichern. Es sind historisch gewachsene Techniken, die im gesellschaftlichen Zusammenleben entstanden sind. Unsere Biologie und instinktive

Verarbeitung kennen keine Reflexe oder Triebe, die das Erlernen von Kulturtechniken »intrinsisch« erleichtern.

Trotzdem werden Schüler als selbstbestimmte Lerner angesehen, die für ihr eigenes Lernen verantwortlich sind. Und das aus einer angeblich intrinsischen Motivation! Das scheint mir eine Illusion zu sein. Das Konzept des »individualisierten Lernens« setzt darauf, dass die Kinder uneingeschränkt »Spaß« haben sollen beim Lernen. Begriffe wie »Anstrengung« oder »Überwindung« sind verpönt.

Was brauchen Kinder tatsächlich – statt einer solchen Lernkultur?

Kinder im Alter von fünf, sechs oder sieben Jahren brauchen vor allem eine gute Anbindung an den Lehrer oder die Lehrerin. Das gesamte erste Schuljahr dient dazu, dass die Kinder in der Schule ankommen und sich in aller Ruhe ans Lernen gewöhnen. Der Lehrer leitet die Kinder an, mit Einfühlungsvermögen, Klarheit und eindeutigen Orientierungshilfen. In diesem Rahmen kann durchaus individualisiertes Lernen in kleinen Portionen stattfinden, dabei ist aber immer die kognitive und emotionale Reife der Kinder zu berücksichtigen.

In der Entwicklungspsychologie gibt es den Begriff des »personenzentrierten Lernens«. Damit ist gemeint, dass sich Menschen in erster Linie an anderen Menschen (Personen) orientieren, um im Rahmen einer Beziehung zur Lehrperson Bildungsinhalte aufzunehmen und weiterzuverarbeiten.

Was heißt das für die Rolle des Lehrers?

Es geht um ein personenzentriertes Lernen, wobei sich das Kind am Lehrer orientiert, zu dem eine stabile, verlässliche und zugewandte Beziehung besteht. Seine Psyche kann sich im Rahmen dieser Beziehung entwickeln – am Du zum Ich. So lernt es am besten zu lernen. Zum Lehrer gibt es dabei ein natürliches Wissensgefälle, wodurch er eine wichtige Rolle spielt: Der Lehrer ist Vorbild, arbeitet aktiv mit den Schülern und begeistert sie für seinen Stoff. Von einem reinen Lernbegleiter kann nicht die Rede sein.

Übernimmt der Schüler keine Verantwortung für seinen Lernprozess?

Doch, natürlich! Aber am Anfang nicht so viel, wie es die »Neue Lernkultur« fordert. Je nach Stufe seiner psychischen Reife beginnt ein Schüler, mehr und mehr Verantwortung für sein Lernen zu übernehmen. Ziel ist es, später selbstbestimmt zu leben, was aber nur gelingt, wenn der Schüler vorher nicht überfordert wird. Wir sollten immer den jeweiligen Stand der kognitiv-emotionalen Reifung der Kinder im Auge haben.

Wie wichtig ist dabei die Lerngemeinschaft?

Lernen bleibt immer ein sozialer Prozess und die Einbettung der Kinder in eine Lerngemeinschaft ist unverzichtbar. Nur so eignen sie sich auch soziale Fähigkeiten an. Im Rahmen der Gemeinschaft kann das Kind Schritt für Schritt Kulturtechniken erwerben, bis hin zu Fremdsprachen und naturwissenschaftlichen Kenntnissen. Die Erwachsenen gestalten bewusst diese Lerngemeinschaft, indem sie den Kindern das Gefühl vermitteln, dass die Lerninhalte interessant, wissenswert und hilfreich sind.

KAPITEL 4
JAHRELANG ALLEIN VOR DEM COMPUTER

E-Mail-Interview mit der Psychiaterin Prof. Noriko Maruta. Sie erforscht Hikikomori: Menschen, die in Japan jahrelang ihr Zimmer nicht verlassen

Die Flucht vor der Welt hat in Japan eine besondere Ausprägung gefunden: Hikikomori. Der Begriff steht für eine Lebensform und für Menschen, die sich völlig aus der Gesellschaft zurückziehen. Eine Stufe der »Individualisierung«, die alles schlägt, was wir zuletzt diskutiert haben (Kapitel 3: »Gute Ideen – komplett auf den Kopf gestellt«).. Die japanische Psychiaterin Prof. Noriko Maruta hat Hikikomori erforscht, sie gab uns per Mail ein Interview zu diesem Thema. Rund eine Million ihrer 126 Millionen Landsleute sind von diesem Phänomen betroffen.

Was verstehen Sie unter *Hikikomori* in Japan?

Hikikomori sind junge Menschen, die sich aus sozialen Aktivitäten zurückziehen, oft ausgelöst durch schlechte Erfahrungen in der Schule oder Erfolglosigkeit im Beruf. Nach einer aktuellen Definition steht das Wort nicht für eine medizinische Diagnose oder eine Krankheit, sondern für ein ganzes Spektrum von Zuständen. Einige *Hikikomori* haben einen geringeren Kontakt zur Gesellschaft, als üblicherweise erwartet wird. Aber sie verlassen die Wohnung, um sich Essen und Trinken zu besorgen.

Andere Fälle sind weit schwerer: Solche Menschen bleiben in ihrem Zimmer und gehen niemals raus, nicht einmal für eine Mahlzeit. Vor diesem Hintergrund gibt es eine Debatte, ob *Hikikomori* ein pathologisches Verhalten zeigen oder nur einen extremen Lebensstil pflegen.

Wie viele Menschen verhalten sich so in Japan?

Offizielle Statistiken der japanischen Regierung zeigen, dass die Zahl der *Hikikomori* auf über eine Million Menschen angestiegen ist (*Cabinet Office*, 2016 bis 2019). Davon sind 541 000 Fälle junge Bürger zwischen 15 und 39 Jahren. Die Gruppe der älteren Menschen zwischen 40 und 65 Jahren umfasst 613 000 Bürger. Als das Phänomen *Hikikomori* in Japan entdeckt wurde, haben es Wissenschaftler nur unter den 15- bis 39-jährigen gefunden, besonders unter Teenagern und Twens. Dann wurde festgestellt, dass auch ältere Menschen zwischen 40 und 65 Jahren betroffen waren. Diese Untersuchung unterteilt *Hikikomori* in drei Stufen:

Vorstufe: Sie bleiben in der Regel zu Hause, gehen aber aus dem Haus, um persönliche Bedürfnisse zu befriedigen, wie Hobbys oder spezielle Interessen. Oft sind diese Menschen bereit, mit ihrer Familie zu sprechen.

Moderate Stufe: In dieser Gruppe wird die Situation ernster. Solche *Hikikomori* bleiben normalerweise zu Hause und gehen nur hinaus, um ihr tägliches Essen und Trinken in der Nachbarschaft zu holen.

Schwere Stufe: Diese Gruppe ist am stärksten betroffen. Die Menschen bleiben den ganzen Tag in ihrem Zimmer oder laufen im Haus herum, sie verlassen es aber niemals. Diese Menschen vermeiden es häufig, selbst mit ihrer Familie zu kommunizieren.

Ist der Rückzug aus der Gesellschaft eine lebenslange Entscheidung?

Am Anfang wird kein *Hikikomori* voraussehen können, wie lange er unter diesen Bedingungen lebt. Die betroffene Person scheint den sozialen Rückzug anzutreten, um vorübergehend Konflikte oder Stress zu bewältigen. Das wird sie wahrscheinlich nicht als lebenslange Entscheidung verstehen. Im Grunde genommen sind *Hikikomori* keine Menschen, die Zeitpläne aufstellen, und auf jeden Fall ihr Ziel zu erreichen.

Beschreiben Sie bitte die tägliche Routine eines *Hikikomori*.

Das ist schwer zu beschreiben, weil die Verhaltensweisen sehr individuell ausfallen. Typischerweise bleiben diese Menschen den ganzen Tag zu Hause, gehen kaum raus und sind nicht bereit, mit anderen Menschen zu sprechen. Ich habe erlebt, dass *Hikikomori* die meiste Zeit Computerspiele machen, im Internet surfen oder einem Hobby nachgehen. Sie ziehen es vor, alles aus dem Internet zu bekommen, inklusive der Dinge, die sie für ein Hobby brauchen. Das Internet ist das notwendige Werkzeug für das tägliche Leben, so müssen sie nicht mehr vor die Türe gehen.

Hikikomori tendieren dazu, keinen stabilen Lebensrhythmus zu haben, weil sie zu jeder beliebigen Zeit aufwachen oder schlafen. Der Schlaf-Wach-Rhythmus steht oft auf dem Kopf. Das gilt auch für den Stoffwechsel: Sie essen und trinken, wann sie wollen. Oft ist es Fastfood, das leicht zu bekommen ist, etwa Instant-Nudeln oder Instant-Reis. Meistens vermeiden es die *Hikikomori*, mit ihrer Familie eine Mahlzeit einzunehmen.

Sind *Hikikomori* subjektiv zufrieden mit ihrem Leben?

Natürlich ist das bei jedem *Hikikomori* anders und die Zufriedenheit hängt von vielen Faktoren ab. Einige Leute sind ziemlich glücklich,

E-Mail-Interview mit der Psychiaterin Prof. Noriko Maruta.

weil sie sich völlig zurückgezogen haben. Dieser Rückzug könnte auch ein Ausdruck psychischer Abwehr sein, gegen Angst oder Konflikte. Zu Hause fühlen sich die Menschen sicher und glücklich, statt sich gedrängt zu sehen, der Realität ins Auge zu schauen.

Gibt es das Phänomen nur in Japan?

Seit einem Jahrzehnt tritt dieses Verhalten auch in anderen Ländern auf, zum Beispiel in Südkorea, Hongkong, Großbritannien, Frankreich, Spanien und den Vereinigten Staaten. Es wird gesagt, betroffene Menschen würden spüren, nicht dazuzugehören. Ich kenne aber nicht die Einzelheiten. Es gibt typische Erfahrungen, die ein solches Erleben triggern: Aufnahmeprüfungen, Liebesbeziehungen, sexuelle Affären und Arbeitslosigkeit.

Was sind die Ursachen, dass eine so große Gruppe der Gesellschaft den Rücken zuwendet?

Wir wissen es nicht genau, aber *Hikikomori* scheinen ein kulturelles Symptom zu sein. Es gibt eine Menge Studien, die das Phänomen aus dem kulturellen Kontext erklären. In Japan ist es üblich, dass der Vater früh am Morgen zur Arbeit geht – und erst spät am Abend wiederkommt. Die häufige Abwesenheit des Vaters ist also völlig normal. Also verbringen die Mütter viel Zeit mit ihren Kindern und die Kommunikation konzentriert sich auf diese nur zweiseitige Beziehung, ohne Vater! Damit sind die Mutter und Kinder zufrieden. In den meisten Familien sind die Mütter nicht von dem Gedanken begeistert, dass ihre Kinder früh unabhängig werden.

Auch der Typ der Persönlichkeit kann eine Rolle spielen: Wer perfektionistisch oder zwanghaft veranlagt ist, könnte anfälliger für einen sozialen Rückzug sein. Ein solcher Charakterzug veranlasst Menschen dazu, an einer Idee (zu) lange festzuhalten. Entsteht Gegendruck, kann die Folge ein sozialer Rückzug sein. Schließlich fällt es *Hikikomori* schwer, sich Hilfe zu suchen. Und die Eltern schämen sich, in einem frühen Stadium mit anderen darüber zu reden.

Spielt das japanische Bildungssystem eine Rolle?

Ja, es besteht da eine starke Konformität. In vielen Privatschulen haben die Schüler Schuluniformen zu tragen. Es gibt viele Regeln zum Haarschnitt, den Socken oder den Schuhen etc. Weiterhin sitzen fast 40 Schüler in einer Klasse auf der *Junior Highschool*, auf der *Senior Highschool* sind es genauso viele. Die Lehrer versuchen nun, ihre Schüler an diese Klassen anzupassen. Von den Schülern wird korrektes Verhalten erwartet, was oft zu einer starken Konformität im täglichen Umgang führt.

Warum sind viele Eltern bereit, das Verhalten der *Hikikomori* zu stabilisieren, indem sie weiter für sie sorgen?

Es scheint verschiedene Formen der Beziehung zu geben, die zwischen *Hikikomori* und ihren Eltern bestehen.
    Fall 1: *Hikikomori* lehnen es ab, in eine Verbindung zu ihren Eltern zu treten. Dann unterstützen die Eltern ihr Kind – ohne Kritik und Einmischung. Sie heißen den sozialen Rückzug nicht gut, dulden ihn aber vorerst.
    Fall 2: Der *Hikikomori* denkt über sein Leben nach und beschuldigt die Eltern, ihn schlecht behandelt zu haben. Oder dass er mit Gewalt, Drohungen und Erpressung aufgewachsen ist. In beiden Fällen machen sich die Eltern selbst Vorwürfe. Sie schieben eine gute Gelegenheit immer mehr hinaus, sich professionellen Rat zu holen. Ein Teufelskreis zwischen Eltern und *Hikikomori* kommt in Gang.

E-Mail-Interview mit der Psychiaterin Prof. Noriko Maruta.

Welche Bedeutung haben digitale Medien im Leben eines *Hikikomori*?

Digitale Medien sind allgemein notwendig und wir können ohne sie in Zukunft nicht leben. *Hikikomori* sind oft im Internet unterwegs und spielen Computergames, wobei beides für sie wichtig ist. Am Anfang sind die digitalen Medien einfach das tägliche Werkzeug, um vor Konfrontationen zu fliehen, etwa vor wichtigen Aufgaben in Studium und Beruf. Die meisten jungen Menschen neigen dazu, sich Computerspielen zu widmen, wenn sie sich in der Zeit des sozialen Rückzugs befinden.

Dabei besteht ein gewisses Risiko, dass *Hikikomori* von digitalen Medien abhängig werden. Es lässt sich aber nicht sagen, dass Computerspiele immer zu einer pathologischen Abhängigkeit führen. Kommt es dazu, sind diese Menschen nicht nur *Hikikomori*, sondern zeigen zusätzlich Symptome einer Spielsucht, was eine andere psychische Krankheit ist. Es fällt schwer, zu unterscheiden, ob ein *Hikikomori* nur spielt oder bereits spielsüchtig ist. Diese Unterscheidung ist deshalb kompliziert, weil viele *Hikikomori* zögern, spontan darüber zu sprechen.

Kommunizieren *Hikikomori* mit anderen Leuten über das Internet?

Es gibt *Hikikomori*, die mit Menschen übers Netz in Kontakt treten, wenn sie gemeinsame Interessen oder Haltungen teilen. Denn sie ziehen es vor, sich mit ähnlichen Menschen zu verständigen, weil sie sich dabei frei und sicher fühlen. Sie wählen ein Verhalten, bei dem ihre psychische Schwelle nicht übertreten wird. Die Kommunikation über das Internet hat den Vorteil, dass sich Leute kennenlernen lassen, zu denen sich ein längerer Kontakt lohnt – ohne dass es zu einem tatsächlichen Treffen kommt. Das Internet ist leicht zugänglich und ein bequemes Werkzeug für *Hikikomori*.

Gibt es die Möglichkeit einer Therapie für *Hikikomori*?

Es besteht sicher die Möglichkeit, dass das Verhalten von *Hikikomori* eines der Symptome für eine seelische Erkrankung ist. Wenn ein Mensch den sozialen Rückzug als Symptom zeigt, sollte er sich professionell untersuchen lassen. Die Gründe für diesen Rückzug sind zu besprechen, auch wenn ein psychisches Leiden ausgeschlossen ist. Viele psychiatrische Störungen sind verbunden mit einem Rückzug aus dem sozialen Kontext, er ist für sie ein Symptom. Diese Störungen lassen sich aber behandeln, entweder mit Medikamenten oder Psychotherapie.

Hat das Phänomen der *Hikikomori* auch eine ökonomische Dimension?

Wenn sich *Hikikomori* für lange Zeit zurückgezogen haben, lassen sie sich kaum durch eigene oder familiäre Bemühungen ins Leben zurückholen. Daher ist soziale Unterstützung nötig, genauso wie medizinische Interventionen. Auch der Zeitpunkt der Hilfe kann entscheidend sein, wobei die Beratung der Familie von großer Bedeutung ist. In den meisten Fällen sind *Hikikomori* sehr stolz, verfügen aber über wenig Selbstvertrauen.

Warum wird überhaupt viel über diese Menschen diskutiert? Ihr Verhalten kann ernsthafte wirtschaftliche Probleme verursachen. Wenn sie jung sind, stehen sie unter dem Schutz der Eltern. Dauert der soziale Rückzug aber viele Jahre an, gerät ein neues Problem ans Tageslicht: Da *Hikikomori* von der Gesellschaft extrem isoliert leben, bekommen sie ökonomische Schwierigkeiten, sobald ihre Eltern älter werden – oder eines Tages sterben. Das wird in Japan das »80-50-Problem« genannt: 80-jährige Eltern müssen Rente oder Vermögen opfern, um ihre 50-jährigen *Hikikomori* künftig zu unterstützen.

KAPITEL 5
TOTALITÄRE BILDUNG

Die dunkle Seite von Learning Analytics – und wie wir Kinder dem Datenmoloch ausliefern

Totale Transparenz, totale Kontrolle über Lernfortschritte – davon träumen Enthusiasten digitaler Bildung. Sie müssen aber nicht warten, bis ihr Kind in die Schule kommt. Die Überwachung kann viel früher beginnen, etwa wenn das Neugeborene zu Hause in seinem Bettchen liegt. Die Eltern können ihm eine Sensormatte unterlegen, in der sich Piezokristalle befinden. Diese Kristalle haben die spezielle Eigenschaft, dass sie bei Druck eine elektrische Ladung erzeugen, die an der Oberfläche der Sensormatte messbar ist. Wenn das Kind ein- und ausatmet, fließt durch den ausgeübten Druck ein geringer Strom in der Matte. Alles okay! Sollte die Atmung aussetzen, bleibt der Strom weg – und die Sensormatte löst über das angeschlossene Babyphone Alarm aus.

Warum diese Überwachung? Weil Eltern besonders Angst vor dem plötzlichen Kindstod haben, englische Abkürzung: SIDS. Er wird durch das Aussetzen der Atmung angekündigt. Wer jetzt schnell Erste Hilfe für Säuglinge leistet, kann das Kind retten. Doch wie realistisch ist die Angst vor dem plötzlichen Kindstod? Wie viele Babys sind betroffen? Der bekannte Kinderarzt Herbert Renz-Polster schreibt dazu auf seiner Website:

»Ganz sicher lässt sich sagen: SIDS ist sehr selten. Er betrifft in Deutschland pro Jahr etwa 130 Babys (in einem Jahrgang von 670.000 Babys). In der Schweiz betrifft er pro Jahr etwa 6 bis 9 Babys (in einem Jahrgang von 85.000 Babys). Das Risiko liegt damit prozentual ausgedrückt, unter 0,02 Prozent. Das Risiko einer Totgeburt – um ein anderes, unter Eltern gefürchtetes Ereignis zu nennen – ist damit etwa 15 bis 20 Mal größer.«[47]

Die Wissenschaft konnte die Ursachen für den plötzlichen Kindstod bis heute nicht eindeutig klären; die Ängste der Eltern sind eine Realität. Es drängt sich aber eine Beobachtung auf: Die digitale Überwachung der Kinder beginnt schon kurz nach der Geburt, die Technologie dafür wird clever vermarktet, etwa mit Aussagen wie »Höchste Sicherheit fürs Baby, maximaler Komfort für Eltern.«

Doch die Minimierung eines kleinen Risikos passt in unsere Effizienzgesellschaft, in der digitale Optimierung den Alltag bestimmt. Das geht eben bei den Kleinsten los. Denn die Sensormatte lässt sich durch ein Audio-Video-System aufrüsten; andere Anbieter verkaufen Kameras, die über Funk ihre Bilder aufs Smartphone aufspielen. Erweiterbar auf bis zu vier Kameras! Oder es gibt eine »intelligente Baby-Schrei-Erkennung«: »Die Baby-Schrei-Erkennung informiert Sie automatisch per Push-Nachricht auf Ihrem Smartphone mit installierter App«, schreibt der Hersteller (7links Babyphone). »So können Sie rasch reagieren, auch wenn Sie selbst Ihr Kind noch nicht gehört haben, z. B. durch Ablenkung mit Wäsche und Abwasch.«

Maschinenlogik der Überwachung

»Damit Sie wissen, dass es Ihrem Baby gut geht« – mit diesem Slogan vermarktet die Firma NEEBO ihr Baby-Sensor-Armband. Was es sonst nur im Krankenhaus gibt, haben besorgte Eltern nun auch zu Hause:

Messung und Überwachung der Vitalwerte in Echtzeit (Atmung, Herzfrequenz und Sauerstoffsättigung); Messung der Schlafdauer; Informationen, wann das Kind wach ist. Wahlweise mit Bluetooth oder WLAN, zusätzlich die kostenlose NEEBO-App, die unter anderem Statistiken für die Vitalzeichen bietet.

Solchen digitalen »Innovationen« liegt eine Maschinenlogik zugrunde: Immer mehr setzt sich der Irrglaube durch, wir müssten nur genug Zahlen vom Menschen erfassen, um sein unstetes Leben endlich beherrschbar zu machen. Da wird der Maschinenpark zum idealen Vorbild, gesteuert von einem zentralen Computer, der in Regelkreisen die Aufgabe hat, datenbasiert den Produktionsprozess zu steuern. Perfekte Automation mit hoher Effizienz – ohne jedes menschliche Antlitz.

Was in der Produktion noch rational wirkt, könnte zwischen Menschen zerstörerisch sein: Eltern stützen sich auf Sensoren und Daten, sie brauchen ihr Kind nicht mehr intensiv zu beobachten. Ein Effekt, den wir vom Autofahren kennen: Wir schauen auch nicht mehr genau auf Landkarten, seit uns das Navi den Weg weist. Hier geht es aber um Babys! Wir delegieren die Verantwortung an ein Armband, das Alarm schlägt, wenn Werte aus dem Normbereich fallen. Wo bleiben die eigenen Wahrnehmungen?

So verpassen Eltern die Chance, sich empathisch auf das Neugeborene einzulassen – und eine tiefe Bindung am Anfang des Lebens aufzubauen. Denn in dieses intime Verhältnis schiebt sich als Keil die Digitaltechnik, die den Anspruch hat, das Leben sicherer und bequemer zu machen. Es ist aber zu befürchten, dass genau das Gegenteil eintritt, weil Eltern einen starken Kontakt zu ihrem Baby aufs Spiel setzen. Technik statt Nähe – was für ein Rückschritt.

Vielfältig sind die Gründe, die für eine digitale Überwachung sprechen. Die Technologie ist da – also lassen sich die letzten Lücken schließen, um die Sicherheit der Kinder zu gewährleisten. Wir fragen uns aber: Was passiert mit Menschen, die schon als Baby von Kameras beäugt werden? Getrieben von der Sorge der Eltern, die Sicherheit des Kindes nicht optimal im Auge zu haben?

Überwachung – dieses Thema gewinnt an Fahrt, wenn die Kinder keine Windeln mehr tragen. Das zeigt eine Umfrage der Verbraucherzentrale NRW:[48] 8 Prozent aller Eltern verfolgen digital den Standort ihrer Kinder. Aber: 46 Prozent können sich das gut vorstellen, etwa per Smartphone-App (37 Prozent) oder mit einer GPS-fähigen Uhr (19 Prozent). 48 Prozent lehnen bisher eine Ortung ab. 91 Prozent dieser Eltern nennen als häufigsten Grund: »Man muss seinen Kindern auch vertrauen können.« 74 Prozent halten es nicht für okay, mit Tracking-Technologie in die Privatsphäre der Kinder einzudringen. 49 Prozent geben an, dass ihr Kind auch ohne Ortung sicher sei. Befragt wurde eine repräsentative Stichprobe aus 1.048 Eltern, die Kinder im Alter von 3 bis 14 Jahren hatten.

Eine Mehrheit der Eltern vertraut ihren Kindern, aber 8 Prozent praktizieren bereits eine digitale Überwachung. »Immer zu wissen, wo das eigene Kind steckt, klingt für besorgte Eltern sicher verheißungsvoll. Aber wir beobachten auch Risiken, die mit der Nutzung dieser Tracking-Technologie einhergehen«, stellt Miriam Rusch-Rodosthenous fest, Verbraucherzentrale NRW. Risiken? Es öffnen sich gewaltige Einfallstore für Überwachungsmethoden, die sich auch gegen Lehrer richten.

So hat die Bundesnetzagentur 2017 den Verkauf von Kinderuhren verboten, die mit einer Abhörfunktion ausgestattet sind.[49] »Über eine App können Eltern solche Kinderuhren nutzen, um unbemerkt die Umgebung des Kindes abzuhören«, sagte Jochen Homann, Präsident der Bundesnetzagentur. Daher seien sie als »unerlaubte Sendeanlage« zu betrachten. »Nach unseren Ermittlungen«, so Homann, »werden die Uhren von Eltern zum Beispiel auch zum Abhören von Lehrern im Unterricht genutzt.« Was für ein Misstrauen: »Big Parents are watching you«.

Laut Bundesnetzagentur bieten in Deutschland einige Unternehmen »Smartwatches« an, die für Kinder zwischen fünf und zwölf Jahren gedacht sind. Diese speziellen Uhren haben eine SIM-Karte und eine beschränkte Telefon-Funktion, gesteuert über eine App. Wer diese App auf seinem Smartphone hat, kann einen Anruf auslösen – unbemerkt vom Träger der Uhr oder seiner Umgebung. Auf diese Weise kann jemand unentdeckt Gespräche abhören, die im Umfeld des Kindes oder von ihm selbst geführt werden. Die Möglichkeit zum Abhören wird oft »Babyphone-« oder »Monitorfunktion« genannt. Sie wird sogar in Bildungseinrichtungen eingeschleppt: Die Bundesnetzagentur empfiehlt besonders Schulen, »verstärkt auf Uhren mit Abhörfunktion bei Schülern zu achten.« Dabei ist diese Technologie in Deutschland verboten.

2017 beschäftigte sich die Bundesnetzagentur auch mit der Kinderpuppe Cayla.[50] Nur eine Kinderpuppe? In Cayla steckte viel mehr: »Gegenstände, die sendefähige Kameras oder Mikrofone verstecken und so Daten unbemerkt weiterleiten können, gefährden die Privatsphäre der Menschen«, so Homann. Das traf auf die Hightech-Puppe zu, weshalb sie verboten wurde. Homann: »Es geht hier zugleich um den Schutz der Schwächsten in der Gesellschaft«.

Spielzeuge als Spionagemittel: Das integrierte Mikro von Cayla zeichnet Gespräche des Kindes auf oder von Menschen in seiner Nähe. Die Daten wandern ins Internet ... umgekehrt könnte ein Unternehmen Werbung einspielen. Ein weiterer Missbrauch: Bei mangelhaftem Schutz könnten Dritte mithören, was in dem Kinderzimmer passiert. Eine Funkverbindung wie Bluetooth ließe sich anzapfen. Wie immer gilt in der Diskussion um den digitalen Fortschritt: Was machbar erscheint, wird gemacht – und eine wache Gesellschaft muss aufpassen, dass Unternehmen ihr nicht Produkte andrehen, die mehr Schaden als Nutzen bringen. Da hat die Bundesnetzagentur eine wichtige Wächterfunktion.

Vorsichtig sollte die Gesellschaft auch bei utopischen Ideen sein, deren Umsetzung in den kommenden Jahren Digital-Propheten versprechen. Einer davon ist Prof. Dr. Fritz Breithaupt, der seinem *ZEIT*-Beitrag diesen Dialog voranstellt:[51]

»Wie wäre es mit Mathe? Ich sehe an deinem Blick und an deinem Blutdruck, dass du gerade sehr fokussiert bist.
Die letzte Aufgabe war aber so hart!
Trotzdem geben wir nicht auf. Ich zeige dir ein Video dazu. Die meisten User mit ähnlichen Lerneigenschaften wie du konnten es danach lösen.
Okay, was bekomme ich, wenn ich es löse?
Wenn du das Problem in 17 Minuten meisterst, steigst du eine Kategorie auf.«

»Das ist nicht Science-Fiction«, behauptet Breithaupt. »Das ist Deutschland 2036.« Spätestens dann werde Bildung so ablaufen: »Der Einzelne im Gespräch mit seinem virtuellen Lehrer«. Es handelt sich um eine App mit Zugriff auf einen Ozean voller Daten. Sie ist sehr empathisch: Wenn der Schüler kein Interesse mehr hat, schaltet sie sich von selbst ab.

Breithaupt ist sich sicher: »2036 werden Eltern schon für ihre fünf Jahre alten Kinder einen virtuellen Lehrer abonnieren. Die Stimme des Computers wird uns durchs Leben begleiten.« Das geht im Kindergarten los ... über Schule und Universität ... bis zur beruflichen Weiterbildung, in der sich der »virtuelle Lehrer« immer noch zu Wort meldet. Dann kommt der Kern seiner Vision, die wir schon unter dem magischen Stichwort Individualisierung kennengelernt haben.

»*Das Computerprogramm erkennt, was sein Schüler schon kann, wo er Nachholbedarf hat, wie er zum Lernen gekitzelt wird. Wir werden uns als der lernende Mensch neu erfinden. Dabei wird der zu bewältigende Stoff vollkommen auf den Einzelnen zugeschnitten sein.*«

Diese »Individualerziehung« werde alles verändern: Breithaupt sieht eine »Revolution« auf uns zukommen, sie sei eine »Mischung aus Algorithmen und computerisierter Spracherkennung«. Was erwartet uns? Die Komponenten sind schon auf dem Markt, in der Wirtschaft kommen sie zum Einsatz: persönliche Assistenten mit künstlicher Intelligenz und Spracherkennung. Warum nicht auch in der Bildung? Breithaupt: »Um diese Stimme als intelligenten persönlichen Assistenten für die Bildung anzuwenden, fehlt nur noch der große Freilandversuch, in dem das System sich selbst verbessern kann.«

Dabei muss das Lernsystem einen ungeheuren Datenhunger entwickeln »und seine Strategien durch Algorithmen verfeinern.« Der Lernassistent ist in der Lage, »jede Frage-Antwort-Situation und jede Wenn-dann-Konstellation zu speichern.« Gleichzeitig bewertet er, »wie schnell und unter welchen Umständen sie zu den gewünschten Lernerfolgen führen.« Doch Breithaupts Vision findet hier noch kein Ende, denn er denkt in globalen Dimensionen:

> »Dabei vergibt der Computer nicht einfach Noten wie ein Schulmeister des 20. Jahrhunderts, sondern erkennt individuelle Lern- und Motivationsmuster; gleichzeitig speichert das System die Daten aller Nutzer, es erkennt Parallelen zwischen Kira in Indianapolis und Jonathan in Berlin, zwischen dem 19-jährigen Studieneinsteiger in Dakar und dem 42-jährigen Executive-MBA-Anwärter in Mannheim.«

Spätestens an dieser Stelle kippt der Text in eine völlige Dystopie, die aber der Autor weiterhin als positive Utopie verkaufen will. Er vergleicht »individuelle Bildung« mit einem Barbesuch, bei dem wir uns erst entspannt mit dem Barkeeper unterhalten. »Wobei«, so Breithaupt, »der Computer zugleich alle Faktoren des Fortschreitens auswertet.«

Das System greift immer auf die Lernhistorie zurück, in der dokumentiert ist, wann das Lernen besonders effizient war. Beim Spazierengehen? Beim Streiten? Beim Experimentieren? »In vielen Fällen wird es sich um subtilere, weniger bekannte Lernfaktoren drehen, die von der Technik erfasst werden: Läuft Musik im Hintergrund? Wie oft wurde ein Problem wiederholt?«

Dystopie? In Breithaupts Ideenwelt liegt jeder Mensch in den Armen eines freundlichen Datenkraken, den er mit Begeisterung in sein Leben lässt – oder als 5-Jähriger akzeptiert, weil er keine Alternative kennt. Dauerbeobachtung als Normalität, inklusive Gewöhnung an synthetische Stimmen, die mit großer Autorität den Weg durchs Leben bahnen. Dazu wird über einen 7/24-Rückkanal alles aufgezeichnet und ausgewertet – und zur datengetriebenen Optimierung des Menschen verwendet. Dabei kennt Breithaupts Glaube an die Technologie keine Grenzen: »Selbst der beste Klassenlehrer, Sprachtutor oder Coach, gesegnet mit Empathie, pädagogischem Eros und Interesse an seinem Schüler, wird nicht so individuell fördern können wie der Computer.«

Trotzdem sieht Breithaupt auch eine Rolle für Lehrer: Sie sollen unterschiedliche Menschen »in produktiver Gruppenarbeit zusammenbringen«. Dabei förderten sie auch die emotionale Entwicklung: »Aus dem klassischen Lehrer wird ein Partner im Lerngeschäft, wie der Coach in der Supervision.« Da ist sie wieder, die Degradierung der Lehrer! Das haben wir schon diskutiert: Die »Individualisierung« ist ein gängiges Motiv, das sich als roter Faden durch die Prophezeiungen der Digitaljünger zieht.

Gut. Breithaupt spricht über das Jahr 2036 – und bis dahin werden noch viele Daten durchs Netz fließen. Aber seine Dystopie wird heute schon Wirklichkeit, wenn wir einen Blick an die Mannheimer Universität werfen. Dort forscht Prof. Dr. Dirk Ifenthaler, seine Gebiete: Instructional Design, Automated Assessement, Complex Problem Solving – und Learning Analytics.

Learning Analytics? Der Begriff ist uns schon begegnet, als wir in Kapitel 3 über den Rückkanal geschrieben haben, der unverzichtbar an Lernprogramme gekoppelt ist. Jetzt wollen wir mithilfe von Ifenthaler besser verstehen, wie Learning Analytics arbeitet.[52]

Als Definition schlägt der Wissenschaftler vor: »Learning Analytics verwendet dynamisch generierte Daten von Lernenden und Lernumgebungen, um diese in Echtzeit zu analysieren und zu visualisieren, mit dem Ziel der Modellierung und Optimierung von Lehr-Lern-Prozessen und Lernumgebungen.« Das hört sich abstrakt und wissenschaftlich an, doch die Konsequenzen sind nicht lustig: Die Lernenden werden so intensiv seziert, dass ein Bild aus dem Computertomografen wie eine kindliche Kleckserei wirkt ...

Übertrieben? Nein, weil Ifenthaler in seinem Artikel offen Auskunft gibt, wie Learning Analytics arbeitet. Solche Systeme erfassen, wie lange bestimmte Daten genutzt werden und wie lange sich ein Lernender in der Lernumgebung aufhält. Auf welchen Pfaden ist er unterwegs, was schreibt er in Beiträgen für Diskussionen, wie ist sein Lernfortschritt – und das auch im Vergleich zu seiner Gruppe! Darauf sollen Interventionen und Prognosen aufbauen. Denn: Alle Daten werden in Bezug gesetzt zu lernpsychologischen Erkenntnissen, »um Lernprozesse und Verhaltensweisen der Nutzer zu verstehen und zu unterstützen«, so der Mannheimer Wissenschaftler.

Was für Daten bieten sich an? Sie können einen quantitativen Charakter haben (Nutzungshäufigkeit und -dauer sowie Nutzerpfade) oder sie liegen in qualitativer Form vor, etwa schriftliche Inhalte (Diskussionsbeiträge, Fragen etc.). Doch damit nicht genug, Ifenthaler zitiert Kollegen, die noch weitergehende Ziele formulieren:

- »Lernerfolg vorhersagen
- Relevante nächste Lernschritte und Lernmaterialien empfehlen
- Reflexion und Bewusstsein über den Lernprozess fördern
- Soziales Lernen fördern
- Unerwünschtes Lernverhalten und -schwierigkeiten aufspüren
- Aktuellen Gefühlszustand der Lernenden ausfindig machen«

Der Datenhunger wird immer gewaltiger; es gibt keinen Winkel des Lernprozesses, der nicht in grelles Licht getaucht wird – und das alles in Echtzeit: Lernverhalten, Lernaktivitäten und persönliche Einstellungen werden genau registriert, um sie später im Lernprozess einzubeziehen. Die Verheißung laut Ifenthaler: »Individuelle dynamische Curricula und Echtzeit-Feedback [werden] möglich. Durch die umfassende Analyse des Lernkontexts können die Bedarfe der Lernenden frühzeitig erkannt und individuell auf sie reagiert werden.« Ist der Datenhunger jetzt gestillt? Auf keinen Fall, im »Idealfall« werden noch diese Daten erfasst:

- »**Merkmale der Lernenden:** Interesse, Vorwissen, akademische Leistungen, Ergebnisse standardisierter Tests, Kompetenzniveau, sozio-demografische Daten.
- **Soziales Umfeld:** Persönliches Netzwerk, Interaktionen, Präferenzen hinsichtlich sozialer Medien.
- **Externe Daten:** Aktuelle Geschehnisse, Ortsangaben, Emotionen, Motivation.«

Das reicht aber nicht bei dem unendlichen Appetit auf Daten. Es lässt sich immer noch etwas draufsatteln, zum Beispiel Netzwerkanalysen, um die »Dynamik von Gruppenstrukturen« zu erfassen. Oder »automatisierte semantische Analysen, welche textbasierte Inhalte vergleichen«, wie Ifenthaler schreibt.

Stößt die Datensammelei auch an Grenzen? Der Wissenschaftler nennt als Beispiel die Universität RWTH Aachen. Sie hatte die Anwendung exploratory Learning AnalyticsToolkit (eLAT) eingeführt, wobei besonders auf den Datenschutz geachtet wurde. Es gab Grenzwerte bei den Datenfiltern. Wenn zu wenige Studierende in einer Lernumgebung unterwegs waren, wurde eine Abfrage der Daten nicht möglich, weil sonst Rückschlüsse auf die Identität der Beteiligten möglich gewesen wären, so Ifenthaler. Der Wissenschaftler schreibt ganz klar:

»Durch den strikt eingehaltenen Datenschutz erhalten Lehrende nur einen Überblick über die Gruppenleistungen und nicht über einzelne Studenten, sodass kein Feedback zwischen Lehrenden und Lernenden stattfindet. Die Veränderungen, die seitens der Lehrenden implementiert werden, können so auch nur auf die Gesamtgruppe angewendet werden und ermöglichen keine individualisierten Interventionen.«

Das heißt im Umkehrschluss: Nur wenn der Datenschutz abgeschaltet wird, lassen sich Daten personalisiert auswerten. Datenschutz und Learning Analytics stehen in einem Zielkonflikt: Je individueller Daten genutzt werden sollen, desto klarer wird ihr Zusammenhang mit einer einzelnen Person. Ohne detailliertes Profil pro Teilnehmer kann das System nicht arbeiten, wenn es »individualisierte Interventionen« möglich machen soll. Das führt zur Kapitulation der Datenschützer!

Aber geben wir nicht gerne ein paar Rechte auf, wenn das Leben dafür kalkulierbarer und bequemer wird? Wie verführerisch diese Logik ist, erläutert Ifenthaler an einem weiteren Beispiel, der Purdue University, USA. Dort wurde das Course Signals System eingerichtet, das unter anderem mit demografischen Daten, akademischen Leistungen der Vergangenheit und Informationen aus der Lernplattform arbeitete. Ein Ampelsystem warnte Studierende und Lehrer vor einem drohenden Misserfolg (rot: hohes Risiko; gelb: eventuelles Risiko; grün: hohe Wahrscheinlichkeit zu bestehen). Ifenthaler: »Die empirische Begleitforschung an der Purdue University zeigt, dass mittels dieser einfachen Anwendung signifikant weniger Studierende das Studium abgebrochen haben und bessere akademische Leistungen erzielen.«

Geringere Abbruchquoten sind für jede Universität ein Erfolg. Wer wollte einer solchen Bewertung widersprechen?

Wir versuchen es ... Dazu stellen wir uns vor, was in einem Menschen vorgeht, der diesem Ampelsystem ausgesetzt ist: Scheinbar objektive Informationen nisten sich im Bewusstsein ein, das eigene Urteil tritt in den Hintergrund. Entscheidungen lassen sich leichter treffen, im Vertrauen auf die exakte Mathematik, die in der Ampel steckt. Die Auseinandersetzung mit eigenen Stärken und Schwächen wird ausgelagert, die Verantwortung für das eigene Leben relativiert der Algorithmus. Auf der Strecke bleibt die Freiheit des einzelnen Menschen, der jetzt endgültig zu dem Schluss kommt: Computer können viel besser entscheiden, als es mir mit meiner begrenzten Rationalität möglich ist. Eine freiwillige Selbstentmündigung! Laut Breithaupt im Jahr 2036 ab dem fünften Lebensjahr.

Klar, denn die Menschen haben keine Chance mehr – angesichts eines perfekten Systems: Der stochastische Algorithmus arbeitet ohne Emotionen. Seine Ergebnisse sind mathematisch fundiert, sie lassen sich rational nicht mehr anzweifeln. Wer trotz guter Prognose »versagt«, hat seine Chancen nicht genutzt. Diese Einschätzung entspricht derselben neoliberalen Denkhaltung, die Scheitern ausschließlich als persönliches Fehlverhalten deutet. Weil die Objektivität von Learning Analytics im Raum steht, wird das Verdammungsurteil noch härter ausfallen.

Einen weiteren kritischen Punkt spricht Ifenthaler selbst an: »In diesem Zusammenhang soll jedoch auch das Bewusstsein für eine Gefahr der Stereotypisierung durch Datenanalysen und Mustererkennung nicht unerwähnt bleiben.« Der Grund: Als Benchmark droht der stochastische Erfolgsmensch, eine standardisierte Blaupause, an der sich künftig Bildungsbiografien zu orientieren haben. Da bleibt kein Platz für Zufälle, persönliche Begegnungen oder überraschende Erkenntnisse. Alles, was das Leben in seiner Vielfalt ausmacht, gerät ins Räderwerk von Learning Analytics. Die Stochastik ist der natürliche Feind kreativer Spontaneität. Dazu gehört auch die Chance des Scheiterns, das Recht, Umwege zu gehen, sowie die Möglichkeit, aus eigenen Erfahrungen sein Leben zu gestalten. Das alles ist bedroht, die menschliche Freiheit könnte im Räderwerk der Algorithmen zerrieben werden.

Der Datenschutzbeauftragte der Ruhr-Universität Bochum, Dr. Kai-Uwe Loser, kommt zu einer ähnlichen Einschätzung:[53] Learning Analytics erschwere es, »Lernenden neue (vielleicht auch unangenehme) interessensferne Gebiete nahezubringen.« Loser: »Die Systeme erkennen Verhaltensmuster, nicht Begabungen, insbesondere Außergewöhnliches wird hier unter den Tisch fallen.« Für Lernende sei »interesseweckendes, motivierendes Neues« nicht mehr zu entdecken.

Überwachung in fast jeder Minute des Lebens. Erst haben wir gesehen, wie Babys im Schlaf überwacht werden. Dann lernten wir das »Kindertracking« kennen, und es wurde klar, dass die Überwachung jederzeit und überall stattfinden kann. Es folgte die Datenmaschine Learning Analytics: Ihre Sprengkraft besteht in den vielfältigen Wechselbeziehungen, die zwischen Computer und Mensch entstehen. Wer immer die Software programmiert, greift direkt in unser Leben ein. So werden wir weich gebettet und eingelullt, wenn uns Algorithmen Entscheidungen abnehmen. Eine »Big Brother«-Maschine übernimmt das Kommando, wenn wir nicht wachsam bleiben.

Doch dieser Trend zur Überwachung geht noch viel weiter, die biometrische Vermessung des Schülers ist die nächste Stufe. Was sich dahinter verbirgt, wird in Rheinland-Pfalz erforscht. Dort ziehen zwei digitale Player der Wissenschaft an einem Strang: die Technische Universität Kaiserslautern (TUK) und das Deutsche Forschungszentrum für Künstliche Intelligenz (DFKI). Sie haben das Immersive Quantified Learning Lab (iQL) eingerichtet, um »Mensch und Computer zu einer intelligenten Kreativplattform« zu verbinden. Alles im Rahmen einer »Ideen- und Prototypen-Werkstatt für das Lernen der Zukunft«, so Christian Heyer, Leiter der Unternehmenskommunikation beim DFKI.[54]

Das iQl erinnert etwas an das Labor von Q, in dem James Bond seine Wunderwaffen erhält. Im iQl geht es ähnlich futuristisch zu – doch hier steht die Zukunft des Lernens im Mittelpunkt. Fragt sich nur, was für Formen des Lernens ... Die Ziele des Hightech-Labors nennt Prof. Dr. Andreas Dengel vom DFKI: »Wir [wollen] die Wirkung digitaler Lernumgebungen im Hinblick auf psychische und kognitive Belastung oder Verbesserung des Wissensstandes untersuchen.« Übersetzt heißt das: Es geht um die biometrische Vermessung des Menschen, um auch sein Seelenleben transparent zu machen. Das ergänzt Learning Analytics, das bereits alle Aktivitäten registriert, wenn der Proband die Tastatur am Rechner bedient. Dazu testet das iQl Technologien, die tatsächlich eines James Bond würdig wären. Computer lernen zu »spüren«:[55]

Tobii-Eyetracker: Wer mit diesem Eyetracking-Verfahren Arbeitsplätze ausstattet, kann das Leseverhalten am Bildschirm in Echtzeit analysieren. Wo verweilt der Blick? Wie wandern die Augen über einen Text?

Infrarot-Kameras: Wie hoch ist die kognitive Belastung beim Lernen am Rechner? Sie lässt sich bestimmen durch kleine Infrarot-Kameras, die in der Lage sind, die Gesichts- und Nasentemperatur zu messen. Die Kombination solcher Daten mit Algorithmen soll »neue Einblicke in individuelle und gruppendynamische Lernprozesse« geben.

J!NS MEME: Der japanische Brillenhersteller J!NS hat Smartglasses entworfen, ausgestattet mit Beschleunigungs-, Neigungs- und elektro-okularen Sensoren. Damit lässt sich die Augenstellung messen, wenn mehrere kleine Elektroden auf der Nase befestigt sind. Dieses System erlaubt es, »Rückschlüsse auf Leseverhalten, Aufmerksamkeit und Anstrengung zu ziehen«.

E4 Wristband: Sein Hersteller Empatica hat dieses Armband mit Sensoren ausgestattet, »die Handbewegung, Herzschlag und elektro-dermale

Aktivität messen«. Gerade die »elektro-dermale Aktivität« ist wichtig, weil sie auf der Haut erfasst, wie sich die Leitfähigkeit ändert, etwa beim Schwitzen. So lässt sich feststellen, ob ein Proband besonderen Belastungen ausgesetzt ist.

Drucksensoren: Die Arbeitsplätze im iQL haben Stühle, in die Drucksensoren eingebaut sind. Wer auf einem Stuhl Platz genommen hat, verteilt den Druck unterschiedlich auf der Sitzfläche. So ist die Sitzposition des Mitarbeiters erkennbar – und schon lässt sich sein Gemütszustand erschließen: Unruhe bedeutet gewachsene Belastung, und das System kann eine Pause empfehlen.

Noch klingt das alles nach Spielzeug à la Q. Aber das iQL schreibt ganz klar: »Sensoren erlauben uns, einen direkten Einblick in Vorgänge und Zustände zu gewinnen, die sonst für außenstehende Beobachter unsichtbar sind.« Einblicke in unsichtbare Vorgänge, ein transparentes Seelenleben ... Ist es wirklich ethisch vertretbar, die Psyche eines Schülers in Bits und Bytes zu verwandeln? Was für Datenmengen! Wo fließen sie hin? Wer wertet sie aus? Gibt das System automatisch Tipps? Etwa: »Mach mal Pause!« Wäre das nicht ein weiterer Schritt, um Menschen zu entmündigen? Weil sie dem Computer vertrauen – und nicht mehr der eigenen Körperwahrnehmung?

Diese Technologie ist nur sinnvoll, wenn sie als Teil einer digitalen Bildung gedacht wird, die bewusst Verantwortung an technische Systeme delegiert – und blind darauf vertraut, dass Big Data mit Milliarden Daten bessere Entscheidungen trifft – als der Mensch! Das könnte auf den ersten Blick zutreffen, aber ein zweiter Blick macht deutlich, dass ein hoher Preis zu zahlen wäre: Menschen verlieren das Vertrauen in ihre Intuition, sie ignorieren Signale des Körpers, weil die Hightech-Sensoren viel besser arbeiten. Dabei ersetzen sie unmerklich wesentliche Bereiche des Bewusstseins, der Mensch verliert seine wichtige Selbstwahrnehmung. Oder sind wir mit dieser Forschung auf dem Weg zum Cyborg? Der Mensch-Maschine-Einheit?

Adlerblick aus dem 3-D-Druck

Ein reales Projekt: Das Unternehmen MHOX will bis 2027 funktionstüchtige Augen im 3-D-Druck herstellen. Das Projekt heißt Enhance Your Eye (EYE): »Verbessere dein Auge!« Im *Manager Magazin* diskutierte die Publizistin Anke Domscheit-Berg, wie die ethische Dimension dieser Forschung aussieht.[56]

Das »gedruckte« Auge soll in der Version EYE Heal so gut arbeiten, dass es blinden oder erblindeten Menschen ihre Sehkraft zurückgibt. So weit, so gut. Aber schon die Version EYE Enhance ist so konzipiert, dass sie Menschen einen Adlerblick schenkt. Eine übernatürlich gesteigerte Sehfähigkeit!

Noch kritischer wird es bei den Plänen zur Version EYE Advance: Was der Mensch sieht, wird digital gespeichert und lässt sich übers Internet verschicken. Ein hervorragendes Instrument für Stalker, Spione oder investigative Journalisten: »Sie kaufen sich einfach ein EYE Advance, gucken in die richtige Richtung, aktivieren das eingebaute WiFi und übertragen das, was sie sehen – vielleicht auch in irgendeinen Livestream«, beschreibt Domscheit-Berg diese futuristische Technologie. Eine große Gefahr für die Reste der Privatsphäre, die der Gesellschaft geblieben sind. Und eine Ahnung davon, wie Mensch und Maschine zum Cyborg verschmelzen könnten.

Die Publizistin Anke Domscheit-Berg hat die medizinische Forschung vor Augen, wenn sie schreibt: »Ist es wünschenswert, menschliche Fähigkeiten durch technische Ergänzungen oder Implantate so zu verändern, dass eine individuelle Überlegenheit erzeugt wird?« Doch diese

Frage ließe sich auch den iQL-Betreibern stellen, die mit ihrer Technologie Lernprozesse optimieren wollen.

Leider werden solche Fragen im öffentlichen Diskurs viel zu wenig aufgeworfen – ein Phänomen, das sich gerade in der Debatte um digitale Bildung beobachten lässt. Chancen werden überbetont, ja, bis zur Heilslehre verklärt, Schattenseiten aber geschickt ausgeblendet. Marketing statt Diskussion, Hype statt ruhigem Nachdenken.

Ein Beispiel: Der Kultusminister von Rheinland-Pfalz, Konrad Wolf, überschlug sich vor Optimismus, als das iQL 2018 seine Türen öffnete: Hochschulen seien »Vorreiter für technologische Innovationen«, so Wolf. »Digitale Bildung und der Erwerb digitaler Kompetenzen sind für uns in Rheinland-Pfalz von zentraler Bedeutung. Sie entscheiden über Berufs- und Lebenschancen.« Digitales Lernen erlaube es, »die Inhalte, Wege und Methoden auf die Bedürfnisse des Einzelnen zuzuschneiden.« Sein Blick in die Zukunft: »Das digitale Lehren und Lernen wird den Unterricht stark verändern und zukünftig eine ganz neue Lernwelt ermöglichen.«

Stets wird dasselbe Lied gesungen: »Individualisierung«, »Innovation«, »Lebenschancen«, »neue Lernwelt«, »Zukunft«. Wer da nicht mitmachen will, wird schnell zum Technikfeind und Kulturpessimisten erklärt, der die Zukunft unseres Landes verspielt. Aber vielleicht macht die digitale Euphorie blind für das Überwachungssystem, das sich allmählich in unserer Gesellschaft ausbreitet, neben dem Datenhunger der Sicherheitsbehörden und der ökonomischen Verwertung unserer Daten, die wir täglich im Netz hinterlassen.

Die Gefahr dabei: »Digitale Bildung« wird selbst zum Moloch, der die permanente Vermessung junger Menschen einfordert. Das steckt hinter den schicken iQL-Tools und dem System Learning Analytics: die totale Kontrolle von Kindern und Jugendlichen, die auf diese Weise daran gewöhnt werden, dass ihr Leben von der »Wiege bis zur Bahre« digital dokumentiert, analysiert und beeinflusst wird. Breithaupt träumt ja von Fünfjährigen, die schon der Stimme einer künstlichen Intelligenz lauschen.

Was kann daran falsch sein? Die Welt wird digital. Warum wollen wir uns nicht einfach anpassen – und in den Chor der Jubler einstimmen? Eine Antwort darauf gibt wieder Dr. Kai-Uwe Loser, der sich schon weiter oben zu Learning Analytics geäußert hat. Jetzt stellt der Datenschutzbeauftragte fest: Der Einsatz von Learning Analytics stehe im Widerspruch zum »gesellschaftlichen Bildungsauftrag, der auch die Erziehung zu freiheitlichem und demokratischem Handeln beinhaltet«.

Die »massenhafte Datensammlung« und der »Einsatz von (Big Data) Analysewerkzeugen« zeige bereits »negative Auswirkungen«, etwa »Unsicherheit über die Beobachtung der Privatsphäre« oder »Sanktionierungen außerhalb rechtsstaatlicher Mechanismen«. Wenn »dieselben technologischen Grundlagen« in Schulen zum Einsatz kommen, »werden Heranwachsende bereits frühzeitig an die Beobachtungssituation gewöhnt«, so Dr. Loser.

Der Datenschutzbeauftragte beobachtet »ein Machtgefüge zwischen Lehrenden mit ihrer Sanktionierungsmöglichkeit der Benotung« und dem Zwang der Schüler, »sich im Lernkontext anzupassen.« In dieses Machtgefälle ordnet Dr. Loser Learning Analytics ein: »Das Sammeln von Daten über die Lernenden (fügt) negativ wirkende Facetten hinzu«. In der Schule entstehe »ein faktischer Zwang, etwa zur Nutzung von E-Learning-Plattformen, und damit zum sich Ergeben in eine umfassende Beobachtung.« Aus Sicht des Lernenden bekomme der Lehrende ein weiteres Instrument in die Hand, »in dem sich seine umfassende Kontrollbefugnis manifestiert.« Dr. Loser: »Im Kleinen wird so vorgelebt, was im Großen NSA und Co praktizieren. Einem Vertrauensverhältnis zwischen Lehrenden und Lernenden kann das nicht zuträglich sein.«

Eine Aussage von Dr. Loser zu Learning Analytics wollen wir besonders herausgreifen: Wenn diese Technologie in Schulen zum Einsatz kommt, »werden Heranwachsende bereits frühzeitig an die Beobachtungssituation gewöhnt.« Dieser Satz schärft den Blick für die gesellschaftliche Dimension – und deutet erneut auf die dunklen Seiten von Learning Analytics.

Eine analoge Vorahnung hatte bereits Alexander Solschenizyn. Er erzählt in seinem Roman *Krebsstation*, wie sich in den 1950er-Jahren Krebspatienten in einem Krankenhaus begegnen. Dabei stellt er fest: »Im Laufe seines Lebens füllt jeder Mensch zahlreiche Formulare mit zahlreichen Fragen aus, die irgendwo gespeichert werden.« Und weiter heißt es im Roman:[57]

> *»Die Antwort eines Menschen auf eine Frage auf einem Formular wird zu einem kleinen Faden, der ihn permanent mit dem öffentlichen Personalverwaltungszentrum verbindet. Deshalb gehen von jedem Menschen förmlich Hunderte kleiner Fäden aus. Zusammengenommen gibt es Millionen dieser Fäden. Würden diese Fäden plötzlich sichtbar werden, würde der ganze Himmel wie ein Spinnennetz aussehen. (...) Jedermann, der sich seiner eigenen unsichtbaren Fäden dauernd bewusst ist, entwickelt einen natürlichen Respekt für die Leute, die die Fäden manipulieren.«*

Unsere »Formulare« halten fest, wann die Nase besonders warm wurde, oder wir unruhig auf dem Stuhl saßen – alles zu unserem Wohl, weil wir selbst nicht mehr auf die Idee kommen, Pausen einzulegen. Hinzu kommt unsere komplette Lernhistorie mit allen unangenehmen Details, wie sie Learning Analytics erfassen würde. So entsteht ein virtuelles Spinnennetz aus Lerndaten. Und weitere Netze werden emsig gewoben.

Warum wehren sich viele Menschen gegen diese totale Transparenz? Warum war es auch bei den Steve-Jobs-Schulen fragwürdig, Kinder zwischen vier und zwölf Jahren so eng zu überwachen? »Wir haben doch nichts zu verbergen«, lautet oft die naive Antwort, womit sich die Diskussion erledigt hat.

Doch die Diskussion geht jetzt erst richtig los, weil ein Klima totaler Beobachtung nicht nur individuelle Schäden anrichtet, sondern auch die Grundfesten der Demokratie untergräbt. Um das besser zu verstehen, werfen wir einen Blick ins 18./19. Jahrhundert: Damals lebte der Philosoph Jeremy Bentham (1748–1832), der sich Gedanken um eine perfekte Strafanstalt machte, die er »Panopticon« nannte.[58] Der Begriff stammt aus dem Griechischen; »panoptes« lässt sich mit »das alles Sehende« übersetzen. Dieses Konzept wollte Bentham 1:1 umsetzen. Seine Strafanstalt sollte ein Rundbau sein, in dem sich alle Zellen in der äußeren Mauer befinden. Es gibt für die Häftlinge nur ein Fenster zum runden Hof, wodurch ihr Blick ausschließlich auf einen Wachturm fällt, der in der Mitte des Hofes steht.

Die Wirkung: Im Gegenlicht ist kein Gefangener in der Lage zu erkennen, ob sich ein Wärter auf dem Turm befindet und ihn beobachtet. Die Häftlinge spüren so eine ständige potenzielle Kontrolle, was sie dazu bringt, möglichst wenig aus der Reihe zu tanzen. Tatsächlich entstanden auch einzelne Gefängnisbauten, die sich in ihrer Architektur an Bentham orientierten, zum Beispiel in den USA, auf Kuba oder in Australien.

Was soll aber das »Panopticon« à la Bentham mit Learning Analytics zu tun haben? Eine Menge, wie wir jetzt zeigen werden. Der Rückkanal bei Lernprogrammen schaufelt ständig riesige Datenberge zum Anbieter zurück, vorgeblich zur Optimierung des Lernprozesses. Nächstes Level? Leichtere oder schwerere Aufgabe? Feedback durch virtuelle Sternchen? So kommt der Datenstaubsauger niemals zur Ruhe. Er ist konstitutiv für jedes Lernprogramm, weil sich sonst der Anspruch auf »Individualisierung« nicht erfüllen lässt. Das wissen wir von Prof. Ifenthaler.

Hinzu kommen biometrische Daten, persönliche Angaben, Informationen aus Social Media etc. pp. So entsteht im virtuellen Raum das Profil eines Menschen, der vor dem Rechner nicht in der Lage ist, die Komplexität der Datensammelei zu durchschauen – genauso wie die Häftlinge, die geblendet zur Turmspitze blicken, ohne ihre Wärter zu erkennen.

Das hat auch den französischen Philosoph Michel Foucault (1926–1984) beschäftigt, der sich von Bentham inspirieren ließ. Er nannte das gesellschaftliche Phänomen »Panoptismus«: »Derjenige, welcher der Sichtbarkeit unterworfen ist und dies weiß, übernimmt die Zwangsmittel der Macht und spielt sie gegen sich selber aus; er internalisiert das Machtverhältnis, in welchem er gleichzeitig beide Rollen spielt; er wird zum Prinzip seiner eigenen Unterwerfung.« Statt kostspieligen Zwang auszuüben, reiche es aus, dass sich die Menschen selbst unterwerfen – in Sorge vor möglichen Sanktionen, die der ständigen Überwachung folgen könnten.

Auch das Bundesverfassungsgericht teilte diese Einsichten, als es 1983 das »Grundrecht auf informationelle Selbstbestimmung« etablierte:[59] »Mit dem Recht auf informationelle Selbstbestimmung wäre eine Gesellschaftsordnung [...] nicht vereinbar, in der Bürger nicht mehr wissen können, wer was wann und bei welcher Gelegenheit über sie weiß.« Diesen Worten hätte vielleicht auch Foucault zugestimmt, denn im Urteil ist genauso zu lesen: »Wer unsicher ist, ob abweichende Verhaltensweisen jederzeit notiert und als Information dauerhaft gespeichert, verwendet oder weitergegeben werden, wird versuchen, nicht durch solche Verhaltensweisen aufzufallen.« Das könnten sich Schüler in Zukunft zu Herzen nehmen – und ihre Aktivitäten so anpassen, dass sie auf keinen Fall auffallen. Sonst könnte ja der ersehnte Studienplatz in Medizin gefährdet sein ...

Fazit: Wir haben einen weiten Bogen gespannt, von den Sensormatten für Babys bis zur Überwachung aller Lernaktivitäten. So zeigten sich plötzlich die dunklen Seiten der digitalen Bildung, als wir das System Learning Analytics durchleuchtet haben. Genauso düster wirkte auf uns die biometrische Vermessung des Menschen, die im iQL erprobt wird.

Wer den Marketing-Nebel durchstößt, merkt schnell: Es breitet sich ein Schleier dauerhafter Kontrolle aus! Schon Solschenizyn hat sich vorgestellt, wie Millionen Fäden am Himmel ein Spinnennetz bilden. Als Bild für eine allgegenwärtige Überwachung, allerdings in der Sowjetunion der 1950er-Jahre. Und heute? Nicht nur Geheimdienste belauschen uns. Vielmehr beginnt ein ungeheurer Datenstaubsauger, auch im Bildungssystem seine Arbeit aufzunehmen.

Damit aber nicht genug: Foucault spitzt in seiner Theorie vom Panoptismus die Situation weiter zu. Wir alle überwachen uns selbst, der Konformitätsdruck wird internalisiert. Zumindest droht diese Gefahr, wenn wir die Verheißungen digitaler Bildung nicht kritisch diskutieren – und einige Mechanismen bald auf dem Schrottplatz entsorgen, etwa den Rückkanal zur Auswertung von Daten einzelner Menschen. Sonst schleicht sich ein Panoptismus ein, der individuell und gesellschaftlich als Betäubungsmittel wirkt. Das bringt die Demokratie ins Wanken. Denn eine pluralistische Gesellschaft lebt von dem offenen, streitbaren Wort. Da darf keine digitale Bildung anfangen, Menschen mit der Schere im Kopf auszustatten, wie es Foucault befürchtet. Dann wäre es zu spät, die Katastrophe wäre da – und digitale Bildung wird zur totalitären Bildung.

»Was bleibt vom Menschen?«

Im O-Ton. Bundespräsident Frank-Walter Steinmeier stellt entscheidende Fragen, die wir gerade auch im Zusammenhang mit Learning Analytics aufgeworfen haben, um vor einer totalitären Bildung zu warnen. Wir dokumentieren ein paar zentrale Passagen der Rede, die der Bundespräsident am 20. Juni 2019 auf dem Evangelischen Kirchentag gehalten hat.[60] Nicht alle Politiker schwimmen mit dem digitalen Strom! Hier die Auszüge seiner Rede:

> *»Jahrelang haben uns die digitalen Pioniere verkündet, die Technologie sei der verstaubten Politik weit voraus, und die Digitalisierung*

müsse der Demokratie auf die Sprünge helfen. Ich fürchte, das ist eine Umkehrung des eigentlichen Problems. Ich glaube: Nicht um die Digitalisierung der Demokratie müssen wir uns zuallererst kümmern, sondern um die Demokratisierung des Digitalen! **Die Rückgewinnung des politischen Raumes – gegen die Verrohung und Verkürzung der Sprache, aber auch gegen die ungeheure Machtkonzentration bei den ›Big Five‹, bei einer Handvoll von Datenriesen aus dem Silicon Valley – das ist die drängendste Aufgabe!** *[Hervorhebung durch Autor].*

Gerade als Christen sind wir frei für ein selbstbestimmtes Leben. Ein Leben, in dem wir Entscheidungen treffen und Verantwortung für uns und andere übernehmen. [...] Heute fragen wir uns: Was bleibt in der digitalen Moderne von diesem Selbstverständnis übrig? **Was bleibt vom Menschen, wenn neue Technologien immer tiefer in unsere Entscheidungen eingreifen, unser Denken lenken, unsere Wünsche formen?** *[Hervorhebung durch Autor] Und wie soll Gesellschaft funktionieren, wenn jede Faser von Individualität – längst nicht mehr nur jede Abweichung von der Norm – als Datenpunkt erfasst und in neuen Zusammenhängen verarbeitet wird – bei den einen vom Staat, bei den anderen von privaten Datenriesen? [...]*

Und damit bin ich zurück bei der Digitalisierung. Natürlich gelingt Zukunft nicht ohne Wandel, ohne Wagnis, ohne Risiko. Aber wir dürfen den technologischen Fortschritt niemals als monströses Naturereignis ansehen, dem wir machtlos ausgeliefert sind! [...]

Die Ethik der Digitalisierung ist und bleibt für mich zuallererst eine Ethik der Freiheit. Sie beginnt mit der Frage: Wie kann Technologie uns Menschen dienen? Wie führt sie zu mehr Selbstbestimmung – und nicht in neue Fremdbestimmung? [...] Frei nach Kant würde ich sagen: **Der technologische Fortschritt soll den Ausgang des Menschen aus der Unmündigkeit erleichtern und nicht der freiwillige Einstieg in neue Unmündigkeit werden!** *[Hervorhebung durch Autor].«*

KAPITEL 6
KAMPF GEGEN DIE »GRAUEN HERREN«

Warum uns Momo gestohlene Zeit zurückbringt – und kleine Kinder nichts vor Bildschirmen verloren haben

Das Internet ist voller Videos, in denen Babys begeistert über Tablets wischen. Mit Eltern, die verzückt sind über so viel frühe Medienkompetenz. Die Kleinen wachsen heute mit Smartphone und Co auf, das sei ihre Lebenswirklichkeit, heißt es in vielen Medien. Die übliche Schlussfolgerung lautet: Die Kinder müssen schon im Kindergarten lernen, sinnvoll mit digitalen Medien umzugehen.

Wir aber halten dagegen: Genau diese Ideen könnten unter anderem das Ende der Steve-Jobs-Schulen eingeläutet haben. Denn ein übersteigerter Glaube an Technologie macht blind für die emotional-kognitive Entwicklung der Kinder. Vierjährige gehören einfach nicht vor iPads, auch wenn sie hübsch in Bonbonfarben gestaltet sind. Warum? Das wollen wir in diesem Kapitel begründen.[61]

Zuerst zum Begriff **Lebenswirklichkeit**. Die Zeitschrift *GEO* veröffentlichte 2016 ein doppelseitiges Bild: Eine junge Frau liegt in einem gynäkologischen Stuhl, sie hat ihr schlafendes Neugeborenes auf der Brust. Eine Ärztin ist damit beschäftigt, Wunden zu vernähen, und die Mutter hält ein Smartphone in der Hand. Dazu erklärt ein kurzer Text:

»Die Geburt muss auf den digitalen Kanälen vermeldet werden.« Die Szene wirkt gestellt, der Fotograf hat sie angeblich in den USA eingefangen. Trotzdem soll das Bild den Lesern zeigen, »wie sehr die digitale Welt Teil unserer Realität geworden ist – und wie unmittelbar wir uns mit ihrer Hilfe mit Freunden und Verwandten verbinden.«[62]

Eine Lebenswirklichkeit, wie sie von den großen Digital-Konzernen propagiert und von der deutschen Politik begierig aufgegriffen wird. Bilder à la *GEO* werben für eine digitalisierte Welt – und sogar Experten finden es verständlich, wenn Babys auf Bildschirme schauen. Zum Beispiel wurde Prof. Wassilios Emmanuel Fthenakis gefragt: Wann sind die »entwicklungspsychologischen Voraussetzungen« gegeben, dass Kinder TV-Sendungen wie *KiKANiNCHEN* sehen können? Seine schlichte Antwort:[63] »Von Anfang an.«

Fthenakis verweist auf die frühe Konfrontation mit Reizen, der jeder Mensch ausgesetzt sei: »Unmittelbar nach der Geburt werden die Säuglinge mit Reizen konfrontiert, mit Figuren, mit Farben. Und all das ist ein mediales Angebot, was den Kindern, den Säuglingen von Anfang an zur Verfügung steht.« Das Geschehen auf Bildschirmen sei nichts anderes, zumal das Fernsehangebot »wunderbar eingebettet [ist] in soziale Interaktionen, in soziale Beziehungen.« Die Kinder würden »unmittelbar nach der Geburt« beginnen, »ihr Lernen als soziales Lernen im medialen Kontext zu gestalten.« So habe die »Medienbildung von Anfang an« einen »selbstverständlichen Platz in der Bildung« zu erhalten.

Bei dieser Argumentation kreuzen sich zwei Stränge, einmal die Forderung nach »früher Medienkompetenz« und die Idee, die »Lebenswirklichkeit« der Kinder sei von Geburt an so digital geprägt, dass sie nach dem ersten Schrei Bildschirm-Medien ausgesetzt sein können. Dabei ist es laut Fthenakis sinnvoll, die medialen Inhalte dem »jeweiligen Entwicklungsniveau« anzupassen. Gelingt das, ist der Weg für eine moderne Medienerziehung frei, damit die Kinder geschickt mit digitalen Medien umgehen.

Wir sind sprachlos ... und fragen uns: Ist es Zufall, dass die Telekom Stiftung immer wieder als Unterstützer der Forschung auftaucht, die Fthenakis betreibt? Die Stiftung eines der großen Player im deutschen Digital-Geschäft? Auf ihrer Website heißt es: Im Auftrag der Stiftung habe sich ein Forscherteam der Universität Bremen damit beschäftigt, wie sich Kinder in ihrem Forscherdrang fördern lassen – »unter der Leitung des international renommierten Frühpädagogen Prof. Dr. Wassilios E. Fthenakis.« [64]

Da wird ein roter Teppich der IT-Industrie ausgerollt ... doch schon Fthenakis' Thesen sind für uns ein rotes Tuch! Denn er sieht kein Problem darin, Kinder von Geburt an vor Bildschirme zu setzen, natürlich nur wenn sie im Arm der Mutter liegen ... Das mag zwar die Lebenswirklichkeit vieler Kinder sein, trotzdem sind erhebliche Zweifel angebracht: Fördert diese Wirklichkeit tatsächlich kleine Kinder?

Praktiker im Kindergarten setzen ganz andere Akzente:[65] 2016 bis 2019 fand die OECD-Fachkräftebefragung in der frühkindlichen Bildung, Betreuung und Erziehung statt. In Deutschland wurden 3.000 zufällig ausgewählte Pädagogen befragt sowie Leitungskräfte in 500 Kitas. Mit von der Partie waren: Chile, Dänemark, Island, Japan, Norwegen, Südkorea und die Türkei.

Eine Frage lautete: Welche Kompetenzen brauchen Kinder im 21. Jahrhundert? Kooperationsfähigkeit! Sie ist eine entscheidende Kompetenz, waren sich 87 Prozent der Fachkräfte länderübergreifend einig. Danach kamen mündliche sprachliche Fähigkeiten (83 Prozent). Speziell in Deutschland waren sogar 95 Prozent der Meinung, dass diese sprachliche Kompetenz eine hohe Bedeutung hat. Aber: Nur 7 Prozent sahen eine Notwendigkeit für das Lernziel, digitale Kompetenzen zu vermitteln. Nur 7 Prozent! Da spricht die Praxis eine klare Sprache ...

Machen wir einen Gedankensprung und beschäftigen uns kurz mit Asbest: Bis 1993 war es jahrzehntelang deutsche Lebenswirklichkeit, Millionen Tonnen asbesthaltiger Materialien zu verbauen. Der Grund: Asbest war nicht brennbar, hitzebeständig und sehr stabil. Das Mineral ließ sich als Bremsbelag in Autos verwenden oder zur Abdichtung von Öfen nutzen. Eine großartige Lebenswirklichkeit, der sich niemand entziehen konnte! Dann kam die bittere Erkenntnis: Asbestfasern können Lungenkrebs auslösen – und Asbest wurde verboten!

Wenn wir diese Analogie ernst nehmen, können wir nicht einfach behaupten: Allein die weite Verbreitung digitaler Medien sei ein Grund, Kinder damit früh zu konfrontieren. Das sei die Lebenswirklichkeit, basta! Denn diese oft zitierte »Lebenswirklichkeit« kann sich schlagartig ändern ... Etwa, wenn sich neue Einsichten durchsetzen, was auch bei den Fluorkohlenwasserstoffen (FCKW) geschehen ist. Erst gefeiert als ungiftiges Kühlmittel für Kühlschränke, wurde diese Stoffgruppe weltweit verboten, weil sie die Ozonschicht angegriffen hatte.

Nun ... gefährliche Substanzen sind ein Thema und digitale Medien entfalten ganz andere Wirkungen. Aber die Analogie zu FCKW und Asbest sollte uns zum Nachdenken bringen, weil das Argument der »Lebenswirklichkeit« vor diesem Hintergrund schnell Risse bekommt. Das geschieht ebenfalls, wenn wir uns Empfehlungen der World Health Organisation (WHO) ansehen.

Die WHO knüpft an die digitale Lebenswirklichkeit vieler Kinder an, allerdings ganz anders als Fthenakis: »Wir sollten den Kindern wirklich das Spielen zurückbringen«, so Dr. Juana Willumsen. »Wir sollten einen grundlegenden Wandel erreichen, weg von einer Zeit, die Kinder nur im Sitzen verbringen. Hin zu einer Zeit mit wirklichem Spiel.« So gibt die WHO 2019 Empfehlungen, wie das Leben der Kinder zwischen Geburt und fünftem Lebensjahr aussehen sollte:

Babys, unter 1 Jahr alt:

- Sie sollten **keine Zeit** vor Bildschirmen verbringen.
- Sie sollten öfter am Tag körperliche Aktivitäten in unterschiedlicher Weise erleben, etwa durch interaktives Spielen mit den

Eltern. Wenn ein Kind noch nicht krabbeln kann, sollte es mindestens 30 Minuten auf dem Bauch liegen.
- Die Babys sollten höchstens eine Stunde stillsitzen, zum Beispiel im Tragegurt oder Kinderwagen.
- Sie sollten **14 bis 17 Stunden** schlafen (0 bis 3 Monate); 12 bis 16 Stunden (4 bis 11 Monate). Die WHO spricht von einem »quality sleep«.

Kleinkinder, 1 bis 2 Jahre alt:

- Sie sollten **keine (Sitz-)Zeit** vor Bildschirmen verbringen (TV, Videos, Computerspiele). Wenn das Kind zwei Jahre alt ist, sollte die Zeit vor Bildschirmen nicht mehr als **eine Stunde** betragen, weniger ist besser. Falls das Kind sitzt, sollten die Eltern vorlesen oder Geschichten erzählen.
- Die Kleinkinder sollten sich mindestens **drei Stunden** am Tag bewegen, wobei sie sich ruhig verausgaben dürfen.
- Sie sollten höchstens eine Stunde stillsitzen, etwa in einem Hochstuhl.
- Sie sollten **11 bis 14 Stunden** schlafen, inklusive kleiner Nickerchen.

Kinder, 3 bis 4 Jahre alt:

- Sie sollen nicht mehr als **eine Stunde** (Sitz-)Zeit vor Bildschirmen verbringen, weniger ist besser. Und wenn sie sitzen, sollte ihnen vorgelesen werden.
- Sie sollen sich mindestens **drei Stunden** am Tag körperlich betätigen, mehr wäre besser – und wenigstens eine Stunde bis an die Grenze ihrer Leistungsfähigkeit.
- Sie sollten **10 bis 13 Stunden** schlafen, inklusive kleiner Nickerchen.

Soweit die WHO. Greifen wir eine Altersgruppe heraus, die Drei- bis Vierjährigen. Ob sie schon vor Bildschirmen sitzen sollten? Das halten wir für eine gewagte Empfehlung der WHO. Aus unserer Sicht spricht vieles dafür, auch Kindergartenkinder und Grundschüler keinen digitalen Medien auszusetzen.

Aber schauen wir uns einmal an, wie die zeitliche Struktur ihres Tages aussehen könnte: Wenn die Drei- bis Vierjährigen bis zu 13 Stunden schlafen, sind vom Tag noch elf Stunden übrig. Gehen sie weitere fünf Stunden in den Kindergarten und sitzen eine Stunde vorm Bildschirm – bleibt ein Rest von fünf Stunden. Kaum mehr Zeit, um alle anderen Aktivitäten unterzubringen, etwa Hygiene, Essen und Trinken, Spielen mit Freunden etc.

Was zeigt uns dieses Gedankenexperiment? Jede weitere Stunde vor einem Bildschirm verdrängt Zeit! Wichtige Zeit, die in sinnvolle Aktivitäten fließen sollte, die der Entwicklung der Kinder dienen. Das erinnert an die Geschichte eines kleinen Mädchens, über das Michael Ende 1973 geschrieben hat – in seinem berühmten Roman *Momo*. So verstehen wir besser, warum die WHO ganz anders tickt als Fthenakis. Blicken wir also der Titelheldin Momo über die Schulter.

Es geht um das Delikt Zeitdiebstahl: »Graue Herren« erscheinen in einer Stadt, so unauffällig, dass es kaum ein Bewohner bemerkt. Diese schemenhaften Gestalten rauchen graue Zigarren; sie strahlen eine Kälte aus, gegen die es keinen Schutz gibt. Die »grauen Herren« kommen in böser Absicht: Sie vertreten als Agenten eine »Zeitsparkasse«. Die Menschen sollen nutzlose Dinge unterlassen und die Zeit sparen, weil sich diese besser auf der Sparkasse verzinst. So hetzen alle schneller durch ihren Alltag, verdienen immer mehr Geld und werden immer weniger glücklich ... Das erkennt das kleine Mädchen Momo und nimmt den Kampf gegen die »grauen Herren« auf. Denn in Wirklichkeit rauben die »grauen Herren« die Lebenszeit der Menschen, um sie völlig unter ihre Kontrolle zu bringen.

Wie schafft es Momo, das Unglück aufzuhalten? Wer das erfahren will, muss selbst bei Michael Ende nachschlagen. Uns interessieren besonders die »grauen Herren« mit ihrem Zeitsparkonzept: »Bildschirmmedien sind so etwas wie die grauen Herren der heutigen Kindheit«, sagt Prof. Dr. Paula Bleckmann, die als Medienpädagogin an der Alanus Hochschule (Alfter) tätig ist.[66] In einem Gespräch mit der *Süddeutschen Zeitung* fährt sie fort: »Die grauen Herren bei Momo sagen, gib mir deine Lebenszeit, ich kann damit was Besseres anfangen als du. Das ist zwar gelogen, aber verführerisch.« Der Bildschirm sagt dem Kind: »Hey, das hier ist faszinierend, guck mal, wie cool, viel cooler als das, was du sonst tun würdest. Bildschirme üben einen magischen Magnetismus auf Kinder aus.« Die Konsequenz: »Am Ende haben sie zu wenig Zeit,« so Bleckmann, »um Freunde zu treffen, um in Ruhe zu essen, um draußen rumzurennen und genug zu schlafen – alles Dinge, die das Lernen fördern und die Gehirnentwicklung.«

Wissenschaftler haben zu diesem Phänomen die »Zeitverdrängungshypothese« aufgestellt. Sie gehen von der Annahme aus, »dass die Beschäftigung mit Medien an die Stelle anderer nichtmedialer Freizeit- sowie von Lernaktivitäten tritt, diese verdrängt und damit zu einer Einengung des Freizeiterlebens führt.«[67]

Diese Hypothese lässt sich durch Daten belegen: Seit 1999 macht der Medienpädagogische Forschungsverbund Südwest Studien, die das Mediennutzungsverhalten von Kindern und Jugendlichen beleuchten. Seine miniKIM-Studie 2014 zeigt, dass im Durchschnitt Vier- bis Fünfjährige 1,1 Stunde vor Bildschirmen verbringen. Eine Schätzung der »Haupterzieher«. Leider gibt es keine aktuellere miniKIM-Studie, weshalb die Anschlussfähigkeit an die späteren KIM-Studien nicht unmittelbar gegeben ist. Trotzdem lässt sich festhalten: Schon über eine Stunde sitzen die Vier- bis Fünfjährigen vor Bildschirmen, wobei das Fernsehen mit 52 Minuten weit in Führung liegt.

Jetzt ziehen wir die KIM-Studie 2018 hinzu und schauen nach, welche Nutzungszeiten die Sechs- bis 13-jährigen im Durchschnitt aufweisen:

- [Vier- bis Fünfjährige]: [1,1 Stunden] / mini-KIM-Studie 2014
- Sechs- bis Siebenjährige: 1,8 Stunden
- Acht- bis Neunjährige: 2,5 Stunden
- Zehn- bis Elfjährige: 3,3 Stunden
- Zwölf- bis 13-Jährige: 4,2 Stunden

Von Altersgruppe zu Altersgruppe erhöht sich erheblich die Zeit, die Kinder vor Bildschirmen verbringen. Die Zwölf- bis 13-Jährigen nutzen Bildschirme zeitlich fast viermal intensiver als Vier- bis Fünfjährige, ein enormer Sprung zwischen beiden Altersgruppen.[68] Ein Einwand könnte lauten: »Ja, das sind schon viele Stunden, aber die Kinder können auch pädagogisch wertvolle Filme schauen und kindgerechte Lernprogramme absolvieren. Da kann doch niemand etwas dagegen haben, oder?« Doch, wir haben sehr viel dagegen, was wir mit der Zeitverdrängungshypothese erklären wollen.

Punkt 1: Schlechte Inhalte sind immer schlecht für Kinder. Gewalt oder Pornografie haben selbstverständlich keinen Platz im Kinderzimmer. Das ist unumstritten.

Punkt 2: Der Bildschirmkonsum von Kindern hat aber weitere Facetten, er darf nicht allein auf der inhaltlichen Ebene untersucht werden. Selbst wenn nur kindgerechte Inhalte über den Bildschirm flimmerten, bleibt die Tatsache, dass Kinder viel Zeit vor dem Bildschirm sitzen. Schon diese passive Rezeption kann schaden – egal ob positiver oder negativer Inhalt.

Um die Aussage in **Punkt 2** zu belegen, machen wir einen Ausflug in die Wissenschaft, Stichwort **sensomotorische Integration**. Sie definiert das Lexikon der Neurowissenschaft als »Verknüpfung zwischen sensorischen Eingängen und motorischen Ausgängen zur Erzeugung von Verhalten (in biologischen oder künstlichen neuronalen Netzen).«[69]

Dabei steht der Wortteil »senso« für Sinneswahrnehmungen, das heißt, ein Kind sammelt erste Erfahrungen in der Welt, indem es schaut, hört, tastet, riecht und schmeckt. Der zweite Wortteil »motorisch« bedeutet: Kinder setzen neben den Sinnen den Bewegungsapparat ein, um ihr Umfeld zu erforschen. Dieses Zusammenwirken aller Sinne und körperlicher Aktivitäten ist entscheidend für die kindliche Entwicklung (Integration): »Wie kann das Gehirn das immense Aufgebot an Muskelzellen so kontrollieren, daß [!] sich der gesamte Körper in die richtige Richtung bewegt? Hierbei handelt es sich wahrscheinlich um das grundlegendste Problem, das ein Nervensystem bei seiner Evolution lösen musste.«[70]

Die Lösung dieses »grundlegendsten Problems« ist notwendig, damit sich das menschliche Gehirn gesund entwickelt. Dazu ist es nötig, dass sich Kinder intensiv mit ihrer realen Umwelt auseinandersetzen: »Das Kind baut sich sein Wissen von dieser Welt auf, indem es durch aktives Tun zunächst Erfahrungen an seinem eigenen Körper, später an Gegebenheiten seiner Umgebung sammelt«[71], fasst Gerd Mietzel diese Vorgänge zusammen.

Kognitive Abläufe wie bei Erwachsenen gibt es dabei nicht: Das Kleinkind reagiert unmittelbar auf Reize der Umwelt – und bildet zu seinen Erfahrungen keine Begriffe auf einer abstrakten Ebene. So lernen Kinder in den ersten Jahren, Sinneswahrnehmungen aufzunehmen und kognitiv zu verarbeiten. Es entwickelt sich allmählich die Sinnesorganisation, wobei dieser Prozess in der gesamten Kindheit abläuft. Auch Herbert Renz-Polster und Gerald Hüther beschreiben, worauf es in dieser Phase des Lebens ankommt:[72]

»Der Mensch [bewegt sich] zunächst entlang sinnlicher Spuren – da wird alles gerochen, geschmeckt, in den Mund gesteckt, beäugt und befühlt, ja der ganze Körper kommt zum Einsatz, und wie! Es wird gerobbt, geklettert, gesprungen, gehopst, gepurzelt und auf Zehnspitzen gestanden, jeder Muskel wird gestreckt, gewalkt, geübt, und dabei dieser wunderbare Kör-

persinn aufgebaut, der unsere Hände, Arme und Beine regelrecht Wurzeln schlagen lässt in der Umwelt.«

Dieses »nach und nach entstehende sinnliche Bewusstsein« sei der erste Schritt zu »unserem Selbstbewusstsein«, so Renz-Polster und Hüther. Nach der Zeit als Kleinkind kommen die nächsten Schritte, die **sensomotorische Integration** geht weiter, weshalb unter anderem Sport und Musik in Kindergarten und Grundschule so wichtig sind. Wenn wir das bedenken, bekommen die Empfehlungen der WHO eine noch größere Bedeutung: Deren Experten fordern täglich mindestens drei Stunden, in denen sich die Ein- bis Vierjährigen »austoben« sollen. Damit rückt die WHO körperliche Aktivitäten in den Vordergrund, die eine zentrale Rolle bei der sens**omotorischen** Integration spielen. Genauso wichtig ist die Feinmotorik, wie die Neurobiologin Gertraud Teuchert-Noodt feststellt:[73]

»Körperliche Aktivitäten schlagen sich 1:1 in den Rindenfeldern des Großhirns nieder, wobei sie die Struktur und Ausdehnung der neuronalen Netze beeinflussen. Soll das gut gelingen, müssen kleine Kinder differenzierte körperliche Aktivitäten entwickeln. Sie sollten ihre Hände verwenden, um Bilder zu malen, Knetfiguren zu formen oder Bastelarbeiten zu machen. [...] Dann fällt es Kindern später leicht, Schreiben und Lesen zu lernen.«

Jetzt kommen wir zur **sensorischen** Seite der Integration, die unverzichtbar für die kognitive Entwicklung der Kinder ist: Sehen, Hören, Riechen, Schmecken und Tasten – das sind die klassischen fünf Sinne, die jeder kennt.[74]

Doch der Tastsinn besteht in Wirklichkeit aus zwei weiteren Sinnen, dem Schmerz- und Wärmesinn. Wer sich in den Finger sticht, erwischt einen »Nozizeptor«, der als Schmerz-Sinneszelle dient. Wenn jemand eine warme Kaffeetasse anfasst, spürt er die Wärme, weil spezielle Rezeptoren angesprochen werden. Oder wir tasten nach einem

Gegenstand, etwa einem Schlüssel. Das geht am besten mit den Fingerspitzen, weil dort die Zahl der Druckrezeptoren besonders hoch ist. Also ist der Tastsinn in der Lage, Schmerz, Druck und Temperaturen zu registrieren.

Damit kennen wir schon sieben Sinne! Es werden aber noch mehr: Wir schließen die Augen und führen die Spitzen der Zeigefinger zusammen, direkt vor unserem Gesicht. Die Zeigefinger berühren sich wie von selbst ... jedoch kommt keiner der bisher genannten Sinne zum Einsatz. Das Kunststück gelingt mithilfe der Propriozeptoren: Sinneszellen in Gelenkkapseln, Sehnen und Muskeln. So wissen Menschen immer genau, wo sich zum Beispiel die Arme gerade im Raum befinden. Dieser achte Sinn heißt »Kraft-Lage-Sinn«. Er ist bei der Geburt noch sehr wenig entwickelt. Nur langsam lernt das Kind, die Bewegungen seines Körpers zu steuern. Ein erster Erfolg tritt ein, wenn es die Hand genau in den Mund steckt. Oder auf einmal in der Lage ist, gezielt mit der Hand seinen Fuß anzufassen. Das geschieht in den ersten Monaten. Aber: Der Kraft-Lage-Sinn erhält sein Fine-Tuning erst, wenn das Erwachsenenalter erreicht ist.

Fehlen noch zwei Sinne, die im Innenohr ihre Heimat haben – im Gleichgewichtsorgan. Machen wir ein kleines Experiment, das jeder kennt: Sich schnell im Kreis drehen, plötzlich stoppen ... und schon entsteht ein Schwindelgefühl. Ist das der Fall, dreht gerade ein neuer Sinn durch. Voilà! Der neunte Sinn, der Drehsinn, ist entdeckt.

Nun zu Nr. 10: Um ihn zu bemerken, stellen wir uns gerade hin, und zwar mit geschlossenen Augen. Dann wackeln wir mit dem Kopf in verschiedene Richtungen – und versuchen gleichzeitig die Zeigefinger auf den Boden zu richten. Gelingt das, ist der zehnte Sinn intakt, nämlich der Schwerkraftsinn. Das alles lässt sich in normalen Biologie-Büchern nachschlagen.

Jetzt kommt wieder die **sensomotorische Integration** ins Spiel: Das Gehirn verknüpft Eindrücke aus den zehn Sinneskanälen mit Bewegungen – eine enorme Leistung, die für die gesamte kognitive Entwicklung der Kinder wichtig ist. Es kann lange Zeit dauern, um die Wahrnehmungen aller Sinneskanäle immer besser auf die Bewegungsimpulse abzustimmen. Zum Beispiel ist das räumliche Sehen erst bei Zwölfjährigen voll entwickelt.

Was wir als Erwachsene für selbstverständlich halten, ist für kleine Kinder eine enorme Herausforderung, die sie am besten spielerisch bewältigen. Durch viel Bewegung und reichhaltige Sinneseindrücke! Auf diese Weise kann sich das kindliche Gehirn gut entwickeln, indem sich auf neuronaler Ebene unzählig neue Verknüpfungen ergeben.

Was passiert aber, wenn Kinder stundenlang vor Bildschirmen sitzen? Zwei erhebliche Effekte lassen sich beobachten:

1. **Sensorische Verarmung:** Das Geschehen auf Bildschirmen läuft visuell nur in zwei Dimensionen ab, wobei der Sehsinn nicht voll ausgelastet ist. Wir könnten bildhaft sagen: Dieser Sinn wird nur zur Hälfte angesprochen. Als weiterer äußerer Reiz kommen akustische Signale dazu. Auf diese Weise werden nur 1,5 Sinneskanäle angesprochen, wenn Kinder auf Bildschirme schauen. Eine starke Kanalreduktion, wenn wir an die übrigen acht Sinne denken, die wir eben hergeleitet haben. So entsteht kein realer Eindruck der Welt, zumal Inhalte aus dem Kontext gerissen werden. Es gibt zum Beispiel keinen Zusammenhang zwischen Zeichentrickfilmen und der Umwelt von Kindern, denen lediglich ein Surrogat der Realität geboten wird. Oder Widersprüche: Im Fernsehen wird eine Schneelandschaft gezeigt – und im Fernsehzimmer ist es wohlig warm. Kurz und gut: Die Verarmung an Sinneseindrücken gefährdet die **sensomotorische Integration**, die wir als Grundlage für die Entfaltung intellektueller Potenziale kennengelernt haben.

Reale versus virtuelle Schokolade[75]

Ein Dreijähriger beißt Stückchen von einer Schokoladentafel ab. Wie viele Sinne sind beteiligt?

- **Hören** (Knack!)
- **Sehen** (braun)
- **Riechen** (Mmh, Kakao-Aroma!)
- **Schmecken** (süß, leicht salzig)
- **Wärme** (lauwarm)
- **Druckwahrnehmung** (an Lippen und Gaumen)
- **Kraft-Lage-Sinn** (Kiefermuskeln und Gelenk bewegen sich.)

Sieben Sinne und die Motorik sind voll dabei. Jetzt stellen Sie sich aber vor, dasselbe Kind sitzt auf dem Sofa und sieht im Fernsehen, wie ein anderes Kind in eine Schokoladentafel beißt. Wie viele Sinne sind an der Wahrnehmung der Schokolade beteiligt? Weniger als zwei Sinne. Denn ein vollwertiges Sehen und Hören findet in drei Dimensionen statt. Beim Fernsehbild ist der visuelle Eindruck flach, zweidimensional. Er kommt aus der Mitte des Bildschirms. Dort sieht das Kind die Schokolade. Die zugehörigen akustischen Reize haben ihren Ursprung in Lautsprechern, die sich je nach Arrangement mehr oder weniger weit vom Fernseher im Raum befinden. Bewegung? Null.

Was passiert mit einem Kind, das ein Computerspiel spielt? Es könnte mit einem Wischen der Finger der Spielfigur eine Tafel Schokolade in den Mund schieben. So kommt zu Auge und Ohr noch die Druckwahrnehmung der Hand hinzu. Und: Sie bewegt sich, weil sie über den Bildschirm wischt. Aber die Hand erreicht nicht die gesehenen Objekte, sie kann sie nicht »begreifen«.

2. **Eingeschränkte Motorik:** Wer viele Stunden vor Bildschirmen sitzt, verharrt in einer einseitigen Haltung, bei der das übliche

Bewegungspotenzial nicht ausgeschöpft wird. Das gilt zwar auch für Erwachsene, aber Kindern gelingt unter diesen Umständen die sensomotorische Integration nicht optimal. Gerade das Wechselspiel aus vielfältigen Sinneswahrnehmungen und reicher Bewegung fördert ihre kognitive Entwicklung (Neuroplastizität). Erlahmen die motorischen Aktivitäten, entsteht ein erhebliches Defizit an Bewegung, das dringend zu vermeiden ist.

Die ehemalige Bundesdrogenbeauftragte Marlene Mortler drückt das so aus: »Wir müssen die gesundheitlichen Risiken der Digitalisierung ernst nehmen! Es ist dringend notwendig, Eltern beim Thema Mediennutzung Orientierung zu geben. Kleinkinder brauchen kein Smartphone. Sie müssen erst einmal lernen, mit beiden Beinen sicher im realen Leben zu stehen.«[76]

Da würde der Gründer der Steve-Jobs-Schulen, Maurice de Hond, heftig widersprechen. Hatte er doch der einjährigen Tochter stolz ein Smartphone in die Hand gedrückt ... und von »einer neuen Phase der Interaktion« zwischen Kind und **virtueller Welt**« [Hervorhebung durch Autor] geschwärmt, seit es iPads gibt. Doch Mortler legt den Finger in die Wunde: Wir sollten einen Unterschied machen – zwischen der realen Welt, die mit allen Sinnen wahrnehmbar ist und Bewegung fördert. Oder einer virtuellen Welt, die Sinneswahrnehmungen drastisch reduziert und motorische Aktivitäten begrenzt. Dieser Unterschied wird gern verwischt (Kapitel 7: »Digitales Raubrittertum«).

Wie wir gesehen haben, gibt es eine Reihe von Wirkungen, die nicht mit medialen Inhalten zusammenhängen. Einem kleinen Kind schadet auch *Biene Maja*! Eine Untersuchung zur Sprachentwicklung bestätigt das eindrucksvoll:[77]

Wissenschaftler haben in einer Laborstudie erforscht, wie gut Kleinkinder neue Wörter lernen. Ihr Alter lag zwischen 15 und 24 Monaten. Wie wurde getestet, ob ein Kind ein Wort gut erfasst hatte? Es hörte ein Wort und konnte auf ein passendes Objekt zeigen.

Erstes Ergebnis: Wenn ein Erwachsener unmittelbar ein Wort dem Kind vorgesprochen hatte, war der Lernerfolg am höchsten (direkte Interaktion, face-to-face). Den geringsten Erfolg hatte ein Kinderfilm – trotz einer starken Aufmerksamkeit der Kinder. Das Interesse am Film war sogar stärker ausgeprägt als bei einem Video, in dem ein Erwachsener gesprochen hat. Wirklich spannend ist die Konzeption des Kinderfilms: Er sollte eigentlich die Sprachentwicklung fördern. Und: Er war völlig gewaltfrei!

Zweites Ergebnis: Kinder bis 21 Monate waren nur in der Lage, von Erwachsenen zu lernen. Sie mussten den Kindern die Worte direkt vorsprechen. Das ergab sich auch bei älteren Kindern, wenn sie am Anfang der Untersuchung über einen geringen Wortschatz verfügten. Ganz klar: Am Bildschirm kann niemand sprechen lernen, der es noch nicht gelernt hat.

Gut, das war eine Studie unter Laborbedingungen ... und wie sieht der Alltag aus? Das haben Wissenschaftler ebenfalls untersucht, mit folgendem Resultat: Kommen Kleinkinder auf höhere Bildschirmzeiten, verzögert sich deutlich ihre Sprachentwicklung. Diese Wirkung gilt auch bei Filmen, die kindgerechte Inhalte transportieren.[78] Vor diesem Hintergrund ist schwer zu verstehen, warum Fthenakis empfehlen kann, sich mit Neugeborenen vor Flimmerkisten zu setzen ... im Sinne einer »Medienbildung von Anfang an«.

4-Stufen-Modell von Jean Piaget

Stadium 1: sensomotorische Phase (Geburt bis zwei Jahre). Alle Möglichkeiten der Erkenntnis beschränken sich auf die unmittelbare Interaktion mit der Umwelt, es werden keinerlei abstrakte Begriffe gebildet. Es beginnt die sensomotorische Integration, die weitere Lebensjahre in Anspruch nehmen wird. Einfache Reflexe und die Fähigkeit zu elementaren Wahrnehmungen bilden die Basis, damit das Denken reifen kann.

Stadium 2: »präoperatorische Phase« (zwei bis sieben Jahre). Kinder entwickeln eine Vorstellung von Vergangenheit und Zukunft, sie leben nicht nur in der unmittelbaren Gegenwart. Ihre Fantasie wird angeregt, sie schaffen sich eigene Welten. Immer steht dabei der Spracherwerb im Mittelpunkt. Es fehlen aber noch logische Operationen. So prägt ein magisches Denken oft die Welt der Kinder, die unbelebte Objekte mit Gefühlen und eigenem Willen ausstatten. Dazu kommt ein gewisser Egozentrismus: Kindern gelingt es auf dieser Stufe der Entwicklung nur schwer, Abstand von sich selbst zu gewinnen.

Stadium 3: »konkret-operatorische Phase« (sieben bis zwölf Jahre). Kinder fangen an, sich langsam aus reinen Anschauungen zu lösen. Erste Denkoperationen! So entwickeln sie eine anfängliche Urteilskraft, die mehr auf Logik als auf Wahrnehmung beruht. Die Kinder vertrauen eigenen Begriffen, die sie jetzt über die reine Wahrnehmung stellen. Diese kognitiven Operationen sind aber erst der Beginn eines langen Prozesses, der zum eigenständigen Denken des Erwachsenen führt.

Stadium 4: formal-operatorische Phase (ab zwölf Jahre). Jetzt setzt allmählich ein kritisch-rationales Denken ein, das auf einer abstrakten Ebene Probleme differenziert erfassen kann. Selbstreflexion wird möglich – und die Jugendlichen schaffen sich intellektuelle Strukturen, um komplexe Fragestellungen lösen zu können. Dazu ein kurzer Dialog aus einem Vortrag, in dem auch ein 16-jähriger Schüler war: »Wie hast du dich mit elf Jahren gefühlt?« – »Da war ich immer gleich sauer!«- »Und wie geht es dir jetzt?«- »Ich frage mich, warum?«

Fazit: Wer als Kind heute zu viel in der virtuellen Welt unterwegs ist, dem droht eine sensomotorische **Des**integration. Der Grund: Die sensorischen und motorischen Aktivitäten können auseinanderfallen, wenn Bildschirme das Leben der Kinder beherrschen. Eine ständige Unterforderung kann das zur Folge haben. Das kindliche Gehirn erhält zu wenig Informationen, um sie sinnvoll zu verknüpfen. Das fördert nicht die Neuroplastizität, also die Fähigkeit des Gehirns, sich ständig auf eine veränderte Umwelt einzustellen.

Daher ist der Kampf gegen die »grauen Herren« so wichtig: Bildschirme dürfen unseren Kindern nicht die nötige Zeit rauben, um sich gesund in dieser Welt einzuleben: »Medienmündig werden bedeutet zuallererst, nicht die Kontrolle über unsere kostbare Lebenszeit zu verlieren«, schreibt Paula Bleckmann. Wir sollten unsere »Kinder nicht zu technisch versierten Maschinensklaven, sondern zu selbstbestimmten Menschen erziehen, die selbst über Ausmaß und Art ihrer Mediennutzung entscheiden können«.[79]

Deshalb lautet unsere Forderung: digitalfreie Kindergärten und Grundschulen! Denn erst auf weiterführenden Schulen erreichen Schüler die kognitive Reife, um mit IT-Systemen produktiv umzugehen. Piaget nannte diesen Übergang ab zwölf Jahren die »formal-operative Phase«, weil jetzt formale Operationen im Gehirn stattfinden, zu denen Grundschüler und Kindergartenkinder nicht in der Lage sind.

So können Jugendliche ab einem Alter von zwölf Jahren eine wirksame Medienkompetenz aufbauen. Dabei geht es nicht darum, sich passiv Lernprogrammen auszusetzen, deren Orwellsche Dimensionen wir aufgezeigt haben. Stichwort: Learning Analytics (Kapitel 5: »Totalitäre Bildung«). Nein, im Vordergrund sollte die aktive Medienproduktion stehen: Quellen recherchieren, Online-Texte schreiben, Filmaufnahmen machen, Interviews führen, Videos schneiden, Podcast aufnehmen etc. Nebenbei gesagt, auch eine Schutzimpfung gegen Fake News und Verschwörungstheorien. Was da alles denkbar ist, schildern wir in unseren Überlegungen zur Medienpädagogik (Kapitel 14: »Es muss nicht immer digital sein ...«.

Maurice de Hond drückte schon 4-Jährigen ein iPad in die Hand – ein Konzept, das wir im Licht der Entwicklungsbiologie betrachtet haben. Es konnte nur scheitern. Es scheint uns ein Irrtum zu sein, ständig zu behaupten: »Was Hänschen nicht lernt, lernt Hans nimmermehr«. Das Gegenteil ist oft der Fall, wenn wir bewusst auf die frühe Optimierung von Kindern verzichten. Tatsächlich lernt Hans manches besser als Hänschen. Wir sollten nur geduldig warten, bis sich das passende Entwicklungsfenster öffnet, wie wir es von Piaget gelernt haben.

KAPITEL 7
DIGITALES RAUBRITTERTUM

Warum wir im elektrischen Strom nicht baden können, und der Cyberspace kein Himmel auf Erden ist

»Eine neue Phase in der Interaktion zwischen Kind und virtueller Welt« – diese Entwicklung sah Maurice de Hond am Horizont aufziehen. Eine Verheißung auf eine Zukunft, die IT-affine Menschen mitreißen sollte. Eigentlich aber eine gängige Rhetorik, wie sie auch oft in Deutschland zu hören ist. Oder in Werbeanzeigen aufblitzt: Die GFG Seibt AG (Burgkirchen an der Alz) veranstaltete 2019 Vorträge zur »Büro-Automation«, ein Thema mit wenig Glamour ...

Doch die Werbung war geschickt aufgezogen: Ein junger Mann hat die Ärmel hochgekrempelt und hält sein Jackett locker in der Hand. Steht er vor einem Computer? Oder in einem Großraumbüro? Mitnichten ... Der junge Mann blickt von einer Felsenspitze in die Weite, umgeben von einer Bergkulisse, mit Nebel in den Tälern. Rechts oben das Logo der Veranstaltungen: »digitours '19 – Reisen in die digitale Welt«. Und weiter heißt es in der Anzeige: »Wir machen Zukunft – machen Sie mit? Fünf Vortragsveranstaltungen rund um das Thema Büro-Automation.«

Warum ist uns diese Anzeige aufgefallen? Ob »virtuelle Welt«, »digitale Welt« oder »Cyberspace« – wir sind es inzwischen gewohnt, dem

Geschehen im Internet eine eigene Existenz zuzuschreiben. Das zeigt sich in der Umgangssprache: »Wir gehen online«; »Wir sind im Internet«; »Wir surfen im Internet« – oder Boris Becker mit seinem unvergessenen AOL-Spruch: »Ich bin drin!« (1999). So **betreten** wir die »digitale Welt« mit großer Selbstverständlichkeit – und das dröge Thema »Büro-Automation« wird mit »Reisen in die digitale Welt« beworben. Kulisse ist aber eine reale Gebirgslandschaft.

Und wir übertreiben weiter, bis sich im Internet eine eigene Welt öffnet, eine Welt voller Geheimnisse und Versuchungen, eine Welt, die uns in ihren Bann schlägt, verschlingt oder unbekannte Räume erobern lässt. Plötzlich wird das Internet zum Land der unbegrenzten Datenflüsse. Ganz, wie es Raumschiff Enterprise seit Jahrzehnten vormacht: »Der Weltraum, unendliche Weiten. [...] Viele Lichtjahre von der Erde entfernt dringt die Enterprise in Galaxien vor, die nie ein Mensch zuvor gesehen hat.«

Genug der Lyrik! Betrachten wir einfach nüchtern einen Computer, der ans Internet angeschlossen ist. Wir schauen auf eine flache, leuchtende Scheibe; kleine Symbole, Bilder und Videos tauchen im Wechsel auf – und wir tippen auf ein Feld mit schwarzen Tasten, auf denen weiße Buchstaben abgebildet sind. So fragen wir Google um Rat oder tippen Texte oder E-Mails. Fortgeschrittene nutzen »Speech-to-Text«-Programme. Dadurch lösen wir elektrische Impulse aus, Bits und Bytes fließen durch Glasfaserkabel. Eine eigene Welt? So faszinierend wie der Weltraum?

Wenden wir uns dem englischen Begriff »Cyberspace« zu und beleuchten seine Bestandteile:

»**Space**«: Dieses Wort steht für »Raum« und »Weltraum« – deutet also wieder einen unendlichen Erfahrungshorizont an.

»**Cyber**«: eine Kurzform für »Cybernetics«, Kybernetik. Das Wort stammt aus dem Griechischen: »kybernetes«, Steuermann. Die Kybernetik »beschäftigt sich besonders mit der Informationsverarbeitung in dynamischen Systemen und mit deren Regelung und Steuerung.« So sollen »Systeme zielgerecht gelenkt werden bzw. sich selbst entsprechend lenken.«[80]

Ein einfaches Beispiel ist der Regelkreis in einem Thermostat: Er regelt die Raumtemperatur nach definierten Parametern. Wird es zu warm, schaltet er die Heizung ab; wird es zu kalt, schaltet er die Heizung wieder an. Eine intelligente Form der Selbststeuerung. Wir haben schon diskutiert, was passiert, wenn solche technischen Konzepte auf das menschliche Lernen übertragen werden, Stichwort »automatisierter Mensch« (Kapitel 5: »Totalitäre Bildung«).

Der Cyberspace hat im Englischen eine doppelte Bedeutung: Im engeren Sinn ist er eine virtuelle Scheinwelt, vom Computer erzeugt. Der Cyberspace gaukelt fast perfekt Bewegungen vor, die ziemlich realitätsnah möglich sind – und das alles in der Illusion einer dreidimensionalen Umgebung. Aber: Im weiteren Sinn wird unter dem Begriff das gesamte Internet verstanden.

Kommen wir zum Kern der Argumentation: Die Begriffe »virtuelle Welt« oder »digitale Welt« sind Teil eines großartigen Illusionstheaters. Die Werbung spielt mit verführerischen Formulierungen (»Reisen in die digitale Welt«); unsere Umgangssprache signalisiert vorgetäuschte Dynamik (»Surfen im Internet«); Boris Becker betrat einen begehrenswerten Raum (»Ich bin drin!«).

Wie ehrlich ist dagegen der Begriff »Cyberspace«, wenn wir ihn auf seine Wurzeln zurückführen: Es geht um die kybernetische Beherrschung technischer Systeme! Dabei ist das Internet nur eine Infrastruktur, in der ein ständiger Fluss von Bits und Bytes zu lenken ist. Ganz reduziert auf Zustände von 0 und 1 – zwischen weltweit vernetzten Computern.

Doch diese Infrastruktur aus Daten wird uns verkauft als Sehnsuchtsort, als Ort, wo wir heimisch werden sollen. Es sei nur an das Phänomen der Avatare erinnert oder den Versuch, im gescheiterten *Second Life* eine zusätzliche Biografie aufzubauen. Viele Online-Spiele schaffen solche »Plätze« im Netz, wo die Spieler mit ihrer Gilde in den Krieg ziehen. Da wird der Cyberspace tatsächlich so überwältigend, dass sich die Beteiligten in der Rolle von Helden verlieren. Obwohl sie mörderische Waffen nur abfeuern, wenn sie auf der Spielkonsole den richtigen Knopf drücken. Krieg und Massenmord werden abstrahiert, inklusive grüner statt roter Farbe für spritzendes Blut.

Doch bei Licht betrachtet, stehen wir einem gigantischen System gegenüber, das wir nicht durchschauen. Eine globale Blackbox, die grob gesprochen auf Mikrochips, Servern und Kabeln aufbaut, durchflossen von gewaltigen Mengen an Elektrizität. Können wir in diese digitale Infrastruktur wirklich eine Reise unternehmen? Uns in Server hineinzwängen, im Strom baden und uns unter Mikrochips in die Sonne legen?

Klar, das sind absurde Fragen, aber sie zeigen, wie gut das Illusionstheater arbeitet. Es spiegelt uns eine »virtuelle Welt« vor, die in dieser Form nicht existiert. Eigentlich eine hohle Metapher für technische Systeme, deren Beherrschbarkeit uns suggeriert wird: über die Icons einer grafischen Benutzeroberfläche oder gleich über einen Touchscreen, um mit Fingerwischen einen direkten Zugang zu erhalten. Dabei betreten wir auf keinen Fall eine neue Welt, was Boris Becker noch glauben durfte. Im Gegenteil: Wir sitzen vor dem Rechner, stehen an einer Haltstelle oder langweilen uns in einer Vorlesung. In dieser Welt sind wir zu Hause, egal ob wir auf dem Smartphone spielen oder ein Video schauen. Wir sind immer hier – in unserer realen Welt, die wir nicht verlassen können.

Naiver Realismus?

Ein kleiner Blick in die Erkenntnistheorie: Vorherrschend ist heute die Lehre des Konstruktivismus. Dazu schreibt Elisabeth Stachura, »dass es keine vom Menschen unabhängige Wahrheit gibt, die entdeckt oder gefunden werden kann. Vielmehr ist jede Sichtweise der Welt als individuell und subjektiv konstruiert einzuschätzen.«[81] Daher auch die Bezeichnung »Konstruktivismus«: Jeder Mensch konstruiert einen eigenen Blick auf die Welt – und alle seine Sinneswahrnehmungen sind subjektiver Natur. Unsere Rede von einer »realen Welt« könnte daher naiv sein, weil es diese allgemeinverbindliche Realität nicht gibt.

Der Blogger und Deutschdidaktiker Philippe Wampfler spinnt den Gedanken weiter: Er bezeichnet es als eine Möglichkeit, »dass das, was wir Realität nennen, in einem hohen Grad virtuell ist.« Unser Hirn konstruiere grundsätzlich seine Außenwelt – »genau so, wie das ein Computer tut.« Die Folge: »Wir sehen die Welt nicht als das, was sie ist«, so Wampfler, »sondern wir stellen uns eine Welt vor und passen das Modell so an, dass unsere Interaktionen mit der Welt möglichst effizient sind.«[82]

Ja, die Subjektivität jedes Menschen ist eine Tatsache. In der Wissenschaft existiert aber der Begriff der »Intersubjektivität«. Er ist mit der Hoffnung verbunden, dass Menschen zu gemeinsamen Positionen finden, wenn sie bestimmte Phänomene beobachten – obwohl diese zunächst unterschiedlich wahrgenommen und interpretiert werden. Wir können uns bei aller Subjektivität aufeinander zubewegen. Sonst wäre unsere Zivilisation nicht in der Lage, Krisen und Katastrophen zu überleben. Und wissenschaftlicher Fortschritt wäre unmöglich.

Daher ist es eben nicht naiv, über eine gemeinsame Realität nachzudenken. Das haben wir implizit schon gemacht, als wir die kognitive Reife der Kinder zum Thema machten (Kapitel 6: »Kampf gegen die ›grauen Herren‹«). Die Zeitverdrängungshypothese baut auf einer Realitätserfahrung auf, die sich diametral vom Blick auf Bildschirme unterscheidet. Die Lehre des Konstruktivismus darf nicht zu einem Vehikel werden, um die Unterschiede zwischen digitalen Systemen und unserer »realen Welt« zu verwischen.

Doch diese strikte Trennung ist umstritten. Luciano Floridi ist ein italienischer Philosoph, der sich mit Informationsethik beschäftigt. Er vermutet bereits 2006: »Wir sind wahrscheinlich die letzte Generation, die einen klaren Unterschied zwischen ›offline‹ und ›online‹ macht.« Er schreibt über »hybrid agents«, also handelnden Personen, die gleichzeitig in der realen und virtuellen Welt unterwegs sein werden. Sie sind zum Teil digitaler, zum Teil humaner Natur. Sein Beispiel: eine Familie, ausgestattet mit Digitalkameras, Laptops, iPods, Handys, Camcorder, WLAN, Digital-TV, DVDs, CD-Player usw. Heute kommen hinzu: Tablets, Smartphones, VR-Brillen ...

»Wir werden«, so der Philosoph, »zunehmend delegieren, und zwar an die digitalen Agenten«. Und was? Floridi zählt auf: »Unsere Erinnerungen, Entscheidungen, Routineaufgaben und andere Aktivitäten.« Das erinnert an das Ampelsystem der Purdue University (Kapitel 5: »Totalitäre Bildung«): Learning Analytics macht es möglich, Misserfolge mit hoher Wahrscheinlichkeit vorauszusagen. Was für ein Triumph der Algorithmen, was für eine Niederlage für die Selbstständigkeit der Menschen. Das Leben verwandelt sich in ein Navigationssystem.

Dabei schwebt Floridi kein Cyborg vor, der ein Bluetooth-Headset als Implantat im Ohr trägt, um 24/7 erreichbar zu sein. »Das vermeiden die Menschen so lange, bis es nicht mehr vermeidbar ist«, schreibt Floridi. Doch eine große Veränderung sieht er voraus, wenn Digital Natives die Digital Immigrants ersetzt haben werden: »Die ›Digital Natives‹ werden es zu schätzen wissen, dass es keinen wirklichen Unterschied gibt zwischen der Infosphäre und der physischen Welt, sondern nur unterschiedliche Ebenen der Abstraktion.« Mit Infosphäre meint Floridi das Internet. Weiter vermutet er:

»Wir werden uns zunehmend benachteiligt, ausgegrenzt, behindert oder arm fühlen. Das geht bis zum Zustand der Lähmung oder zu psychologischen Traumata, wenn wir von der Infosphäre getrennt sind. Wie Fische außerhalb des Wassers.«

Das bedeutet: Ohne Infosphäre stürzen wir in eine pathologische Krise, erst online fühlen wir uns wieder wie Fische im Wasser. Was für eine traurige Prophezeiung, die sich ein Jahrzehnt später erfüllt, aber ganz anders als gedacht: Das Phänomen heißt *Fear of missing out* (FOMO): Viele Menschen haben Angst, wesentliche Ereignisse in ihrem Umfeld zu verpassen. Daher checken sie ständig E-Mails, WhatsApp oder Social-Media-Accounts. Ohne Internet werden sie zu nervösen Fischen, die auf dem Strand zappeln. Aber im Meer der Datenströme geht es ihnen auch nicht gut, da hat sich Floridi geirrt.

Digital Natives vs. Digital Immigrants?

Den Begriff »Digital Natives« prägte zum ersten Mal 1996 John Perry Barlow in seiner Unabhängigkeitserklärung des Cyberspace.[83] *»Eure eigenen Kinder versetzen euch in Angst und Schrecken, weil sie die Eingeborenen in einer Welt sind, wo ihr selbst nur Einwanderer seid.«* Barlow schwärmt von einer »neuen Heimat«, sein Text beginnt mit dramatischen Worten: *»Regierungen der industriellen Welt, ihr erschöpften Riesen aus Fleisch und Stahl! Ich komme aus dem Cyberspace, der neuen Heimat des Geistes. Im Auftrag der Zukunft bitte ich euch, die ihr aus der Vergangenheit kommt, uns in Ruhe zu lassen.«*

»Neue Heimat des Geistes« – es ist immer wieder erstaunlich, wie leicht menschliche Qualitäten (Geistigkeit) in technische Systeme verlagert werden. Kein Wunder, dass Barlows berühmter Text von naivem Optimismus strotzt: *»Der Cyberspace liegt nicht innerhalb eu-*

rer Grenzen. [...] Er ist ein Akt der Natur, und er wächst von selbst durch die Summe unserer Handlungen.« Das hat er 1996 geschrieben! Google und Facebook waren noch nicht gegründet, Amazon feierte gerade seinen zweiten Geburtstag. Und Edward Snowden besuchte noch die Schule ... Eine Zeit der digitalen Unschuld? Ohne weltweiten NSA-Skandal, Manipulationen in Social Media oder Hackerangriffe im Sekundentakt? Vielleicht ... denn Barlow glaubte, sich in eine körperlose Sphäre verabschieden zu können: *»Unsere Identität hat keinen Körper. Daher ist es nicht möglich, die Ordnung mit physischem Zwang aufrechtzuerhalten.«* Und weiter heißt es: *»Unsere Welt existiert überall und nirgends, aber nicht dort, wo Körper zu Hause sind.«*

Bits und Bytes sind physikalische Phänomene, aber Barlow erhöht sie in den Rang einer transzendenten Erfahrung. Dabei saß er selbst nur vor einem Rechner mit Tastatur ... und hat sicherlich nicht eine Sekunde den Körper verlassen. Allein die grenzenlose Metaphorik zählt, der Mythos von einem Raum unendlicher Freiheit, den in Wirklichkeit kein Mensch jemals aufsuchen konnte.

Es sei denn ... Hollywood hat recht mit Filmen wie Matrix: In dieser düsteren Welt vegetieren Menschen bewegungslos in Kapseln – und »erleben« ihre Umwelt über implantierte Gehirnsonden, die rein virtuell eine Welt aus der Matrix vorgaukeln. Das wäre eine körperlose Identität, die aber sofort zusammenbricht, wenn die Versorgung auf biologischer Ebene gestoppt würde. Denn: Ohne Körper funktioniert die »Matrix« nicht, zumal dieser gigantische Computer im Film seine Energie aus dem menschlichen Stoffwechsel bezieht.

Die Sozialpsychologie erklärt das mit dem »Attributionsfehler«. Wir neigen dazu, Menschen für glücklich zu halten – nur weil sie in einer Kulisse zu sehen sind, die Wohlbefinden signalisiert. Das verengt unsere Wahrnehmung, zumal Social Media lediglich einen begrenzten Ausschnitt der Wirklichkeit liefern: herrliche Bergtouren, glückliche Brautpaare, süße Säuglinge, fröhliche Teenager, putzige Kätzchen ...

Bei diesen hübschen Szenen vergessen wir den situativen Kontext – und halten die Beteiligten für besonders glücklich.[84]

»Das sorgt für Stress. Selbstzweifel tauchen auf – und die Frage: ›Warum ist mein Leben eigentlich so langweilig?‹«, schreibt Iris Soltau im Magazin der Techniker Krankenkasse.[85] »Wer generell unzufrieden mit seiner Lebenssituation ist, leidet stärker unter ›FOMO‹«. Da kann eine üble Spirale in Gang kommen: Die Ängste führen zu einer stärkeren Nutzung der sozialen Medien. »Das ›FOMO‹-Opfer klickt sich durch seine Accounts, um anderen Menschen näher zu sein – und fühlt sich am Ende nur noch schlechter«, so Soltau.

»FOMO« ist ein erstes Zeichen für die verheerenden Folgen, wenn wir dem Mythos einer »virtuellen Welt« zum Opfer fallen. Die globalen Datenströme sind keine »Heimat des Geistes«, wie es Barlow fantasierte. Wir sind auch keine »hybrid agents« (Floridi), die zeitgleich in einer virtuellen und realen Welt leben. Wobei? Eine solche Idee findet sich bei Wampfler, der schreibt: »Das Leben ist weder offline noch online, weil wir als Menschen einen Körper haben, der offline ist, und ein Hirn, das online ist.«[86] Das erinnert an Karikaturen, in denen Bildschirme den Kopf eines Menschen einsaugen – als Symbol für die Sogwirkung virtueller Welten. Wollen wir wirklich so leben?

Erstaunlicherweise scheinen das viele junge Menschen zu wollen. Vielleicht werden sie zu Recht Digital Natives genannt. Zumindest kommt die DIVSI U25-Studie zum Schluss:[87]

> »Durch die Verbreitung mobiler Endgeräte haben junge Menschen zunehmend den Eindruck, dauerhaft online zu sein. Im subjektiven Empfinden von Jugendlichen und jungen Erwachsenen sind die Grenzen zwischen Online- und Offline-Zeiten fließend. [...] Offline zu sein ist vielmehr ein Ausnahmezustand – eine Notsituation.«

Die Forscher geben ein paar Zitate von Befragten wieder:

- »Man ist ja jetzt schon irgendwie fast die ganze Zeit irgendwie online und ich denke, dass es irgendwie noch krasser wird.« (14 bis 17 Jahre, weiblich)

- »Also sobald ich morgens aufstehe, auf die Toilette gehe, bin ich kurz im Internet. Meist Facebook oder WhatsApp, und halt [...] also ich bin eigentlich immer im Internet, außer wenn ich schlafe.« (18 bis 24 Jahre, männlich)

- »Ich bin eigentlich 24 Stunden online am Tag. Weil man bei WhatsApp und Kommunikations-Apps eigentlich immer Push-Notifications kriegt, das klingelt dann ja, da ist man ja die ganze Zeit verfügbar dadurch. Und auch wenn das Notebook aus ist, das Handy ist ja immer an [...], es sei denn, der Akku ist leer.« (18 bis 24 Jahre, männlich)

Wir halten fest: Grenzen verschwimmen; Technik verschmilzt mit Menschen, die sich kritiklos im Online-Paradies wähnen. Es droht der schleichende Verlust einer humanen Identität, wenn wir uns mit digitalem Werkzeug zu sehr identifizieren. Wir sollten die humane Sphäre strikt von der digitalen trennen: Social Distancing war in der Corona-Zeit richtig, jetzt ist ein Digital Distancing gefragt, um die Handlungsfähigkeit des Menschen zu sichern.

Dazu brauchen wir nicht den umstrittenen Begriff des »Digitalen Dualismus« in Stellung zu bringen. Er suggeriert eine strenge Trennung der realen und digitalen Welt, die sich allein deshalb nicht aufrechterhalten lässt, weil wir über diverse Schnittstellen ständig in Wechselwirkung mit dem Internet stehen. Eine technische Infrastruktur, die uns als »virtuelle Welt« verkauft wird. Trotzdem lohnt es sich, über die elementaren Unterschiede nachzudenken, zumal Wampfler vorhersagt:

»Digitaler Dualismus wird verschwinden, weil die beiden Sphären sich nicht mehr unterscheiden lassen. Wir werden die Augen durch Brillen sehen, die unser Modell von der Realität mit Informationen ergänzen – und in der virtuellen Sphäre unsere Städte, Wohnungen und Mitmenschen auf eine ganz natürliche Art und Weise erleben.«

Ob sich so wirklich die Unterschiede zwischen den Welten auflösen?

Axel Crommer sieht das etwas anders. Er ist an der Universität Erlangen-Nürnberg tätig als Akademischer Oberrat am Lehrstuhl für Didaktik der deutschen Sprache und Literatur. Crommer erkennt in der »vagen Rede vom digitalen Dualismus« einen »wahren Kern«: »Es gibt gravierende Unterschiede zwischen dem Virtuellen und dem Realen, die man nicht durch eine monistisch-eliminative Sichtweise ignorieren darf.« Im selben Text wehrt er sich aber gegen die »verfehlte Dichotomie zwischen Primär- und Sekundärerfahrungen«.

Crommer argumentiert: »Primärerfahrungen werden als ›echte‹, medial unverstellte Erfahrungen im Umgang mit der wirklichen Wirklichkeit angesehen, Sekundärerfahrungen dagegen bloß als mediale Scheinerfahrungen von zweifelhaftem Wert.« Diese Dichotomie (Zweiteilung) lehnt er ab, weil all unsere Erfahrungen eine »mediale Grundierung« aufweisen.

Wir finden aber, das würde zugespitzt bedeuten: Es ist egal, ob wir im Wald ein Eichhörnchen beobachten (Primärerfahrung) – oder ob es auf einem Bildschirm von Ast zu Ast springt als zweidimensionale Pixel-Repräsentation (Sekundärerfahrung). Wir haben schon versucht, genau diesen Unterschied zwischen primären und sekundären Erfahrungen deutlich zu machen (Kapitel 6: »Kampf gegen die ›grauen Herren‹«). Wir hatten zehn Sinne beschrieben – und wie stark die Kanalreduktion ausfällt, wenn wir auf Bildschirme blicken, statt die reale Welt zu erleben, die eine Vielfalt an Wahrnehmungen auszeichnet. Gerade für Kinder ist dieser Unterschied von elementarer Bedeutung, soll ihre sensomotorische Integration gelingen.

Es gibt einen gefährlichen Trend, bei diesen Unterschieden nicht genau hinzuschauen, weil Interessengruppen wie die Bitkom daran arbeiten, alle Bereiche der Gesellschaft zu digitalisieren. Der IT-Verband schreibt über sich selbst:[88] »Bitkom setzt sich mit großem Nachdruck für die Digitalisierung von Wirtschaft, Gesellschaft und Verwaltung ein. Dabei geht es um den beschleunigten Ausbau von Gigabitnetzen und digitalen Infrastrukturen für Energie und Verkehr, für den Handel und Smart Homes, für Städte und Regionen.«

Lobbyarbeit hört sich dabei so an: »Es geht um die politische Flankierung datengetriebener Geschäftsmodelle, um Schutz und Sicherheit, Plattformmodelle, disruptive Technologien und die Arbeit 4.0.« Schließlich heißt es zum Bildungsbereich: »Und es geht um Bildung für die digitale Welt: in Schulen, Hochschulen und – immer wichtiger – neue Formen der lebenslangen Weiterbildung.«

Dabei werden in der Regel digitale Lernformate gepusht. Der Bitkom-Präsident Achim Berg sagte im Mai 2020: »Digitale Technologien haben den Schulbetrieb nicht nur im Corona-Lockdown am Leben gehalten, sondern können darüber hinaus und ganz grundsätzlich die Vermittlung von Wissen und Kompetenzen besser, effektiver und abwechslungsreicher machen.«[89]

Da sind erhebliche Zweifel angebracht! Besonders in Kindergärten und den Grundschulen, wo das Primat der Bildung auf realweltlichen Erfahrungen liegen sollte. Es macht eben einen riesigen Unterschied, ob ich Eichhörnchen mit etwas Glück im Wald erlebe – oder perfekte Tiervideos auf YouTube schaue! Der Wald kann auch ein Park in der Stadt sein oder ein Zoo mit lustigen Pinguinen ... die Welt ist so bunt, dass wir sie nicht den »grauen Herren« überlassen dürfen, die auf digitalem Weg wichtige Lebenszeit unserer Kinder stehlen. Primärerfahrung schlägt Sekundärerfahrung!

Wir müssen sogar noch einen Schritt weitergehen, weil es immer notwendiger wird, dass Kinder und Jugendliche bewusst auf Abstand zu digitalen Medien gehen: Digital Distancing sollte zu einer Selbstverständlichkeit werden, damit die »grauen Herren« nicht überall ihr Unwesen treiben. Sie suggerieren: »Alles ist eins, online oder offline, egal! Hauptsache, Internet, Hauptsache, ihr verpasst nichts.« Eine gewaltige Verführung, die böse enden kann. Denken wir nur an FOMO!

Was stellen wir uns aber unter Digital Distancing vor? Das hat im Grunde schon 1985 der Medienkritiker Neil Postman vorausgedacht.[90] In seinem Buch »Wir amüsieren uns zu Tode« schreibt er: »Wie können wir die Erziehung einsetzen, um das Fernsehen (oder den Computer [...]) zu kontrollieren?« Seine Thesen fielen besonders auf, weil er die Erosion menschlicher Urteilskraft durch Medienkonsum ins Visier nahm. Postman schätzte es »nicht als bizarr ein, den jungen Menschen beizubringen, wie sie von den dominierenden Informationsformen ihrer Kultur Abstand gewinnen.«

Er war der Meinung, dass wir diese Bildung des Bewusstseins »zum Mittelpunkt der Erziehungsanstrengungen« machen sollten. Das ist 35 Jahre her – und hochaktuell angesichts der Digitalisierungswellen, die in der IT-Wirtschaft gerade gefeiert werden (Bitkom!). Diese Wellen erwischen auch die Schulen und der digitale Notunterricht der Corona-Zeit dient als Sprungbrett, um digitale Lernsysteme in allen Altersgruppen durchzusetzen. Mehr Abstand à la Postman? Fehlanzeige!

Doch Postman ist nicht ganz vergessen. FOMO steht seit 2018 ein neuer Trend gegenüber: JOMO! Das steht für »Joy of missing out« – die Freude, etwas zu verpassen. Anne Eube schreibt in der *Welt*:[91] »Vor allem handelt es sich um eine Verschiebung in unserer Wahrnehmung. Das Internet bietet so viele Möglichkeiten und bisher galt eben: Es ist besser, so viele wie möglich davon wahrzunehmen. JOMO ist die Antithese dazu, das Gegenteil von FOMO.« Weiter heißt es in dem Text: »Es geht nicht mehr darum, möglichst viel zu konsumieren, sondern darum, aktiver zu entscheiden, welche der unzähligen Möglichkeiten man wirklich wahrnehmen möchte.«

Ja, aber die Steigerungsform »aktiver« ist noch zu schwach. Vielmehr geht es um unsere Souveränität, die wir zurückgewinnen müssen

– im Umgang mit einer Technologie, die unmerklich unseren Alltag dominiert. Eube: »Vieles, was wir am Smartphone tun, frisst Lebenszeit. Die sich nicht gut verbracht anfühlt.« Oder wie es Paula Bleckmann formuliert hat: »Medienmündig werden bedeutet zuallererst, nicht die Kontrolle über unsere kostbare Lebenszeit zu verlieren«.[92]

JOMO fordert eine bewusste Entscheidung: Wie viel Medienkonsum wollen wir wirklich zulassen? Und: Gelingt es, mit unseren Kindern zusammen eine Medienmündigkeit zu entwickeln, die uns alle stärker immunisiert – gegen die gewaltigen Versuchungen digitaler Medien? Dazu ist es nötig, den Mythos der »digitalen Wunderwelten« zu zerstören. Werkzeug ist Werkzeug – egal ob real oder digital.

Welche Konsequenzen haben unsere Überlegungen für die Schule? JOMO als Schulfach? Warum nicht ... denn Thomas Metzinger hat sich schon 2006 Gedanken darüber gemacht, wie Schüler Digital Distancing entwickeln könnten.[93] Natürlich hat er das anders genannt. Metzinger ist heute Professor für Philosophie an der Universität Mainz, unter anderem spezialisiert auf ethische Fragen rund um moderne Technologien. 2006 stellt er in *Gehirn & Geist* fest: Informationstechnologien würden in Zukunft auch »Bewusstseinstechnologien« sein. »Unser subjektives Erleben«, so Metzinger, »kann wirkungsvoller kontrolliert und gesteuert werden, es wird zunehmend technisch verfügbar – und manipulierbar.«

Daher fordert er eine »Bewusstseinsethik«, um zu klären, welche Zustände des Bewusstseins »wünschenswert« sind. Er hat dabei auch Schüler im Auge: »Welche Bewusstseinszustände sollen unsere Kinder kennenlernen?« Diese Frage stellt sich immer schärfer angesichts der »medialen Umwelten«, die uns umgeben:

> *»Das biologische Gehirn findet sich plötzlich inmitten eines Informationsdschungels aus Radio, Fernsehen und Internet. Wir leben in einer pulsierenden globalen Datenwolke, und sie hat längst begonnen, den Rhythmus vieler Lebensabläufe vorzugeben, in der Freizeit genau wie am Arbeitsplatz.«*

Die »Datenwolke« stellt uns vor große Herausforderungen, weshalb eine »Bewusstseinspflege« auch für Kinder notwendig ist: »Im Rahmen des weltanschaulich neutralen Sportunterrichts könnten sie Meditationstechniken erlernen, um den Grad ihrer Aufmerksamkeit selbstbestimmt steuern zu können – etwa damit sie der Manipulation durch Medien besser widerstehen.«

Dabei besteht für Metzinger das »bewusstseinsethische Kernproblem« in der Aufgabe, den Wert unserer knappen Aufmerksamkeit richtig zu beurteilen. Diese kostbare Ressource brauchen wir, um anderen Menschen gut zuzuhören. Doch es steckt in dieser Fähigkeit ein viel größeres Potenzial: »Aufmerksamkeit braucht man, um Sinnesfreuden genießen zu können, zum Lernen oder um beim Sex, in der Liebe oder in der Natur wirklich da zu sein. Ein gelungenes Leben ist ohne die Fähigkeit, achtsam zu sein, im Grunde nicht denkbar.«

Aber diese Aufmerksamkeit ist bedroht: Eine »hochprofessionelle Industrie« greift uns alle »aus dem Mediendschungel« an, um uns »möglichst viel dieser knappen Ressource zu stehlen«. Im Fadenkreuz: »unsere Erlebnisfähigkeit, unsere attentionale Sensibilität«, so der Ethiker. Um diese Fähigkeiten zu verteidigen, schlägt Metzinger vor, »Aufmerksamkeitsmanagement« kombiniert mit Meditation zu unterrichten. Das hätte einige positive Auswirkungen:

- Die Schüler erkennen für sich selbst, wie begrenzt ihre »Ressource Aufmerksamkeit« ist.
- Sie erlernen langfristig Techniken, ihre Wachheit und Konzentrationsfähigkeit zu trainieren, zu stabilisieren und auszubauen.
- Sie bekommen ein Mittel in die Hand, um sich gezielt gegen »Aufmerksamkeitsräuber« wehren zu können.

Metzinger betont, dass eine Kultur des Bewusstseins nichts mit organisierter Religion zu tun hat. Einer solchen Kultur würde auch keine politische Vision zugrunde liegen. Sie sollte aber frühzeitig wirksame Techniken vermitteln, »mit denen Schülerinnen und Schüler ihre Autonomie beim Umgang mit dem eigenen Geist und Gehirn erhöhen können.«

Fazit: Wir haben eine weite Reise gemacht, vom Raumschiff Enterprise bis zum Aufmerksamkeitsmanagement. Denn die Erzählung von »virtuellen Welten« vernebelt unseren Blick für die Tatsache, dass das Internet schlicht eine technische Infrastruktur ist. Nicht mehr, aber auch nicht weniger ... auch wenn diese Technologie völlig neue Formen der Kommunikation möglich gemacht hat.

Gefährlich wird die Suggestion einer großen Synthese aus Mensch und Technik. Sie öffnet neuen Bewusstseinstechnologien Tür und Tor, weil wir ohne klare Abgrenzung unsere menschliche Identität aufs Spiel setzen. Gerade Kinder sind da gefährdet, was wir am Beispiel der sensomotorischen Integration erörtert haben: Primäre Sinneserfahrungen bleiben durch ihren Reichtum deutlich wertvoller als sekundäre Erfahrungen, die wir am Bildschirm machen. Diesen Unterschied dürfen wir nicht verwischen!

Ein Weg zu diesem Ziel könnte das Schulfach JOMO sein – oder wie es Thomas Metzinger nannte: »Aufmerksamkeitsmanagement« plus Meditationstechnik. Wir sollten Kindern und Jugendlichen »joy of missing out« (JOMO) beibringen. Als Impfung gegen profitgetriebene Social Media, die Menschen an Endgeräte fesseln, um ihnen große Mengen bezahlter Werbung zeigen zu können. So verhalten sich »Aufmerksamkeitsräuber« (Metzinger)! Eigentlich ein digitales Raubrittertum, gegen das wir uns zur Wehr setzen müssen durch Aufklärung von Alt und Jung. Daher schließen wir uns Metzingers Forderung an: Wir brauchen eine neue Bewusstseinskultur, weil die Angriffe auf unser Bewusstsein immer raffinierter erfolgen. Besonders im Visier: unsere Aufmerksamkeit! Sie sollten wir bewusst lenken – weg von der funkelnden Oberfläche der Smartphones, hin zum echten Leben, das mit Menschen aus Fleisch und Blut bevölkert ist. Und eben nicht mit Avataren aus Bits und Bytes. So ließe sich auch mancher FOMO-Unfall auf der Straße vermeiden, wenn jemand mit starrem Blick aufs Handy gegen eine Laterne läuft.

KAPITEL 8
VEGANE KÜCHE FÜR STEAK-FREUNDE?

Paradox: Eltern im Silicon Valley lassen den Nachwuchs nicht an Computer

Steve Jobs starb 2011. Zwei Jahre später gründete in Holland Maurice de Hond seine erste iPad-Schule. Er adelte sie mit dem Namen des großen Unternehmers, das positive Label Steve-Jobs-Schule wurde geboren. 2018 war de Hond pleite und Steve Jobs hätte sich wahrscheinlich im Grabe umgedreht, wenn er die kurze Geschichte dieser Schulen erlebt hätte. Rufen wir ihn als ersten Kronzeugen auf, in der Verhandlung Vernunft gegen technologische Hybris.

Der Erfinder von Gadgets mit dem kleinen »i« hatte ein ambivalentes Verhältnis zur Technik, besonders wenn es um die eigene Familie ging. Nick Bilton erzählt dazu eine Anekdote:[94] Nichts habe ihn so geschockt, wie eine Aussage des Apple-Chefs, nachdem er ihn einfach gefragte hatte: »Ihre Kinder müssen doch das iPad lieben?« Das erste Tablet des Unternehmens kam gerade in die Läden. Wie reagierte Jobs? »Sie haben es noch nicht in der Hand gehabt. Wir begrenzen zu Hause, wie viel Technologie unsere Kinder nutzen.«

Bilton berichtet, wie er nach Luft schnappte, stille Verblüffung hätte sich ausgebreitet. »Ich hatte gedacht«, so der Autor der *New York Times*, »der Haushalt von Jobs wäre ein Paradies für Nerds.« Wände aus gewaltigen Touchscreens, ein Esstisch aus iPads – und Gäste würden iPods wie Pralinen auf ihren Kissen vorfinden. »Nope«, sagte Jobs. Das war sein ganzer Kommentar.

Später fragte Bilton dessen Biografen, Walter Isaacson, wie das Familienleben ohne Apple-Gadgets ausgesehen hat. »Jeden Abend sorgte Steve für ein Dinner am langen Tisch in der Küche«, so der Biograf, »es wurden Bücher, geschichtliche Themen und vielerlei mehr diskutiert. Niemand holte einen iPad oder Computer hervor. Die Kinder schienen nicht danach süchtig zu sein.« Jobs hatte eine ältere Tochter (geboren 1978) – und drei jüngere Kinder, geboren 1991, 1995 und 1998.

Und Maurice de Hond drückte schon Vierjährigen ein iPad in die Hand ...

Dazu ein statistisches Schlaglicht aus der Gegenwart, das beleuchtet, wie sehr sich Bücher in US-amerikanischen Kinderzimmern auf dem Rückzug befinden. Die Organisation »Common Sense« entwickelt seit 2003 Empfehlungen für Familien, wie sie mit Medien umgehen sollten. Sie stellt zu Büchern in Kinderhand fest: 51 Prozent der amerikanischen Teenager (13 bis 18 Jahre alt) lesen »aus Spaß mindestens einmal pro Woche« ein Buch. Aber 32 Prozent nehmen ein Buch weniger als einmal im Monat in die Hand, wenn überhaupt ... 24 Prozent der Teenager haben viel Spaß beim Lesen. Doch dieser Wert sinkt mit dem Alter, denn bei den Tweens (8 bis 13 Jahre) sind es noch 38 Prozent.[95]

Wir haben schon gelernt, dass Steve Jobs' Haushalt kein »Paradies für Nerds« war. Vielleicht aber ein Paradies für Bücher? Auf jeden Fall hat sich der Apple-Gründer auch zu Computern in der Schule geäußert, allerdings Mitte der 1990er-Jahre. Wir wollen trotzdem seine Gedanken an dieser Stelle in voller Länge wiedergeben:[96]

- »*Ich dachte immer, dass Technologie der Bildung helfen könnte. Wahrscheinlich habe ich mehr Computer an Schulen verteilt als jeder andere Mensch auf der Welt. Aber unvermeidlich kam ich zu dem*

Schluss, dass wir nicht hoffen können, das Problem mit Technologie zu lösen. Was mit der Bildung nicht stimmt, kann Technologie nicht besser machen. Sie wird auch in großen Mengen keine Spuren hinterlassen. Das ist ein politisches, ein sozialpolitisches Problem.«
- *»Das Wichtigste ist der Mensch. Eine Person, die Ihre Neugier anregt und Ihre Neugier nährt. Maschinen können das nicht auf die gleiche Weise erreichen wie Menschen. Entdeckungen sind überall möglich, rund um Sie herum! Sie brauchen keinen Computer.«*

Selbstverständlich liegt jetzt ein Einwand in der Luft. Das sind Worte aus den 1990er-Jahren, über diese Kritik ist der technische Fortschritt längst hinweggegangen. Wir finden: nein! Denn Jobs' Einschätzungen zum Verhältnis Mensch/Maschine verlieren nicht an Wert, weil die Maschinen immer raffinierter werden. Im Gegenteil: Gerade im Zeitalter von Learning Analytics und biometrischer Vermessungen ist es wichtig, sich diese fundamentalen Einsichten in Erinnerung zu rufen. Jobs war Teil der digitalen Avantgarde, seine Worte haben auch heute ein besonderes Gewicht. Die abendlichen Szenen in seiner Küche illustrieren die Einstellung eines Mannes, der wohl nicht dazu neigte, das Leben nur durch Bits und Bytes regieren zu lassen. Bemerkenswert!

In der Verhandlung gegen technologische Hybris rufen wir den nächsten Kronzeugen auf: Tim Cook, Nachfolger von Jobs. Der heutige Chef von Apple sagt:[97] »Ich glaube nicht daran, dass wir Technologie im Übermaß nutzen sollten. Wir sind nicht erfolgreich, wenn wir sie die ganze Zeit verwenden.« Dabei zielt Cook auf Schule und Universität: »Die Technik darf auch in computergestützten Kursen wie Grafikdesign nicht dominieren.« Und: »Es gibt immer noch Fragestellungen, über die es sich lohnt zu reden, um sie zu verstehen. Sollten wir in einem Literaturkurs viel mit Technologie arbeiten? Eher nicht.«

Genauso wie Jobs ergreift Cook im privaten Umfeld Maßnahmen, um einem Digital Distancing näherzukommen: »Ich habe kein eigenes

Kind, aber einen Neffen, dem ich einige Grenzen gesetzt habe. Es gibt Dinge, die ich nicht erlauben werde«, so Cook. »Ich will etwa nicht, dass er in einem sozialen Netzwerk unterwegs ist.« Zu diesem Zeitpunkt war der Neffe schon 13 Jahre alt.

Unsere nächsten Kronzeugen? Zwei wichtige Investoren bei Apple, die zusammen Aktien im Wert von zwei Milliarden Dollar halten. Sie heißen California State Teachers' Retirement System (CalSTRS) und Jana Partners (Jana). Beiden institutionellen Anlegern war 2018 aufgefallen: Es gibt in den USA immer mehr junge Leute, die nach iPhones süchtig werden. Daher fordern Jana und CalSTRS von Apple, zu untersuchen, welchen Einfluss exzessiver Smartphone-Gebrauch auf die geistige Gesundheit nimmt (siehe Kasten). Die beiden Investoren sorgen sich, dass Apples Reputation leiden könnte – und der Aktienkurs sinkt.[98]

Smartphone-Sucht

Common Sense ist eine US-amerikanische Non-Profit-Organisation. Sie hat in den USA den Anspruch, unabhängig Daten zur Mediennutzung durch Kinder zu erheben. 2015 wurden Eltern und ihre Kinder im Teenageralter (13 bis 18 Jahre) befragt, ob sie süchtig nach ihrem Smartphone sind.[99] Die Ergebnisse sind erstaunlich: 59 Prozent der Erwachsenen hielten ihre Kinder für süchtig. Und: 50 Prozent der Teenager schätzen sich selbst genauso ein! Von ihnen attestierten aber 28 Prozent den Erwachsenen dasselbe Suchtverhalten, was 27 Prozent der Eltern bestätigten. Das hat wohl die Apple-Aktionäre CalSTRS und Jana Partners stutzig gemacht.

Common Sense stellte eine weitere interessante Frage: Wer fühlt sich verpflichtet, sofort auf eine Nachricht aus den Social Media zu reagieren? Das waren 48 Prozent der Eltern – und 72 Prozent der Teenager!

Eindrucksvoll: Die Hälfte aller Teenager hält sich für süchtig nach Smartphones.

Die Umfrage von Common Sense lässt noch eine Marketing-Blase platzen. Oft ist von Medienpädagogen zu hören, wie kreativ sich am Computer oder Smartphone arbeiten lässt: Videos drehen, schneiden und vertonen; Fotocollagen erstellen; selbst Podcasts produzieren; Grafiken entwerfen etc. pp. Das ist tatsächlich möglich, spielt aber im Leben amerikanischer Kids fast keine Rolle.

Tweens erstellen nur in 2 Prozent ihrer Zeit am Bildschirm eigene Inhalte. Für Teenager liegt dieser Wert bei 3 Prozent. Fernsehen, Videos, Spiele und Social Media dominieren die Bildschirmzeiten. »Die Verwendung digitaler Geräte für Kunst, Musik, Programmieren oder Schreiben fällt sehr gering aus«, so die Non-Profit-Organisation[100]. Auf diesem Feld kultureller Techniken wären die Schulen gefragt, ab dem richtigen Alter.

Investoren wachen auf, wenn der Kurs ihrer Aktien gefährdet ist. Dann schrillen Alarmsirenen, da gewohnte Dividenden in Gefahr geraten (Schätzung des Gewinns von Apple 2020: circa 56 Milliarden US-Dollar)[101]. Das zeigt aber, dass das Thema problematischer Medienkonsum in der US-Öffentlichkeit angekommen ist. Denn: 50 Prozent der Teenager bezeichnen sich als süchtig nach Smartphones (siehe Kasten: »Smartphone-Sucht«).

Weitere Kronzeugen gewünscht? Sie stehen in den letzten Jahren Schlange ... zum Beispiel der Multimillionär Alexis Ohanian, Mitgründer der Website Reddit. Nach eigenen Worten »The front page of the Internet« (»Die Titelseite des Internets«). Das Selbstbewusstsein hat seinen Grund: 1,3 bis 1,4 Milliarden Menschen besuchen im Monat die Website, auf der sich Communitys zu unendlich vielen Themen finden.

Wer ein solches Geschäftsmodell erfindet, weiß, wie das Internet funktioniert. Trotzdem kommt der Multimillionär zu einer überraschenden Einsicht. Seine Tochter Olympia war gerade sieben Monate auf der Welt, da sagte Ohanian:

Paradox: Eltern im Silicon Valley lassen den Nachwuchs nicht an Computer

»Meine Frau und ich wollen, dass sie sich langweilt. Wir wollen beide, dass sie die Grenzen der Technik kennenlernt. Ich freue mich darauf, Videospiele mit ihr zu spielen, wenn sie älter ist. Aber jetzt ist es wichtig, dass sie Zeit hat, um einfach ihren Gedanken nachzuhängen und mit ihren Bauklötzchen und Spielsachen zu spielen. Daher werden wir die Nutzung von Technik stark einschränken.«[102]

So weit der Reddit-Mitgründer Ohanian, der klar erkannt hat: Smartphone und Co sind schädlich für Kleinkinder; Langeweile hingegen ist eine wichtige Ressource für Kreativität und Fantasie. Kinder müssen nicht ständig mit Reizen überflutet werden, wir können sie ruhig ihren eigenen Träumereien überlassen.

Im Verfahren gegen die technische Hybris unserer Zeit wollen wir noch einen Kronzeugen aufrufen, der sich unter anderem Sorgen um den gesunden Schlaf seiner Kinder gemacht hat: »Wir haben oft einen Zeitpunkt vereinbart, ab dem die Bildschirme ausbleiben. Das sollte dafür sorgen, dass die Kinder zu einer vernünftigen Zeit einschlafen.« Das hat kein anderer gesagt als ... der Milliardär Bill Gates, der sein Unternehmen Microsoft zu einem weltweiten Monopolisten gemacht hat. Weiter erzählt er aus dem Familienleben: »Wir haben keine Handys am Tisch, wenn wir essen. Wir haben unseren Kindern keine Handys gegeben, bevor sie 14 Jahre alt waren. Und sie beschwerten sich, dass andere Kinder ihr Handy früher bekamen.«[103]

Noch ein statistisches Schlaglicht: 2014 waren 24 Prozent der Tweens (8 bis 12 Jahre) im Besitz eines Smartphones, bis 2019 hat sich ihre Zahl in den USA fast verdoppelt auf 41 Prozent.[104]

Doch auch mit der Handy-Regel ab 14 Jahren war Gates' Frau Melinda nicht glücklich. Sie schreibt in der *Washington Post*:[105] »Wahrscheinlich hätte ich länger warten sollen, bis ich meinen Kindern einen Computer in die Tasche stecke.« Smartphones und Apps seien zwar grundsätzlich weder gut noch böse. »Aber Jugendliche verfügen noch nicht über die emotionalen Werkzeuge, um sich in den Irrungen und

Wirrungen des Lebens zurechtzufinden.« Daher kann Technologie die Schwierigkeiten der Adoleszenz verschlimmern. Kinder sollten heute lernen, »freundlich zu sein, mit Gefühlen der Ausgrenzung umzugehen, Freiheiten zu nutzen und gleichzeitig Selbstkontrolle auszuüben.«

Es sei wichtiger denn je, »Einfühlungsvermögen von Anfang an zu lehren, denn unsere Kinder werden es brauchen«, so Melinda Gates. Das passt zu den Ideen von Thomas Metzinger, der sich in Deutschland für Meditation als Schulfach eingesetzt hat (Kapitel 6: »Kampf gegen die ›grauen Herren‹«).

Bezeichnend ist die Überschrift zu diesem Artikel: »Melinda Gates: Meine Karriere habe ich der Technologie gewidmet. Ich war aber nicht darauf vorbereitet, welche Wirkungen sie auf meine Kinder hat.« Die Frau von Bill Gates hat Wirtschaft und Informatik studiert. Sie begann 1987, bei Microsoft zu arbeiten, 1991 lernte sie Gates auf einer Betriebsversammlung kennen, 1994 heiratete sie ihn auf Hawaii. Das Ehepaar hat drei Kinder, geboren 1996, 1999 und 2002.

Unsere Kronzeugen sind keine zwielichtigen Gestalten. Die englischsprachige Presse überschlägt sich mit Superlativen: »tech titans«, tech moguls« oder sogar »humanity's greatest technological innovators«. Mit anderen Worten: Steve Jobs, Tim Cook, Alexis Ohanian oder Bill Gates haben unserer Zeit einen gewaltigen digitalen Stempel aufgedrückt. Ihre Hard- und Software eroberte die Welt – und machte ihre Erfinder märchenhaft reich. Ihr Wort muss Gewicht haben, weil sie über Insiderwissen verfügen, das kaum zu schlagen ist. Daher ist es umso eindrucksvoller, wenn sie für ihre Kinder eine Vorsorge treffen, die wir bei »tech titans« nicht erwarten würden.

Was wissen sie mehr als die CSU-Staatsministerin Dorothee Bär, zuständig für Digitales? Sie will ja unverdrossen Kinder vor Bildschirme setzen, am besten ab der ersten Klasse im Fach »Digitalkunde«. Laut *Handelsblatt* erteilt sie einem Smartphone-Verbot für Kinder unter 14 Jahren eine »klare Absage«. Bärs Auffassung: »Das Internet gehört zu unserem Leben dazu. Wir können uns nicht zurücklehnen und uns auf einem Smartphone-Verbot ausruhen.«[106] Wieder einmal die »Lebenswirklichkeit« als Argument! Nur weil es alle machen, muss es noch nicht in Ordnung sein. Asbest wurde auch viele Jahrzehnte mit Begeisterung verbaut ...

Smartphone erst mit 14 Jahren? Bildschirme aus zur Schlafenszeit? Was Bill Gates bei seinen Kindern durchgesetzt hat, das fordern inzwischen immer mehr amerikanische Eltern, die sich in der Initiative Wait Until 8th zusammengeschlossen haben, mit einem deutlichen Hinweis aufs Silicon Valley:[107] »Warum warten? Es gibt einen Grund, warum Top-Manager im Silicon Valley ihren Kindern bis zum 14. Lebensjahr kein Smartphone geben.« Die 8. Klasse besuchen in den USA die 13- bis 14-Jährigen, daher der Name der Organisation. Auf ihrer Website finden sich viele Gründe für das Abwarten, ein Grund ist so formuliert:

> *»Diese Geräte verändern schnell die Kindheit der Kinder. Viel weniger wird draußen gespielt, ein Buch gelesen oder Zeit mit Freunden oder der Familie verbracht. Das geschieht, um Raum zu schaffen, damit die Kinder stundenlang auf Snapchat und Instagram unterwegs sein können – und Videos auf YouTube schauen.«*

Das ist das amerikanische Echo auf die »grauen Herren«, mit denen wir die Zeitverdrängungshypothese illustriert hatten. Die sensomotorische Integration ist eben weltweit gefährdet, weil digitale Technik Kinder aus ihrer evolutionär bedingten Entwicklung herausreißt, egal ob in den USA oder Europa. Es bleibt zu hoffen, dass immer mehr »tech titans« davor erschrecken, welchen Geist sie aus der Flasche gelassen haben ... Oder wie es die Eltern von Wait Until 8th ausdrücken: »Die Kindheit ist zu kurz, um Zeit am Smartphone zu verschwenden.«

Na gut ... ein paar prominente Stimmen, ein paar besorgte Eltern. Aber haben sie eine empirische Basis? Gibt es wissenschaftliche Evidenz? Machen sich die Milliardäre lediglich Luxussorgen? In einem späteren

Vegane Küche für Steak-Freunde?

Kapitel geht es um das Thema Sucht. Da werden weitere gewichtige Stimmen aus dem Silicon Valley zu hören sein und wir stellen Forschungsergebnisse vor, die eine klare Sprache sprechen. Es ist ja kein Zufall, dass sich 50 Prozent der amerikanischen Jugend als handysüchtig outen.

Jetzt wollen wir aber unsere Fahrt durchs Silicon Valley fortsetzen – und weitere Menschen kennenlernen, die zwar nicht im Rampenlicht stehen, aber für Tech-Firmen im Silicon Valley arbeiten. Sie sollten auch wissen, wovon sie sprechen. Und: Sie stoßen in dasselbe Horn wie die Tech-Promis. Unsere »Reiseführerin« ist Nellie Bowles, die für die *New York Times* über die »Tech- und Internetkultur« berichtet. Davor war sie in der Wissenschaft tätig, unter anderem in einem neurowissenschaftlichen Labor in McGill, Kanada.

Bowles beginnt ihren Text mit der Feststellung:[108] »Wenn Menschen eine Sache gut kennen, erfüllt sie oft das größte Misstrauen. Technologen wissen, wie Smartphones wirklich funktionieren. Daher haben viele beschlossen, dass ihre Kinder nicht in die Nähe dieser Technik kommen.« So gibt es jetzt im Mekka der Digitalität eine Diskussion, wie stark die Belastung durch Smartphones sein darf. Verkehrte Welt?

Bowles hat Eltern interviewt, die einen digitalkritischen Kurs eingeschlagen haben. »Ich bin überzeugt, dass der Teufel in unseren Telefonen lebt und unseren Kindern Unheil zufügt«, sagt Athena Chavarria, die als Assistentin bei Facebook gearbeitet hat. Heute ist sie für die gemeinnützige Chan Zuckerberg Initiative tätig. Also wieder eine Frau mit Insiderwissen, die daraus radikale Schlussfolgerungen zieht.

Bowles berichtet, dass die Facebook-Mitarbeiterin ein »Mantra« hat: Wer als Letzter in einer Klasse ein Smartphone bekommt, ist der Gewinner! Chavarria gibt der eigenen Tochter erst ab der 9. Klasse ein Smartphone. Ob sie sich keine Sorgen macht, fragen andere Eltern. Etwa, weil sie nicht immer den Ort kennt, an dem sich ihre Kinder aufhalten. Chavarrias Antwort: »Nein, ich muss nicht wissen, wo meine Kinder jede Sekunde eines Tages sind.«

Für langjährige Führungskräfte der Tech-Branche, so Bowles, wirkt es wie eine bittere Abrechnung mit der eigenen Arbeit, wenn sie die Wirkung ihrer Produkte an den eigenen Kindern beobachten. Zu ihnen gehört Chris Anderson, früher Herausgeber der Computerzeitschrift *Wired*. Heute ist er Chef eines Unternehmens, das sich mit Robotik und Drohnen beschäftigt. Drastisch äußert er sich zu Bildschirmen: »Auf einer Skala von Bonbons bis zu Crack liegen die Bildschirme näher bei Crack.« Wieder ein Insider ...

Warum kommt er zu dieser Einschätzung? »Wir dachten, wir könnten das kontrollieren«, so Andersen. »Das liegt aber außerhalb unserer Kontrolle.« Was er meint, ist die Wirkung der Smartphones auf Kinder. »Sie wirken direkt auf das Belohnungssystem im Gehirn, das sich gerade entwickelt. Das entzieht sich aber dem Verständnis normaler Eltern.«

Anderson hat fünf Kinder und für sie klare Regeln. Bowles listet auf: kein Smartphone vor der Highschool, keine Bildschirme im Schlafzimmer, Inhalte von Netzwerken blockiert, keine sozialen Medien vor 13 Jahren, überhaupt keine iPads, geregelte Bildschirmzeiten, vom Vater per App überwacht. Verstößt ein Kind gegen die Regeln, geht es für 24 Stunden offline ...

Warum hat Anderson zu so starken Restriktionen gegriffen? »Ich wusste nicht, was wir dem Gehirn der Kinder antun«, so der Firmenchef, »bis ich begann, die Symptome und Konsequenzen zu beobachten.« Er sammelte schmerzhafte Erfahrungen in der Familie: »Wir haben uns eine blutige Nase geholt, als wir jeden denkbaren Fehler gemacht haben. Es ist bei einigen Kindern richtig schiefgegangen«, so Anderson. »Wir haben einen Blick in den Abgrund der Sucht geworfen und ein paar verlorene Jahre erlebt!«

Verlorene Jahre im Silicon Valley – dem Sehnsuchtsort aller Digitalfans in Deutschland! Verlorene Jahre durch Smartphone-Sucht! Interessant ist dabei: Die Tech-Experten machen jetzt im Silicon Valley viele Beobachtungen, die in der deutschen Diskussion seit Jahren eine Rolle spielen (Suchtverhalten, Manipulation des Gehirns etc.).

Doch nicht alle Tech-Experten verdammen Bildschirme im Kinderzimmer. Bowles hat auch Jason Toff aufgesucht, der für Google arbeitet und früher eine Video-Plattform betrieben hat. Er lässt sein dreijähriges Kind mit einem iPad spielen, wobei er der Überzeugung ist, dass es keinen Unterschied zum Buch gibt. Dieser liberale Umgang mit iPads sei so unpopulär unter Kollegen, dass er sich schon »stigmatisiert« fühlt, gibt Toff zu.

Hightech-Stigma im Sillicon Valley? Es geht noch härter: »Das Zentrum der virtuellen Welt hasst nichts mehr als virtuelle Kommunikation«, zitiert Christoph Keese den Finanzexperten Saeed Amidi, der vom Teppichhändler zum Großinvestor aufgestiegen ist. Keese hat ein halbes Jahr im Silicon Valley gelebt und ein lesenswertes Buch verfasst: *Silicon Valley*.[109] Amidi sagt weiter: »Fernbeziehungen sind verpönt. Wer etwas erreichen will, muss vor Ort sein.« Start-ups könnten »einsam in irgendeinem Bürocenter sitzen und im eigenen Saft schmoren.« Dann würde es »keinen Austausch, keine Herausforderung, keine Kritik« geben. Der Investor ist überzeugt: »Gründen heißt Kommunizieren.«

Keese staunt, als ihn Amidi durch seinen »Inkubator« führt, ein Platz für Start-ups. Dicht gedrängt sitzen die Teams an Tischen, ein ständiges Wispern liegt in der Luft. Der Investor erklärt:

> »Die flüstern sich ständig irgendetwas zu. Das macht sie schnell. Schaff nur drei Fuß Platz zwischen ihnen, und sofort hört das Gemurmel auf. Sofort stoppt die Kommunikation. Nicht Geiz lässt die Teams so eng zusammenrücken. Es ist Instinkt. Wer reden will, kommt sich nahe. Wer weiter wegrückt, will in Wahrheit ungestört bleiben.«

Konzentration ist kein Problem. Da gibt es Kopfhörer mit Geräuschunterdrückung oder ein Mitarbeiter verschwindet mit dem Laptop in der Cafeteria. Zum Telefonieren geht's um die Ecke.

Keese fasst seine Eindrücke zusammen: »Erwartet hatte ich vor meiner Reise eine hypervirtuelle Welt: Heimarbeit, ständige Videokonferenzen und elektronischen Zugang zu jedermann. Doch virtuelle Welten sind out.« Sie seien nirgendwo so unbeliebt »wie bei ihren eigenen Erfindern.«

Spontanität ist eine geschätzte Ressource, wie Keese von Ron Conway erfährt, der für den Risikokapitalgeber SV Angels arbeitet. Das Silicon Valley funktioniere wie ein Dorf: »Zufällige Gespräche führen oft zu wichtigeren Ergebnissen als geplante. Innovation entsteht aus Inspiration und Inspiration aus Überraschung.« Niemand könne wissen, »welche Kombination von Einflüssen sein nächstes Projekt beflügelt.« Conway sagt ganz deutlich: »Alle tun gut daran, sich treiben zu lassen.« Ungewohnte Töne für deutsche Ohren!

Keese beschreibt die Konsequenzen eindrucksvoll: Virtuelle Kommunikation ist nicht in der Lage, positive Kettenreaktionen in Gang zu setzen. Selbst wenn Videokonferenzen immer besser werden, sind sie geplant – und bleiben keine zufälligen Begegnungen, die Spontanität möglich machen. »Selbst das schärfste Bild und der klarste Ton ersetzen kein persönliches Treffen im University Café«, so Keese.

Steve Jobs las mit seinen Kindern Bücher, Bill Gates gab dem Nachwuchs kein Handy vor 14 Jahren und immer mehr Bewohner Silicon Valleys schützen ihre Kinder vor Bildschirmen. Paradox? Ja, und diese Paradoxie lässt sich noch weiter steigern, wenn wir daran denken, wie sehr Tech-Experten Formen der virtuellen Kommunikation mit Verachtung strafen. Sie haben das Potenzial der persönlichen Begegnung erkannt.

Die Spirale der Paradoxie können wir noch weiterdrehen. Stellen Sie sich vor: Sie eröffnen ein veganes Restaurant in einer Straße voller Metzgereien. Wie viel Laufkundschaft wird es geben? Eher wenig. Vielleicht fühlten sich so die Gründer der Waldorf School of the Peninsula (WSP), die ihre Schule 1984 ins Leben riefen, »um Kindern in der schnelllebigen, technologieorientierten Kultur des Silicon Valleys eine ganzheitliche Erziehung zu bieten, die das Herz genauso anspricht wie Wille und Verstand.«[110] Eine Waldorfschule im Mekka der Hochtechnologie?

In der WSP Media and Technology Philosophy ist zu lesen:

»Verglichen mit früheren Generationen ist es viel weniger Zeit, die heutige Kinder mit anderen Kindern, Erwachsenen und der Natur verbringen. Unsere Gesellschaft ist von Medien durchdrungen; die Verlockungen der elektronischen Unterhaltung beeinflussen auf vielen Ebenen, wie sich Kinder emotional und körperlich entwickeln. Diese Verlockungen können die Fähigkeit der Kinder beeinträchtigen, einen sinnvollen Kontakt mit anderen Menschen und ihrer Umwelt herzustellen.«

Weiter heißt es in dieser Philosophie: »Wer Kinder mit Computertechnologie konfrontiert, bevor sie die nötige Reife erreicht haben (um die 7. Klasse herum), untergräbt ihre Fähigkeit, einen gesunden Körper, Disziplin und Selbstkontrolle voll zu entwickeln, genauso gefährdet sind künstlerische Ausdrucksfähigkeit und flexibles und bewegliches Denken.«

Außerdem gibt die Waldorfschule zu Bedenken: »Technologische Bildung – eine zentrale Kompetenz im 21. Jahrhundert – lässt sich schnell erwerben, wenn Kinder ins jugendliche Alter kommen und die nötige Reife und das Wissen besitzen, wie, warum und wann sie Technologie als Werkzeug einsetzen können.« Diese Gedanken bringt Ilana-Mahmea Siegel, Waldorfabsolventin, im Schulvideo auf den Punkt: »Technologie wird zu einem Zeitpunkt eingeführt, wo sie dich nicht mehr hypnotisieren kann.«

Nun gut, auch im Silicon Valley muss es ein paar »Müslis« geben, die ihre Kinder zur Waldorfschule schicken ... Welch ein Irrtum! Drehen wir einfach unsere Spirale der Paradoxien weiter, denn auch Investoren, CEOs und Software-Ingenieure schicken ihre Kinder auf diese Schule, genau wegen der gravierenden Unterschiede zum staatlichen Schulsystem. Das leidet nämlich in Amerika immer mehr unter einer »Googlification«, wie Natasha Singer in der *New York Times* schreibt.[III] Wie dieses Konzept auch in Deutschland aufgeht, zeigen wir fast am Schluss des Buches (Kapitel 13: »Indoktrination 2.0«).

Zurück zu den Eltern im Valley, die ihre Kinder auf die Waldorfschule schicken. Sie sagen in kurzen Videos, warum sie sich für diese Schule entschieden haben:[112] »Wir sehen es schon im frühen Stadium eines Start-ups: Entscheidend sind nicht die Leute mit den besten Noten in Computer Science, sondern Mitarbeiter mit der nötigen Kreativität, den richtigen Code zu finden, um etwas in einer neuen Weise zu erledigen«, sagt Mark Deem, Innovator & CEO.

Kreativität statt Spitzennoten – ein Konzept, das auch Mark Carges vertritt. Er ist Technischer Direktor (CTO) und sagt über die Waldorfschule: »In den ersten Jahren werden Fantasie und Vorstellungskraft gepflegt. Ich arbeite in der Softwareindustrie – und Software hat zwei Seiten: Logik und Mathematik, aber auch Kreativität, um ein Problem zu lösen.« Für den IT-Experten liegen »Kunst und Wissenschaft in einer Hand«. Imaginative Kräfte würden in jedem Job gebraucht: »Daher pflegt die Waldorfschule als besondere Fähigkeit Fantasie und Vorstellungskräfte.«

Fazit: Warum sollten wir in Deutschland den Online-Notunterricht verlängern, auch wenn die Corona-Zeit längst vorbei ist? Nur um Google und Apple volle Auftragsbücher zu verschaffen? Deren Mitarbeiter versuchen, ihre Kinder von Bildschirmen fernzuhalten. Etwas böse formuliert: Das erinnert an Dealer, die Drogen auf Partys verkaufen – und den eigenen Kindern verbieten, Partys zu besuchen.

Trotzdem sieht Staatsministerin Dorothee Bär (CSU) kein Problem, wenn Kinder unter 14 Jahren Smartphones benutzen. Bill Gates schon! Wer hat in dieser Frage die größere Glaubwürdigkeit? Es ist zu hoffen, dass Gates' Erkenntnisse auch in Deutschland Gehör finden. Er ist mit seiner Kritik schließlich kein Rufer in der Wüste, im Gegenteil: Viele Stimmen erheben sich im Tal der Hochtechnologie, Promis genauso wie Programmierer oder besorgte Eltern. Die Zahl der Kronzeugen ließe sich noch fortsetzen, etwa mit dem berühmten Internet-Pionier Jaron Lanier, dem Sie bald in diesem Buch begegnen.

Vegane Küche für Steak-Freunde?

So hätte im Silicon Valley vielleicht ein Verfahren gegen technologische Hybris eine Chance; es gibt viele gewichtige Zeugen der Anklage. Gemeinsam ist ihnen die Sorge, dass Kinder durch Bildschirme wertvolle Lebenszeit verlieren. Wahrscheinlich würden viele IT-Profis der Zeitverdrängungshypothese zustimmen. Zumal sie auch das Suchtpotenzial digitaler Medien diskutieren. Wie drückte es Chris Anderson aus? Seine Familie habe einen »Blick in den Abgrund der Sucht« geworfen.

Und Deutschland? Schon wieder abgehängt im Vergleich zum Silicon Valley, weil die Politik an einem längst überholten Glauben festhält: Schulen digital, Schüler digital, Bücher digital, Tafeln digital, Kreide digital, Lehrer digital, Eltern digital, Hausmeister digital – am besten alles digital, egal wie viel Sinn darin steckt. Aus ideologischer Verblendung wird an dieser veralteten Form digitaler Bildung festgehalten.

Und noch schlimmer: Der Notunterricht der Corona-Zeit wird als Sprungbrett genutzt, um das »marode« System deutscher Bildung endlich zu digitalisieren. Dabei sind einige CEOs im Silicon Valley schon viele Meilen weiter: Ausgerechnet sie schicken ihre Kinder auf eine Waldorfschule! Mit guten Gründen, wie die Zitate aus dem Video deutlich machen.

Oft leuchtet in Sonntagsreden das Silicon Valley als unerreichbares Vorbild auf. Doch Deutschland wäre sofort in der Lage, in Sachen digitaler Vorsorge von den »tech titans« zu lernen. Es würde reichen, einen Blick auf ihre vielen guten Ideen und Argumente zu werfen. Einfach die digitalen Scheuklappen ablegen, liebe Frau Bär!

Paradox: Eltern im Silicon Valley lassen den Nachwuchs nicht an Computer

Hightech-Väter über die Waldorfschule

Die Waldorfschule im Silicon Valley hat auf ihrer Website verschiedene Videos veröffentlicht, unter anderem von Lehrern, die zu ihrer Arbeit interviewt werden. Spannend ist der Film Fathers. A conversation about being a parent at Waldorf School of the Peninsula, weil in ihm CEOs, Software-Entwickler und Investoren zu Wort kommen.[113] Daher haben wir an dieser Stelle weitere Zitate aus dem Video zusammengestellt.

Mark Carges, CTO:

»Im Silicon Valley umgeben uns Unternehmer und eine Kultur, die unternehmerisches Handeln fördert. Der Unternehmer braucht drei Dinge: Neugierde, Leidenschaft und Durchhaltevermögen. Das braucht er für seine Idee, wenn die Leute sagen, sie funktioniere nicht. Der Unternehmer muss an seine Idee glauben! Da war es faszinierend zu sehen, wie die Waldorfschule unsere Kinder unterrichtet, und zwar in den Highschool-Jahren. Es geht um die Begeisterung, zu lernen, sowie um Techniken, wie die Kinder lernen können. Die Lehrer unterrichten nicht einfach ein Fach, sondern sie begeistern die Schüler dafür, selbst lernen zu wollen.«

Brad Wurtz, CEO:

»Was ich in der Waldorfschule gesehen habe, ist der Wille zu lernen. Das ist wichtig in der Umgebung, in der ich arbeite. Was immer du beruflich machst, du musst diesen Willen zum Lernen als Funken in dir tragen. Wenn du als Kind so einen Funken nicht in dir hast, fällt das Lernen später viel schwerer, etwa wie bei einer Fremdsprache. Dieser starke Wunsch zu lernen und die Fähigkeit dazu – das sind echte Kompetenzen. Und die Waldorflehrer unterrichten genau diese Fähigkeiten.«

Oren Zeev, Investor:

»*Sechs- oder siebenjährige Kids sind noch nicht in der Lage, akademisch hart zu arbeiten. Von ihnen sollten wir nicht verlangen, sechs bis sieben Stunden ruhig in der Schule zu sitzen – und dabei intellektuell stark gefordert zu werden. Das ist nicht gut für ihre geistige Gesundheit. Gesund ist es aber in diesem Alter, Selbstbewusstsein zu entwickeln. Es ist für Kinder viel leichter, akademische Themen später zu behandeln, wenn sie schon Selbstbewusstsein, Kreativität und Neugier entwickelt haben. Unsere Gesellschaft gibt Noten eine viel zu große Bedeutung, auf Kosten anderer Bereiche. Doch der Erfolg im Leben hängt von vielen anderen Dingen ab: von Kreativität, Innovationsfähigkeit, Neugier und sozialen Fähigkeiten.*«

KAPITEL 9
DIGITALE ANALPHABETEN

Warum Schüler das Lesen am besten mit Büchern lernen – und Wissenschaftler zeigen, dass Bildschirme das Denken verflachen

Dorothee Bär hat eine klare Meinung: »Mir ist jemand lieber, der auf dem Kindle seinen *Faust* liest, als jemand, der seine Nase andauernd in gedruckte Schundblätter steckt.«[114] Damit gibt die CSU-Staatsministerin für Digitales zu verstehen: Wenn der Inhalt stimmt, ist es egal, ob wir auf einem Tablet (Kindle) lesen oder die Nase in ein Buch stecken. So weit Dorothee Bär ...

Beat Döbeli Honegger hat auch eine klare Meinung, er fordert seine Leser auf: »Machen Sie den Bücher-Check«.[115] Er leitet als Professor das Institut für Medien und Schule an der Pädagogischen Hochschule Schwyz. »Bücher-Check«? Der geht so: »Auch wenn digitale Medien nicht 1:1 mit Büchern vergleichbar sind, so lohnt es sich doch, gewisse Argumente mit Büchern statt mit Computer und Internet durchzudenken: Ist das mit Büchern nicht ähnlich?« Zwei erste Fragen wirft der Medienexperte selbst auf: »Machen Bücher weniger einsam und dick als Computer und Internet? Geben Bücher nicht genauso nur eine medial vermittelte Wirklichkeit wieder, wie dies Computern und Internet vorgeworfen wird?«

Weiter schreibt Döbeli Honegger, dass sich das »Bücher-Argument« noch zuspitzen lasse:

»*Bücher sind noch viel schlimmer als digitale Medien: Da fehlt neben dem haptischen auch noch der auditorische Kanal und auch visuell ist ein Buch nur ein verkrüppeltes Tablet: Die Bilder (so überhaupt es welche hat) bewegen sich nicht mal! Bücher in der Schule einzusetzen ist sensorische Deprivation und grenzt an Kinderquälerei und sollte verboten werden. Irgendwann wird die Zeit kommen, wo Lehrmittelverlage zur Verantwortung gezogen werden.*«

Klar, da springt eine gewisse Ironie ins Auge. Aber die Grundlinie der Argumente ist ähnlich wie bei Bär. Ob Bildschirm oder Buch – das macht keinen großen Unterschied. Und im Zweifelsfall ist der Bildschirm sogar ein überlegenes Medium, weil er bewegte Bilder und Interaktivität möglich macht.

Außerdem darf in dieser Diskussion ein Hinweis nicht fehlen; Döbeli Honegger gibt ihn auch auf seiner Website: »Lesesucht!« Als im 18. Jahrhundert Bücher in hohen Auflagen erschienen, wurde das Phänomen »Lesesucht« diskutiert. Sittenverfall und Realitätsverlust rückten in den Fokus, genauso wie die Sorge um einen vernachlässigten Haushalt, wenn Frauen (!) zu viel lesen. Interessant ist die Überschrift, die der Medienexperte diesem Abschnitt gibt: »Lesesucht: Jedes neue Medium wird kritisiert«. Im Klartext: Wer sich heute kritisch mit Bildschirmmedien auseinandersetzt, reiht sich ein in eine lange Kette bizarrer Kritik, die jedes neue Medium trifft.

Arthur Schopenhauer übers Lesen

»*Wann wir lesen, denkt ein Anderer für uns: wir wiederholen bloß seinen mentalen Proceß. Es ist damit, wie wenn beim Schreibenlernen der Schüler die vom Lehrer mit Bleistift geschriebenen Züge mit der Feder nachzieht. Demnach ist beim Lesen die Arbeit des Denkens uns zum größten Theile abgenommen. Daher die fühlbare Erleichterung, wenn wir von der Beschäftigung mit unsren eigenen Gedanken zum Lesen übergehn.*

Eben daher kommt es auch, daß wer sehr viel und fast den ganzen Tag liest, dazwischen aber sich in gedankenlosem Zeitvertreibe erholt, die Fähigkeit, selbst zu denken, allmälig verliert, – wie Einer, der immer reitet, zuletzt das Gehn verlernt. Solches aber ist der Fall sehr vieler Gelehrten: sie haben sich dumm gelesen. Denn beständiges, in jedem freien Augenblicke sogleich wieder aufgenommenes Lesen ist noch geisteslähmender, als beständige Handarbeit; da man bei dieser doch den eigenen Gedanken nachhängen kann. […] Zu diesem Allen kommt, daß zu Papier gebrachte Gedanken überhaupt nichts weiter sind, als die Spur eines Fußgängers im Sande: man sieht wohl den Weg, welchen er genommen hat; aber um zu wissen, was er auf dem Wege gesehn, muß man seine eigenen Augen gebrauchen.«[116]

Es ist ganz einfach: Wir lesen *Faust* auf dem Tablet, machen den Bücher-Check – und wenden uns voller Freude wieder den digitalen Gadgets zu. Ob Buch oder Bildschirm? Egal! Die Digitalisierung der Welt lässt sich nicht aufhalten. Nur exotische Geister versuchen sich als Maschinenstürmer, um Tablets aus Grundschulen zu verbannen. Sie wirken aber genauso lächerlich wie die Kritiker der »Lesesucht«, die im 18. Jahrhundert um sich gegriffen hat. Ende der Argumentation, häufig gelesen und gehört.

Doch Bär und Döbeli Honegger haben uns Steilvorlagen geliefert, um einen Konter zu starten. Fairerweise ist zu sagen, dass sich Döbeli

Honegger 2017 zum Bücher-Check geäußert hat, und Bär 2018 über *Faust* auf dem Kindle nachdachte. Sie konnten die »Erklärung von Stavanger« nicht kennen, weil sie erst im Januar 2019 publiziert wurde.

In Stavanger trafen sich über 130 Wissenschaftler, die vier Jahre auf den »Gebieten des Lesens, Schreibens und Publizierens« geforscht haben, wie sich die Digitalisierung auf die Lesepraxis auswirkt (EU-Projekt *E-READ*).

EU-Projekt *E-READ*

Die Forscher kamen aus ganz Europa, die Europäische Union (EU) finanzierte das wissenschaftliche Netzwerk. Ihr Projekt war eine europäische Forschungsinitiative: Evolution of Reading in the Age of Digitisation *(E-READ)*. Ihre Aufgabe: »Ein Großteil unserer Forschungen«, so die Wissenschaftler, »konzentriert sich auf die Frage, wie Leser, vor allem Kinder und junge Erwachsene, Texte aufnehmen und behalten, wenn sie in gedruckter oder aber in digitaler Form dargeboten werden.« Am 3. und 4. Oktober 2018 trafen sich die Wissenschaftler in Stavanger (Norwegen), um die Ergebnisse der vierjährigen Forschung zu diskutieren. Dabei verabschiedeten sie die »Erklärung von Stavanger«.

Als Basis der Erklärung wählten sie eine Meta-Studie, die 54 Studien mit rund 170.000 Probanden ausgewertet hat.[117] Titel: »Werfen Sie ihre gedruckten Bücher nicht weg: eine Meta-Studie zu den Effekten von Medien auf das Leseverständnis«. Meta-Studien haben in der Regel eine besonders hohe Qualität, da sie viele Studien statistisch auswerten, um Effekte sehr sauber abzuleiten. Die Wissenschaftler analysierten neuere Studien, um die Effekte auf das Leseverständnis zu untersuchen, abhängig vom Medium in digitaler oder gedruckter Form. Eine erste wichtige Aussage lautet:

»Die hohe Attraktivität digitaler Prüfungs- und Lernumgebungen hat viele Bildungssysteme dazu veranlasst, diese zu übernehmen. Die Ergebnisse der aktuellen Arbeit zeigen: Digitale Umgebungen sind nicht immer am besten geeignet, tiefes Verständnis und Lernen zu fördern. Daher sind gedruckte Texte für Schülerinnen und Schüler ein wirksamer Weg, ihr Leseverständnis zu verbessern – trotz der Attraktivität computergestützter Lernumgebungen.«

Gerade Digital Natives brauchen im Internet spezielle Fähigkeiten: Sie müssen Suchstrategien entwickeln, sicher durch Websites navigieren und Texte kritisch analysieren. Das erfordert hohe Aufmerksamkeit und Reflexionsfähigkeit, »die bei Kindern und Erwachsenen, die digitale Texte lesen, möglicherweise nicht voll entwickelt sind«, wie die Wissenschaftler vorsichtig formulieren. In diesem Zusammenhang verwenden die Wissenschaftler einen sperrigen Begriff: »screen inferiority«. Er lässt sich mit »Unterlegenheit des Bildschirms« übersetzen. Sie tritt ein, wenn das Lesen am Bildschirm in seiner Qualität dem Lesen auf Papier unterlegen ist.

Jetzt hätten die Wissenschaftler erwartet, »dass die Vorteile des digitalen Lesens im Laufe der Jahre zunehmen.« Unter der Voraussetzung, dass der »bloße Kontakt mit digitalen Technologien« ausreicht, um diese Kompetenzen aufzubauen.

Das Gegenteil war der Fall: Die Fähigkeit, gut am Bildschirm zu lesen, hat abgenommen – die »screen inferiority« in den letzten 18 Jahren zugenommen! Überrascht hat die Wissenschaftler, dass »es zwischen den Altersgruppen keine Unterschiede in den Medieneffekten gab.« In der Studie ist dazu zu lesen: »Die Daten deuten darauf hin, dass die ›screen inferiority‹ in allen Altersgruppen eine große Herausforderung darstellt, die immer gravierender wird, je mehr sich digitale Technologie verbreitet.«

Ein Unterschied zieht sich dabei durch alle Ergebnisse: Messbare Effekte ergaben sich immer, wenn das Lesen von Informationstexten auf Papier oder Bildschirm verglichen wurde. Kein Medieneffekt für das Verständnis stellte sich ein, sobald für Studien erzählende Texte Verwendung fanden. Das erklären die Wissenschaftler mit einer höheren kognitiven Leistung, die bei Informationstexten nötig ist. So kann in dieser Textsorte ein komplexes, akademisches Vokabular auftauchen, auch die grammatikalische Struktur ist anspruchsvoll. »Diese Texte«, argumentieren die Wissenschaftler, »sind weniger mit Kenntnissen aus der realen Welt verbunden, was ihre Verstehbarkeit schwieriger macht.«

Wie äußerte sich nun die Unterlegenheit der Bildschirme im Leseprozess, wenn Informationen zu verarbeiten sind? Zum Beispiel bei der Frage, welche Wirkung Zeitdruck beim Lesen entfaltet. Ohne Druck trat keine »screen inferiority« auf, wenn die Probanden vor dem Bildschirm saßen. Aber zeitliche Limits bewirkten schlechtere Testergebnisse als bei Versuchspersonen, die auf Papier gelesen haben. Die Wissenschaftler nennen als Ursache übersteigertes Selbstvertrauen, das die Probanden am Bildschirm aufwiesen. Außerdem zeigte sich, dass nur beim Lesen auf Papier die Teilnehmer ihre Effizienz steigerten, wenn sie Zeitdruck ausgesetzt waren. Kein Wunder, »dass die Vorteile beim Lesen von Druckerzeugnissen zwischen 2000 bis 2017 deutlich zugenommen haben«, so die Wissenschaftler.

Übersteigertes Selbstvertrauen? Gibt es noch mehr Ursachen, warum die »Unterlegenheit des Bildschirms« auftritt? Die Wissenschaftler sind vorsichtig: »Unsere Ergebnisse liefern keinen Grund für die anhaltende ›screen inferiority‹, aber deutliche Hinweise, dass Menschen in einer digitalen Umgebung mental flachere Verarbeitungsprozesse aufweisen.« Je mehr wir Technologie in unser Leben integrieren, desto schlechter kann unsere Aufmerksamkeit werden. »Ein tieferes Eintauchen in Texte wird zur Herausforderung«, so die Wissenschaftler.

Übertreibung macht anschaulich

Dieses Meme geisterte durch Facebook und Co. Es bringt satirisch auf den Punkt, wie flach inzwischen ein Tiefenverständnis von Texten geworden ist:

Achtung!!! Homogenisierte Milch

»Das bedeutet: Da sind Homo-Gene drin! Die sollen uns alle schwul machen! Das ist ein Plan von BILL GAYZ, um die Bevölkerung zu reduzieren, deswegen trinke ich nur PASTEURISIERTE MILCH, weil die von guten, gläubigen Pastoren gesegnet ist!«

Die stetige Digitalisierung ist verbunden mit Geschwindigkeit und Multitasking, was die Verflachung kognitiver Prozesse anstößt. »Das«, so die Wissenschaftler, »führt zu einer Abnahme des Tiefenverständnisses in einer digitalen Umgebung.« Tatsächlich stützt aktuelle Evidenz die Aussage, »dass die bloße Erfahrung mit digitaler Technologie das Verständnis der Schüler nicht verbessert, sondern schlechter werden lässt«, so die Wissenschaftler. Diese Sichtweise führe zu der Hypothese: »Die Überlegenheit des Lesens auf Papier gegenüber digitalen Medien wächst mit der Zeit.«

Gehen wir der Verflachungshypothese (*Shallowing Hypothesis*) weiter nach: Die Nutzung der meisten digitalen Medien bringt es mit sich, dass schnelle Interaktionen stattfinden, angeheizt durch sofortige Belohnungen, etwa durch die Zahl der Likes bei einem Posting. Es könnte nun Leser geben, die digitale Geräte so oberflächlich nutzen und daher Schwierigkeiten haben, sich anspruchsvolle Aufgaben vorzunehmen. Etwa, wenn sie beim Lesen ein tieferes Verständnis entwickeln sollen, was eine dauerhafte Aufmerksamkeit erforderlich macht. Schlussfolgerung: »Je mehr Menschen digitale Medien für oberflächliche(n) Interaktionen nutzen, desto weniger sind sie in der Lage, diese Technologie für anspruchsvolle Aufgaben einzusetzen«, warnen die Wissenschaftler.

Diese Argumente würden im Einklang stehen mit einem negativen Zusammenhang (Korrelation), der bei Jugendlichen gemessen worden sei, und zwar zwischen der Nutzungshäufigkeit digitaler Medien und dem Textverständnis. Das bedeutet: Je häufiger Jugendliche digitale Medien genutzt haben, desto schlechter haben sie Texte verstanden. »Das legt nahe«, schlussfolgern die Wissenschaftler, »bei der Einführung des digitalen Lesens im Klassenzimmer vorsichtig zu sein.«

Das Fazit der Meta-Studie lautet: Wir sollten lieber auf Papier statt an Bildschirmen lesen! Trotzdem halten die Wissenschaftler die Empfehlung für unrealistisch, auf digitale Geräte zu verzichten. Schließlich sei das digitale Lesen im täglichen Leben unvermeidbar und ein integrales Element im Bildungsbereich. Sie warnen aber davor, den klaren Nachweis einer »Unterlegenheit der Bildschirme« zu ignorieren. »Das kann«, so die Wissenschaftler, »politische Entscheidungsträger in die Irre führen.« Am Horizont zieht die nächste Katastrophe auf: »Leser könnten daran gehindert werden, ihre Fähigkeiten zum Verständnis von Texten voll auszuschöpfen.« Zudem besteht die Gefahr, »dass eine solche Ignoranz Kinder abhält, diese Fähigkeiten überhaupt zu entwickeln.«

So weit eine Zusammenfassung der Meta-Studie. Sie wurde zur empirischen Grundlage, um die »Erklärung von Stavanger« zu formulieren. Ein deutliches Plädoyer für das Lesen auf Papier, da heißt es als Konsequenz aus der Meta-Studie: »Die Forschung zeigt, dass Papier weiterhin das bevorzugte Lesemedium für einzelne längere Texte bleiben wird, vor allem, wenn es um ein tieferes Verständnis der Texte und um das Behalten geht. Außerdem ist Papier der beste Träger für das Lesen langer informativer Texte.«

Das Lesen langer Texte sei von »unschätzbarem Wert«, um eine Reihe kognitiver Leistungen zu pflegen: »Konzentration, Aufbau eines Wortschatzes und Gedächtnis.« Weiter schreiben die Leseforscher: »Daher ist es wichtig, dass wir das Lesen langer Texte als eine unter mehreren Leseformen bewahren und fördern.« Sie sehen aber auch eine weitere Notwendigkeit in digitalen Zeiten: »Da das Bildschirmlesen weiter zunehmen wird, müssen wir dringend Möglichkeiten finden, das tiefe Lesen langer Texte in Bildschirmumgebungen zu erleichtern.«

Außerdem ist in der Erklärung zu lesen: »Unsere *Embodied Cognition* [...] kann zu Unterschieden zwischen dem Lesen auf Papier und auf Bildschirmen hinsichtlich des Verstehens und Behaltens beitragen. Dieser Faktor wird von Lesern, Erziehern und sogar Forschern unterschätzt.«

Embodied Cognition?

Der Psychologe Werner Stangl erklärt in seinem Online-Lexikon für Psychologie und Pädagogik:[118] »Der Begriff ›embodied cognition‹ [...] beschreibt eine Theorie der mentalen Repräsentation, die davon ausgeht, dass eine Wechselwirkung zwischen Kognition, Sensorik und Motorik besteht und dass sich das in der Repräsentation von Denkprozessen widerspiegelt.« Klassischerweise werde das Gehirn »als zentrale Instanz mentaler Repräsentation« betrachtet, doch das Konzept Embodied Cognition geht davon aus, dass Kognition nicht unabhängig vom übrigen Körper möglich ist. Das erinnert stark an die sensomotorische Integration, die wir schon diskutiert haben.

Menschen nehmen die Umwelt nicht allein durch physikalische Reize wahr, sondern prüfen immer ihren Bewegungsraum, »sodass Wahrnehmen und Handeln stets zusammenfallen«, wie Stangl darstellt. Interaktion mit der Welt ist die Grundlage für Wahrnehmungen. Stangl: »Doch nicht nur Wahrnehmen und Sprechen, sondern alles Denken ist von der Körperlichkeit mitgeprägt worden.« Ein Beispiel: »Eine aufrechte Haltung [aktiviert]«, so Stangl, »mentale Konzepte wie Moral oder Dominanz.«

> Spannend für unser Thema: Das Konzept der Embodied Cognition ist auch wichtig, wenn es um das Lesen von Texten geht. Dabei gibt es einen Unterschied, ob wir eine analoge oder digitale Lektüre wählen. »Offensichtlich liest der Körper mit und denkt mit, das heißt, er ist sogar ein wesentlicher Teil des Verstehensprozesses«, schreibt Stangl. Es sei anzunehmen, dass die Haltung der Menschen beim Lesen eine Bedeutung für ihre Fähigkeit zur Konzentration hat. Stangls Beispiel: »Wer etwa lesend einen kleinen Handybildschirm durch überfüllte U-Bahnen zu manövrieren versucht, weiß aus Erfahrung, dass dabei vom Gelesenen nicht viel übrig bleibt.«

Schließlich formulieren die Wissenschaftler fünf wichtige Fragen:

1. *»In welchen Lesekontexten und bei welchen Lesern verspricht der Einsatz digitaler Texte den größten Nutzen?«*
2. *»Und umgekehrt, in welchen Bereichen des Lernens und literarischen Schreibens sollte das Medium Papier gefördert und bevorzugt werden?«*
3. *»Macht der tendenziell stärker fragmentierte, weniger konzentrierte und eine flachere Verarbeitung fördernde Charakter des Bildschirmlesens das Überfliegen zum Standardmodus des Lesens, der dann auch auf das Lesen gedruckter Texte übertragen wird?«*
4. *»Wird unsere Anfälligkeit für Fake News, Einseitigkeit und Vorurteile durch übersteigertes Vertrauen in unsere digitalen Lesefähigkeiten verstärkt?«*
5. *»Was können wir tun, um eine tiefere Verarbeitung von Texten generell und insbesondere von Bildschirmtexten zu fördern?«*

Das sind wichtige Fragen an die Bildungspolitik, die einseitig auf Tablets in der Schule fixiert ist. Solche Fragen spielen aber auch in einem Interview eine wichtige Rolle, das die *FAZ* mit dem Neurophysiologen und Gehirnforscher Wolf Singer geführt hat[119].

Dabei formuliert er wichtige Erkenntnisse, die ein neues Licht auf die Kontroverse ums Buch werfen, und zwar zum Thema Aufmerksamkeitsspanne:

»Es wird durch die elektronischen Medien oft vorgegeben, wann ich was zu verarbeiten habe. Vor allem dann, wenn die Inhalte so programmiert sind, dass das, was ich sehe, sich ständig bewegt oder fließt. Das ist in hohem Maße unnatürlich. Normalerweise bin ich es, der sich aussucht, was und in welchem Rhythmus ich etwas anschaue oder lese.«

Das liegt daran, dass digitale Medien gern mit Animationen und kleinen Filmen arbeiten: »Es werden Bewegungsreize eingebaut, in den Videosequenzen gibt es viele schnelle Schnitte. Das führt nachweislich zur Verringerung der Aufmerksamkeitsspanne.« Wer so aufwachse, habe Schwierigkeiten, einen Satz von Thomas Mann zu lesen: »Sie sind verloren, wenn sie warten müssen, dass irgendwann am Ende eines langen Satzes die Auflösung kommt. Komplexe, verschachtelte Zusammenhänge sind für sie dann schwer aufzulösen.«

Selbstgemachte Welt

»Weniger ist manchmal mehr. Lassen Sie dem Gehirn seine kreativen Eigenschaften, indem Sie ihm Zeit für Assoziationen gewähren. So gesehen, ist das Beste oft die Karikatur. Sie liefert ein paar Andeutungen und das Gehirn macht eine ganze Welt daraus. Und diese selbstgemachte Welt, die behalten wir. Nicht die uns von außen aufgedrängte. Gegen die wehren wir uns, wenn zu viel von ihr auf uns einstürzt – und dann verliert das überfrachtete Medium seine Macht.«
Der Neurophysiologe und Gehirnforscher Wolf Singer im FAZ-Interview

Und was passiert mit Kindern, die am Bildschirm sitzen? Singer stellt zunächst fest: Lange Textstrecken, sogenannte Bleiwüsten, sind für Kinder nicht attraktiv. »Weil es in den elektronischen Medien so leicht ist«, so Singer, »diese aufzulösen durch Grafiken, Karikaturen und Filmsequenzen, ist man in den digitalen Medien für Kinder zunehmend versucht, solche Tricks zur Steigerung der Aufmerksamkeit anzuwenden und die Kinder so zu fesseln.«

Das sei aber nicht gut! Der Grund: In der Entwicklung des Kindes müsse eine Phase kommen, in der es in der Lage ist, sich längere Zeit mit reinem Text zu befassen. Es gehe darum, »der eigenen Fantasie und Vorstellungskraft Raum zu geben.« Singer: »Lesen ist ein kreativer Akt, der trainiert werden muss. Es muss Gelegenheit gegeben werden, Leerräume mit Fantasie auszufüllen.« Wenn Kinder ein Feuerwerk visueller und akustischer Reize gewöhnt sind, droht eine Gefahr, die Singer so formuliert: »Für Kinder wird das Lesen einfach schnell langweilig, wenn nichts passiert.« Damit verlieren sie ihr Interesse an der Kulturtechnik Nr. 1, die auch in digitalen Zeiten unverzichtbar ist. Eine Katastrophe! Für lesekundige Menschen gilt aber: »Alles, was im Text nicht passiert, müssen wir selbst ergänzen.« Das »Schöne am Lesen« sei,

> »...dass man frei ist mit dem, was man da in einer symbolischen Form kodiert zu sich nimmt, es einbettet in seinen eigenen Erfahrungsschatz und seine eigene Fantasiewelt. Das muss gepflegt werden, am besten ein Leben lang, denn letztlich ist das die Grundlage von Kreativität.«

Singer billigt digitalen Medien zu, durch »viele grafische Optionen« die Motivation zu erhöhen, sich mit ihnen auseinanderzusetzen. Doch »vielschichtige Zusammenhänge« sind sprachlich zu beschreiben. Dazu müssen wir lernen, »mit dem symbolischen System der Sprache komplexe Sachverhalte in einen linearen Fluss zu übersetzen.« Dabei müsse dieser »lineare Fluss« verständlich sein. Das sei »eine Kunst«.

Singers Resümee: »Wenn diese Kunst nicht mehr gefordert wird, weil man glaubt, alles mit digitalen Möglichkeiten einfach abbilden zu können, im Extremfall mit Virtual Reality, dann geht diese Fähigkeit verloren.«

Die Formulierung »linearer Fluss« wollen wir aufgreifen: Wie lässt sich ein tieferes Verständnis entwickeln, wenn wir am Bildschirm lesen? Um eine Antwort zu finden, ist es sinnvoll, einen wichtigen Unterschied zu klären – zwischen linearem und nicht-linearem Lesen!

Der Deutsch-Didaktiker Philippe Wampfler definiert: »Einen Text linear zu lesen, bedeutet, einem vorgegebenen Verlauf zu folgen, also etwa die nummerierten Seiten eines Buches in aufsteigender Folge hintereinander zu lesen.«[120] Texte im Netz würden dagegen zu einer »nicht-linearen Lektüre« auffordern, »weil sie auf andere Texte im Netz bezogen sind«. Das bedeutet: »Sie betten etwa Videos oder Beiträge aus sozialen Netzwerken ein oder verlinken Belege oder weiterführende Erklärungen.«

Dabei ist sich Wampfler bewusst, dass *addictive design* zum Einsatz kommt (»süchtig machendes Design«), deren Wirkung er relativiert: »Auch wenn hier nur metaphorisch von Sucht die Rede sein kann, so geht es dabei darum, Oberflächen so zu gestalten, dass die Bereitschaft steigt, Zeit auf einer Plattform zu verbringen.«

Der Deutschdidaktiker stellt weiter fest: »Die Vorstellung hinter *addictive design* ist, dass die Aufmerksamkeit von Menschen – und damit ihre Lesewege – durch Programme und digitale Umgebungen gesteuert werden.« Für uns bedeutet das: Lesen findet im Internet unter verschärften Bedingungen statt, die Autonomie des Lesers ist ständig bedroht.

Dieser realen Gefahr setzt Wampfler die Forderung entgegen: »Lesen müsse im Netz ein emanzipatorischer Prozess sein.« Nötig sei ein »Gegenprogramm«: »Die Steuerung des Leseweges durch das lesende Subjekt.« Dieser Gedanke ist sympathisch, verweist er doch auf das Ideal des mündigen Menschen, der selbstbestimmt sein Leben gestaltet.

Wie das bei der Nutzung des Internets gelingen kann, hat Wampfler in acht Punkten aufgeschrieben, die wir aber nicht vollständig wiedergeben. Hier fünf wichtige Aussagen:

- **»Einen guten Ausstieg finden«:** Wer nicht-linear liest, springt über Links von einem Text zum anderen. »Das muss [...] ohne Bedauern vonstattengehen«, schreibt der Deutschdidaktiker, weil der User schlechte Texte ohne schlechtes Gewissen hinter sich lassen kann.
- **»Die Kraft der Suche nutzen«:** Suchmaschinen führen zu Texten, wozu Schlüsselbegriffe und ganze Sätze dienen. So lassen sich etwa Originaldokumente entdecken, aus denen Zitate stammen.
- **»Zu den Quellen vorstoßen«:** Journalismus ist oft oberflächlich, ein Beitrag in Social Media häufig zugespitzt. Da lohnt der Blick hinter die Kulisse: »Also die Studie direkt lesen, das Originalinterview anschauen oder den Zusammenhang in seiner ganzen Breite zur Kenntnis nehmen«, so Wampfler.
- **»Texte und ihre Kontexte schnell beurteilen können«:** Fake News treten häufig in einem seriösen Gewand auf. Mit einer »Mischung aus technischem und journalistischem Verständnis« können wir verstehen, welche Interessen hinter einem Text verborgen sind.
- **»Wissensmanagement«:** Wir müssen durch das nicht-lineare Lesen sehr viele Texte überfliegen, kategorisieren und auswerten. Was war wirklich wichtig? Wampfler: »Wer emanzipiert liest, speichert Bookmarks, erstellt Notizen, markiert wichtige Stellen – direkt bei der Lektüre im Netz.«

Wampflers Punkte zeigen deutlich: Das nicht-lineare Lesen bietet enorme Chancen, erfolgreich auf vielen Ebenen zu recherchieren. Diese Möglichkeiten nutzen Journalisten und Wissenschaftler seit Jahrzehnten; kein Profi der Recherche wünscht sich zurück ins Fax-Zeitalter.

Aber seine Punkte beweisen genauso, wie schwierig gute Recherchen im Netz sind – nämlich anspruchsvoll, fehleranfällig und übungsintensiv! Viele Kompetenzen sind gefragt: Wissensmanagement betreiben, Fake News durchschauen, auf Websites den richtigen Ausstieg finden, eventuell englische Originalquellen studieren, Suchmaschinen effektiv nutzen ... und vieles mehr! Daher erfordert nicht-lineares Lesen hohe Konzentration, Aufmerksamkeit, Durchhaltevermögen und kritische Selbstreflexion! Nur so besteht die Chance, zu einem »emanzipatorischen Lesen« vorzustoßen, das sogar Attacken des *addictive design* abwehren könnte.

Vor diesem Hintergrund liegt die Messlatte für ein »emanzipatorisches Lesen« sehr hoch. Diese anspruchsvolle Form des Lesens muss warten, weil sie Kinder offensichtlich überfordert. Da helfen auch keine kindgerechten Suchmaschinen oder Websites in Bonbonfarben. Hinzu kommt: Kinder dürfen sich nicht in Kindergarten und Grundschule an »mental flachere Verarbeitungsprozesse« gewöhnen, wie sie die »Erklärung von Stavanger« mit einer »digitalen Umgebung« in Zusammenhang bringt (Verflachungshypothese).

Fazit: Lineares Lesen first! Kinder müssen es vor dem nicht-linearen Lesen einüben. Sie sollten die Freude erleben, die in sieben dicken *Harry-Potter*-Bänden steckt. Mit solchen Büchern lassen sich Fähigkeiten üben, die später absolut nötig fürs nicht-lineare Lesen sind: Ausdauer, Aufmerksamkeit und Konzentration! Hinzu kommt die Kunst der Imagination, wenn wir Harry auf seinen Streifzügen durch Hogwarts begleiten. Das kurbelt die Kreativität an!

Etwa ab dem zehnten Lebensjahr sind Kinder in der Lage, reine Textbücher wie *Harry Potter* zu lesen. Das spiegelt den »eigentlichen Prozess der Intellektualisierung« wider, sagt Prof. Ralf Lankau. »Ich habe dann konkrete Zeichen, Buchstaben und ganze Worte vor Augen.« Die Kinder fangen an, sich völlig neue Welten vorzustellen: »Dieser Transfer von schwarzen Buchstaben in Vorstellungswelten führt

Digitale Analphabeten

zur intellektuellen Freiheit.« Wir entwickeln die Fähigkeit, »zu denken, zu imaginieren und zu fantasieren«, so Lankau.[121]

»Intellektuelle Freiheit«! Um dieses hohe Ziel zu erreichen, ist es für viele Kinder nötig, ein kognitives Fundament zu legen, das aus der anregenden Lektüre von Büchern besteht – ganz ohne Bildschirme. Das scheint die Voraussetzung zu sein, damit »emanzipatorisches Lesen« im Internet eine Chance hat. Kein Mensch baut zuerst das Dach – und dann den Keller.

Außerdem wirft die »Erklärung von Stavanger« die Frage auf, ob uns das »übersteigerte Vertrauen in digitale Lesefähigkeiten« anfälliger für Fake News macht. Damit skizzieren die Wissenschaftler ernsthafte Gefahren für die Demokratie, die gerade im Internet unter starkem Beschuss steht. Fake News gedeihen besonders gut, wenn Menschen sich daran gewöhnen, Texte schlampig zu lesen.

Das bedeutet umgekehrt: Schüler sollten intensiv üben, ein tiefes Textverständnis zu entwickeln. Je mehr das gelingt, desto weniger gehen sie an »Rattenfänger« verloren, die an jeder Ecke des Netzes lauern. Gute Bildung als Fundament demokratischer Gesellschaften. Schließlich sollten Jugendliche ab zwölf Jahren bewusst das nicht-lineare Lesen lernen, um die Informationsflut im Internet zu kanalisieren. Das wäre tatsächlich ein »emanzipatorisches Lesen«, wie es sich Wampfler vorstellt.

Und, Frau Bär? Halten Sie immer noch an der *Faust*-Lektüre auf dem Kindle fest? Wahrscheinlich, obwohl es nicht egal ist, welches Medium wir benutzen, um Texte zu lesen. Das haben die Wissenschaftler mit ihrer »Erklärung von Stavanger« deutlich gemacht. Über diese Erklärung sollten die Digitalfans in der Bildungspolitik nachdenken, bevor sie deutsche Grundschulen mit Tablets fluten – und viele digitale Analphabeten auf der Strecke bleiben.

KAPITEL 10
GLÜCKSSPIEL IN DER HOSENTASCHE

Wie wir alle in die digitale Sucht gelockt werden und warum Kinder besonders in Gefahr sind

Über Mediensucht wurde schon viel geschrieben, aber selten aus der Perspektive der Täter. Denn inzwischen ist klar: Die großen Tech-Konzerne haben bewusst diverse Mechanismen programmiert, um die Abhängigkeit von Hard- und Software systematisch zu fördern. Auf Kosten aller Konsumenten, die Opfer dieser Mechanismen werden. Aber besonders auf Kosten der Kinder, die sich am wenigsten gegen diese Manipulation wehren können.

Warum interessiert uns die Sicht der Täter? In letzter Zeit haben immer mehr Profis aus dem Silicon Valley berichtet, wie *persuasive technology* funktioniert. Schon diesem Begriff lohnt es sich auf den Grund zu gehen, er selbst ist eine sprachliche Manipulation: Das Adjektiv »persuasive« hängt mit dem englischen Verb »to persuade« zusammen, das sich mit »überreden« oder »überzeugen« übersetzen lässt. Daher klingt »persuasive technology« harmlos. Sie ist einfach eine Technologie, um Menschen von einem Sachverhalt zu überzeugen. Das Gegenteil ist aber der Fall: Es ist eine Technik, um Menschen so zu manipulieren, dass sie oft gegen ihren ursprünglichen Willen handeln.

Das belegen wir gleich mit Beispielen. Denn das erste Ziel einer solchen *persuasive technology* ist es, Profite zu maximieren – und nicht das Wohlergehen der User zu erhöhen. Das ist nur ein Kollateralnutzen auf dem Weg zu den erwarteten Gewinnen.

Der berühmte Jaron Lanier macht auf einen weiteren Euphemismus aufmerksam:[122] »Werbung«! Er war ein Pionier des Internets und erfand als Informatiker Begriffe wie »Virtual Reality« oder »Avatar«. In den 1980er-Jahren beschäftigte er sich mit Datenhandschuhen, um greifbare Erfahrungen virtuell möglich zu machen. Sein aktuelles Buch hat aber den Titel: »Zehn Gründe, warum du deine Social Media Accounts sofort löschen musst«. Das zeigt: Der Valley-Insider Lanier ist inzwischen zu einem scharfen Kritiker der amerikanischen Tech-Branche geworden, obwohl er immer noch für Microsoft tätig ist.

Lanier schreibt klipp und klar: »Es [ist] einfach falsch, von Werbung zu sprechen, wenn Menschen vorsätzlich manipuliert werden.« Früher bestand nur eine »flüchtige Chance«, dass eine Werbebotschaft ihre Adressaten erreicht, etwa durch Fernsehspots oder Anzeigen in der Zeitung. Agenturen waren niemals in der Lage, Werbung auf einzelne Menschen zuzuschneiden. »Der wichtigste Unterschied ist aber«, so Lanier, »dass du nicht ständig beobachtet und analysiert wurdest, um dir dynamisch optimierte Reize servieren zu können – seien es nun Inhalte oder Anzeigen – mit denen dein Interesse geweckt werden sollte.« Das geschieht heute nonstop mit jedem Menschen, der sein Smartphone benutzt. Lanier: »Was früher Werbung genannt wurde, muss heute als unaufhörliche Verhaltensmodifikation verstanden werden.«

Lanier spießt einen weiteren Begriff der Tech-Branche auf: »Engagement«. Das Wort klingt unschuldig, ist aber Teil des Geschäftsmodells zur Profitmaximierung. Wer das Engagement seiner User steigert, will sie nicht zu sozial engagierten Menschen machen. Vielmehr sollen sie sich an ihrem Smartphone »engagieren«, was im Klartext bedeutet: Je länger ein Mensch in Interaktionen mit seinem Handy verwickelt ist, desto größer wird die Chance, ihm zielgenau »Werbung« einzuspielen. Je mehr Werbung ein Provider einspielt, desto höher werden die Klickzahlen – und damit steigert er seine Profite. Kein Wunder, dass Lanier von »Verhaltensmodifikationen« spricht. Wie sehr sich das für Facebook lohnt, zeigen zwei Zahlen: 2010 betrugen die weltweiten Umsätze mit Werbung 1,8 Milliarden Dollar, 2019 waren es 69,7 Milliarden Dollar, was 27 Prozent mehr als im Vorjahr war.[123]

Jetzt fehlt noch ein letzter Schritt: Werbung wird zur Verhaltensmodifikation, »Engagement« ist ein Euphemismus für sklavische Kundenbindung. Und Sucht? Sie steht am Ende der Kette, weil Suchtverhalten eine hervorragende Grundlage für Geschäfte ist. Die Zigarettenindustrie hat vorgemacht, wie wertvoll süchtige Kunden sind, und macht seit Jahrzehnten Milliardenumsätze. Lanier schreibt: Die Suchtgefahren rufen bei den »Leuten im Silicon Valley« so große Ängste hervor, »dass sie ihre Kinder genau davor schützen.« Daher würden viele aus seinem Bekanntenkreis Kinder auf Waldorfschulen schicken.

Auch der Gründungspräsident von Facebook, Sean Parker, trägt sicher nicht dazu bei, die Ängste im Silicon Valley zu verringern. Zwar hat er bereits vor Jahren den Konzern verlassen, doch erst jetzt meldet sich sein Gewissen. Denn er nennt sich selbst »einen Social-Media-Verweigerer aus Gewissensgründen«. Was schlägt ihm so auf den Magen? Immerhin gilt er auch als Tech-Milliardär.

Parker erklärt, wie Sucht zum Geschäftsmodell von Facebook gehört.[124] Als das Netzwerk entwickelt wurde, so der Tech-Experte, drehte sich alles um die Frage: »Wie nehmen wir möglichst viel Zeit unserer Nutzer in Anspruch? Wie bekommen wir möglichst viel von ihrer bewussten Aufmerksamkeit?« Stichwort: Engagement!

Als Antwort nahmen die Gründer eine »Schwachstelle der menschlichen Psyche« ins Visier: »Wir müssen hin und wieder dem Nutzer einen kleinen Dopaminschub verpassen«, sagt Parker. Und zwar jedes Mal, wenn er einen Beitrag veröffentlicht, der auf Interesse bei anderen Nutzern stößt. Diese signalisieren Anerkennung, indem sie positive Kommentare schreiben oder Likes vergeben. »Das bringt Menschen dazu«, so Parker, »noch mehr Inhalte beizutragen, was wiederum mehr Likes oder Kommentare auslöst.« Der Ex-Präsident bezeichnet diesen Mechanismus als »Feedbackschleife für soziale Anerkennung«.

Eine perfekte Methode, um Menschen in die Sucht zu stürzen und damit Milliardenumsätze zu machen. Die Erfinder des Suchtsystems sind Mark Zuckerberg, Kevin Systrom und Sean Parker, den heute ein schlechtes Gewissen plagt: »Wir haben es völlig durchschaut. Wir haben es trotzdem getan.« Gott allein wisse, »was es mit den Gehirnen unserer Kinder anstellt«.

Ein schlechtes Gewissen in der Öffentlichkeit – das zeigt auch ein weiterer Ex-Facebook-Manager:[125] »Ich fühle mich extrem schuldig beim Aufbau dieses Unternehmens«, sagt Chamath Palihapitiya, der 2007 zu Facebook kam. Als Vize-Präsident hatte er die Zahl der Teilnehmer zu steigern. Heute sagt er: »Wir haben Instrumente geschaffen, die das soziale Gewebe einer Gesellschaft zerreißen und deren Funktionsfähigkeit beeinträchtigen«. Damit nimmt er alle Netzwerke aufs Korn, nicht ausschließlich Facebook. Der Grund: »Unsere kurzfristigen, dopaminbefeuerten Feedbackschleifen zerstören, wie Gesellschaften funktionieren«, so Palihapitiya. Dann listet er genau auf: »Kein zivilisierter Diskurs, keine Zusammenarbeit; Fehlinformationen, Falschinformationen, Falschmeldungen.«

Das alles sei kein amerikanisches Problem. »Das ist ein globales Problem«, so der Ex-Facebook-Manager. Er selbst versuche, Facebook so wenig wie möglich zu nutzen. Seinen Kindern erlaubt Palihapitiya generell nicht, in dem Netzwerk unterwegs zu sein. Trotz dieser scharfen Kritik glaubt er noch an Facebook: »Das Unternehmen leistet überwiegend Gutes für die Welt.« Wieder so ein Paradoxon aus dem Silicon Valley.

Verhaltensmodifikation – Engagement – Sucht. Das war die Vogelperspektive. Ein erster Aufschlag, um die Bedeutung des Suchtverhaltens für die Profitmaximierung zu klären. Jetzt klettern wir hinab in den Maschinenraum der Konzerne: Dort werden die Hebel umgelegt, um das Suchtverhalten zu steuern und zu befeuern. Mit dem klaren Ziel, das »Engagement« der Opfer zu steigern.

Ein erfahrener Maschinist erläutert uns, wie die vielen Hebel im Maschinenraum funktionieren: Tristan Harris, ehemaliger Google-Mitarbeiter. Er hat *Computer Science* in Stanford studiert und dort Methoden der Verhaltensmodifikation kennengelernt, und zwar im Stanford Persuasive Technology lab. Ja, ein Labor zur Manipulation von Menschen. Heute ist er Präsident und Mitgründer des Center for Humane Technology, das sich zum Ziel gesetzt hat, das *Downgrading* von Menschen durch Technik zu stoppen und umzukehren. Der Computer soll wieder der Menschheit dienen – und nicht umgekehrt!

Harris hat eine genaue Analyse veröffentlicht, die sich mit den Manipulationsmechanismen beschäftigt, wie sie im Silicon Valley seit Jahrzehnten ausgetüftelt werden. Er soll als Insider ausführlich zu Wort kommen – mit verblüffenden Erkenntnissen.[126] Harris nimmt uns mit in ein Land, in dem *Hijacking* völlig legal ist. »Ich bin ein Experte für die Frage, wie Technologie unsere psychische Verwundbarkeit ausbeuten kann. [...] Wenn du weißt, welche Knöpfe du bei den Leuten drücken musst, kannst du auf ihnen spielen wie auf einem Klavier«, so Harris. Genau das machen Designer digitaler Produkte, sie hijacken unser Bewusstsein. Wie das geht, erklärt der ehemalige Google-Mitarbeiter im Hijack #1 bis Hijack #8.

Hijack #1: Wenn du das Menü kontrollierst, kontrollierst du die Wahlentscheidung.
Die westliche Kultur will auf der Freiheit aufbauen, dass Menschen eigene Entscheidungen treffen. Genau diese Freiheit unterlaufen Designer, die Auswahlmenüs geschickt entwerfen – zugunsten des Auftraggebers, der Geld verdienen will. Harris: »Sie geben den Menschen die Illusion einer freien Wahl, während sie das Menü so bauen, dass

sie immer gewinnen, egal welche Entscheidung der Nutzer trifft.« Vier Fragen sollten wir laut Harris immer stellen:

- »*Was ist nicht im Menü enthalten?*«
- »*Warum werden gerade diese Optionen angezeigt – und keine anderen?*«
- »*Sind die Ziele des Providers bekannt?*«
- »*Spricht die Auswahl im Menü das ursprüngliche Bedürfnis an? Oder sind die Optionen reine Ablenkungen?*«

Das klingt noch recht abstrakt, doch Harris illustriert diese Fragen mit einer kleinen Geschichte, wie sie sich auch täglich in Deutschland abspielen könnte: Ein paar Freunde sind auf der Straße unterwegs und wollen sich weiter unterhalten. Jeder zückt sein Handy, um eine App mit Empfehlungen für Bars in der Nähe zu checken. Wie gesagt: Eigentlich wollen sie nur plaudern, aber die App zeigt Bilder von Cocktails, die für einzelne Bars werben. Die Freunde fangen an, diese Werbeaufnahmen zu vergleichen.

Still und leise hat sich ein neues Auswahlmenü in ihre Köpfe geschlichen, denn der schönste Cocktail macht jetzt das Rennen – und nicht die gemütlichste Bar zum Plaudern. Statt der Frage »Wo können wir hingehen, um in Ruhe zu reden?« drängte die App eine andere Frage auf: »Welche Bar hat die schönsten Bilder von Cocktails?«

Das alles geschah, weil das Auswahlmenü der App so gestaltet war. Die Geschichte geht aber noch weiter: Die Freunde verfallen der Illusion, die App habe ihnen alle Möglichkeiten aufgezeigt. Während sie in ihre Smartphones starren, verpassen sie, wie im nächsten Park eine Band live spielt. Auf der anderen Straßenseite übersehen sie, dass eine Galerie Kaffee und Crêpes serviert. Die App hat beide Anbieter nicht erwähnt.

Und Harris spitzt die Frage weiter zu: Was passiert, wenn wir morgens beim Aufstehen gleich aufs Handy schauen? »Wir sehen eine Liste mit Benachrichtigungen«, so der Ex-Google-Mitarbeiter, »und unsere Erfahrung des Aufstehens verwandelt sich in ein Menü für alle Dinge, die wir seit gestern verpasst haben.« Was macht das wohl mit Menschen? Technologie kapert unsere Wahrnehmung von Wahlmöglichkeiten und ersetzt sie durch neue Optionen. »Aber je mehr wir unsere Aufmerksamkeit auf diese Optionen lenken«, so Harris, »desto mehr merken wir, wenn sie nicht mit unseren Bedürfnissen übereinstimmen.«

Hijack #2: Stecke einen Spielautomaten in Milliarden Taschen
Harris hat für Apps einen Tipp: »Wenn du eine App bist, wie schaffst du es, Menschen von dir abhängig zu machen? Verwandle dich einfach in einen Glücksspielautomaten!« Ein Beispiel sind einarmige Banditen, für die Las Vegas berühmt ist.

Einarmige Banditen

Der deutschstämmige Charles Fey hat 1897 den ersten einarmigen Banditen erfunden. Dieser Glücksspielautomat hatte drei Walzen, die verschiedene Symbole anzeigten. Mit einem Hebel setzte der Spieler diese Walzen unabhängig in Bewegung, nachdem er eine Münze eingeworfen hatte. Das dauerte drei Sekunden – bis die rotierenden Walzen zum Stillstand kamen. Wie die abgebildeten Symbole kombiniert waren, entschied über einen möglichen Geldgewinn. Die höchste Summe wurde ausbezahlt, wenn alle Walzen das Symbol einer Glocke zeigten. Ironie der Geschichte: Als patriotischer Amerikaner nannte Fey seine Maschine »Liberty Bell«.

Am Prinzip des einarmigen Banditen hat sich wenig geändert – nur eine Software steckt jetzt mit Zufallsgenerator in den modernen Banditen. Und: Diverse Elemente aus diesem Glücksspiel finden sich in vielen Computerspielen, und zwar in einer virtuellen Variante, die genauso gefährlich ist.[127]

Warum aktivieren wir im Durchschnitt 53-mal täglich das Handy? Warum lassen wir uns alle 18 Minuten aus unseren Tätigkeiten reißen? »Smartphone-Apps funktionieren wie Glücksspielautomaten. Wir betätigen sie immer wieder, um uns einen kleinen Kick zu holen«, sagt Alexander Markowetz, Juniorprofessor für Informatik an der Universität Bonn.[128] Er bestätigt damit Parker und Palihapitiya, die vom Dopamin-Kick durch Facebook sprachen. Aber wie springt genau dieser Suchtmechanismus an?

Das lässt sich in zehn Schritten erklären:

1. Burrhus Frederic Skinner (1904–1990) war ein amerikanischer Psychologe.[129] Er baute einen Käfig, die »Skinner-Box«, in der eine Ratte folgende Erfahrung machte: Wenn sie auf einen Hebel drückte, bekam sie Futter. Durch die Belohnung lernte sie, dass diese Aktivität angenehme Folgen hat. Das verstärkte ihr Verhalten, den Hebel immer mehr zu bedienen. Das Experiment entsprach einem »Verstärkerplan«.
2. Ein solcher »Verstärkerplan« ist Teil einer »operanten Konditionierung«. Konditionierung bedeutet: Durch einen bestimmten Reiz wird automatisch ein Verhalten abgerufen. Das Wort »operant« steht für den Sachverhalt, dass die Ratte durch eigene Aktivität (»operieren«) die Konditionierung auslöst.
3. Bisher handelt es sich um eine »kontinuierliche Verstärkung«. Jedes Mal, wenn die Ratte den Hebel betätigt, bekommt sie Futter. Darauf kann sie sich verlassen. Das führt dazu, dass die Ratte immer häufiger diese Reaktionsweise zeigt.
4. Skinner übertrug die Erkenntnisse aus den Tierversuchen auf Menschen, der Behaviorismus war geboren. Menschliches Verhalten wird in vielen Bereichen der Gesellschaft durch Belohnung oder Strafe gesteuert, etwa bei der Erziehung von Kindern.
5. »Operante Konditionierung« heißt dabei: Der Mensch greift aktiv in ein Geschehen ein, und je öfter er für dieses gewünschte

Verhalten belohnt wird, desto größer wird die Wahrscheinlichkeit, dass er sich wieder genauso verhält.

6. Um das Suchtphänomen zu verstehen, fügen wir das Wort »intermittierend« hinzu und sprechen jetzt von »intermittierenden Verstärkerplänen«.

7. Das Adjektiv »intermittierend« hat lateinische Wurzeln und bedeutet: »aussetzend«, »mit Unterbrechungen«, »stoßweise«. Also genau das Gegenteil von »kontinuierlich«. Ein »intermittierender Verstärkerplan« folgt also keinem Plan! Die Belohnung erfolgt zufallsgesteuert, der Willkür eines Algorithmus ausgeliefert. Genau mit solchen »intermittierenden Verstärkerplänen« arbeiten die Programmierer von Glücksspielautomaten.

8. Der Spieler will einen Dopamin-Kick als Belohnung, kann sich aber niemals sicher sein, wann dieser Kick eintritt. In der nächsten Runde? Nach zehn weiteren Runden? Das kann dazu führen, dass er wilde Theorien entwickelt und Muster zu erkennen glaubt, wo keine existieren. Immer wieder muss er sein Glück versuchen ... Es entsteht eine ständige Spannung aus Hoffnung, Enttäuschung und vermeintlichen Erfolgen. Die Sucht beginnt.

9. Wer schon süchtig ist, betätigt den einarmigen Banditen immer wieder – Hunderte, Tausende Male. Subjektiv denkt der Süchtige: »Ich probiere mein Glück nur noch dieses eine Mal«. Dabei hofft er aber, den seltenen Großgewinn zu erzielen. Der Spieler muss immer weiterspielen, weil der große Gewinn in der nächsten Runde winken könnte – oder auch nicht! Das ist die manipulative Wirkung von »intermittierenden Verstärkerplänen«.

10. Derselbe Suchtmechanismus greift in der virtuellen Welt, in der viele Elemente des realen Glücksspiels nachempfunden werden – bis hin zu »einarmigen Banditen«, die sich per Maus oder Spielkonsole steuern lassen.

Aber Achtung! Diese Suchtmechanismen funktionieren nicht nur beim Glücksspiel – egal ob real oder virtuell. Sie haben bereits unseren digitalen Alltag erobert. Harris: »Einige Milliarden Menschen haben einen Spielautomaten in der Hosentasche«. Das zeigt er an einer Reihe alltäglicher Situationen, die von »intermittierenden Verstärkerplänen« gesteuert sind:

- Sobald wir unser Smartphone aus der Tasche holen, starten wir den Spielautomaten, wenn wir unsere aktuellen Benachrichtigungen sehen wollen. Viel Werbung, wenig Inhalte, rein zufallsbedingt!
- Wenn wir das Mailprogramm aufrufen, spielen wir schon wieder ein Glücksspiel. In einem Meer von Nachrichten taucht ab und zu eine wichtige Mail auf, rein zufallsbedingt.
- Wer seinen Instagram-Feed runterscrollt, hofft auf ein interessantes Foto. Kommt es, kommt es nicht? Wieder alles zufallsbedingt.
- Sobald jemand eine Dating-App wie Tinder benutzt, fängt er an, Fotos von Menschen nach links oder rechts zu wischen. In der Hoffnung auf ein »Match«. Ein Glücksspiel, rein zufallsbedingt.

Der Fall *Coin Master*

Im März 2020 entschied die Bundesprüfstelle für jugendgefährdende Medien (BPJM): Das Spiel *Coin Master* wird nicht verboten.[130] Die Entscheidung zeigt das ganze Dilemma, das im aktuellen Jugendschutzgesetz steckt. »Was oft positiv entschieden wird, ist in Wirklichkeit jugendgefährdend«, sagt Dr. Uwe Büsching, Vorstandsvorsitzender der Stiftung Kind und Jugend.[131] Der Kinder- und Jugendarzt nahm an der Expertenanhörung teil, die zur geplanten Reform des Jugendschutzgesetzes stattfand, ebenfalls im März 2020. »Die Medienindustrie will ein neues Gesetz verhindern, so lange es geht«, sagt Dr. Büsching. »Mit dem Status quo lässt sich leichter Geld verdienen.«

Zum Beispiel mit *Coin Master*: ein Online-Spiel fürs Smartphone, das comicartig gestaltet ist, mit bunter Grafik und freundlicher Animation. So spricht es auch Kinder an – obwohl es eindeutig Elemente von Glücksspiel enthält! Die Bundesprüfstelle schreibt: »Ziel des Spiels ist es, ein virtuelles Dorf aufzubauen und zu erhalten. Das Spiel umfasst mindestens 205 Level, wobei ein Level eine Spielhalle darstellt.« Spieler finanzieren Investitionen in ihr Dorf mit virtuellem Geld, den »Coins«.

»Die benötigte Spielwährung«, so die Prüfstelle, »wird durch verschiedene Formen des simulierten Glücksspiels, insbesondere das Spielen am Spielautomaten erworben.« Mit echtem Geld lassen sich weitere Chancen im Glücksspiel kaufen. Völlig richtig kommen die Prüfer zu dem Schluss: »Aufgrund der wissenschaftlich belegten Wirkung von simuliertem Glücksspiel kann die interaktive Spielhandlung grundsätzlich zur Prägung positiv gefärbter Glücksspieleinstellungen [...] führen.« Außerdem sind zu befürchten:

- »eine Desensibilisierung gegenüber Glücksspielverlusten«
- »die Förderung unrealistischer Gewinnerwartungen«
- »ein (schnellerer) Umstieg zu echtem Glücksspiel«.

Die Konsequenz sei »eine Verharmlosung von Glücksspiel«, was »die Bereitschaft zum Konsum bei hierfür anfälligen Kindern und Jugendlichen« fördert.

Die Bundesprüfstelle weiß Bescheid, sie beschreibt im Detail die jugendgefährdende Wirkung von *Coin Master* – und lehnt trotzdem eine Indexierung ab! Da staunt der Laie und der Experte wundert sich … Doch die Prüfer sehen sich einem juristischen Dilemma gegenüber: Glücksspiel gilt als »Interaktionsrisiko«, doch das geltende Recht schützt Kinder und Jugendliche nur vor »inhaltsbezogenen Konfrontationsrisiken.«

Konkret heißt das: Würde *Coin Master* Gewalt verherrlichen oder pornografische Inhalte verbreiten, wäre das Spiel wahrscheinlich auf dem Index gelandet. Behörden sind aber in ihrem Handeln an Recht und Gesetz gebunden. Wenn das Gesetz simuliertes Glücksspiel (noch) nicht als Gefahr definiert, müssen die Prüfer ein Verbot ablehnen.

Ein echtes Dilemma, das die Behörde selbst behoben sehen will. Sie formuliert etwas verklausuliert: Um die »jugendgefährdende Wirkung« zu erfassen, »bedarf es daher einer grundsätzlichen Erweiterung der gefestigten und durch Rechtsprechung bestätigten Spruchpraxis der Bundesprüfstelle.« Sie soll sich in Zukunft auch mit »Konsummitteln mit Suchtgefährdungspotenzial um den Tatbestand der Verherrlichung bzw. Verharmlosung von Glücksspiel« beschäftigen.

Die Diskussion um ein neues Jugendschutzgesetz läuft gerade, »Interaktionsrisiken« müssen Teil des neuen Gesetzes werden. Dr. Büsching: »Der Schutz der Kinder ist ein höheres Rechtsgut als die Verdienstmöglichkeiten der Medienindustrie.«

Hijack #3: Die Angst, etwas Wichtiges zu versäumen.
Harris schreibt, dass es einen weiteren Weg gibt, den Verstand der Menschen zu kapern. Suggeriere ihnen, dass sie ein Risiko von 1 Prozent haben, etwas Wichtiges zu verpassen. Das bedeutet: 99 Prozent des Datenstroms sind irrelevant, aber plötzlich könnte ein Diamant auftauchen … und den will kein Mensch ignorieren oder übersehen. Das Phänomen hat wieder Ähnlichkeit mit Glücksspiel.

Warum sollten wir unseren Account bei Facebook löschen? Wir könnten ja die entscheidende Story verpassen, über die meine Freunde reden werden. Warum sollten wir uns von einem Menschen »entfreunden«, weil wir jahrelang nicht mit ihm gesprochen haben? Plötzlich postet er eine wesentliche Mitteilung – und wir haben sie verpasst.

Geht gar nicht! Aus diesen Gründen halten wir auch an einem nutzlosen Newsletter fest. Dieses Verhalten erinnert an die *Fear of missing out* (FOMO).

Hijack #4: Soziale Anerkennung
»Hans Meier hat dich in einem Beitrag markiert« – ein Satz auf Facebook, der unser Herz höherschlagen lässt. Harris: »Wir alle sind leicht empfänglich für soziale Anerkennung. Das Bedürfnis nach Zugehörigkeit und Wertschätzung durch unsere Peergroup zählt zu den stärksten Motiven, die Menschen bewegen. Aber jetzt liegt diese soziale Anerkennung in der Hand von Tech-Firmen.«

Und diese Unternehmen nutzen diese Schwäche konsequent aus. Facebook, Instagram oder Snapchat manipulieren, wie oft Menschen »markiert« werden, zum Beispiel in einem Foto. Das geht so: Die Algorithmen schlagen den Betrachtern automatisch vor, die abgebildete Person zu markieren – als Anerkennung! Wer das jetzt macht, so Harris, antwortet auf den Vorschlag von Facebook, trifft aber keine eigenständige Entscheidung. »Durch ein solches Design steuert Facebook, wie oft Millionen von Menschen auf solchen Wegen soziale Anerkennung erfahren«, erklärt Harris.

Facebook hat diese Strategie perfektioniert: Sobald ein Nutzer sein Profilbild wechselt, entscheidet das System, dass die Nachricht länger als üblich weit oben im Newsfeed rangiert. Der Effekt: Noch mehr »Freunde« können Likes oder Kommentare hinterlassen; die Maschine der sozialen Anerkennung läuft auf Hochtouren. Die Psychologie ist einfach: Wenn wir unser Profilbild als Aushängeschild verändern, ist der Wunsch besonders stark, positives Feedback zu erhalten. Der ehemalige Google-Mitarbeiter sagt zu diesem Mechanismus: »Jeder Mensch reagiert von Natur aus auf soziale Anerkennung, aber einige Gruppen wie Teenager sind dafür anfälliger. Daher ist es wichtig, die Macht der Designer zu erkennen, die diese Verwundbarkeit ausnutzen«.

Hijack #5: Soziale Reziprozität

Das Wort »Reziprozität« steht für »Gegenseitigkeit« oder Wechselbezüglichkeit«. Ein Begriff aus der Soziologie, der ein Grundprinzip menschlicher Gesellschaft beschreibt: das Prinzip der Gegenseitigkeit. Im Englischen gibt es die Redensart »Tit for Tat«: »Wie du mir, so ich dir«. Oder aus dem alten Rom ist der Satz überliefert: »Do ut des« – »Ich gebe, damit du gibst.« Im Deutschen existiert das Sprichwort: »Eine Hand wäscht die andere.«

Der kleine Ausflug durch Sprache und Kultur zeigt: Reziprozität ist tief verwurzelt im menschlichen Denken! Kein Wunder, dass sich wieder ein Einfallstor für Programmierer öffnet, Menschen gegen ihren Willen über den Tisch zu ziehen. In den Worten von Tristan Harris: »Wir sind verwundbar. Denn wir verspüren immer den Drang, reziprok auf Gesten anderer Menschen reagieren zu müssen. Wie beim Thema ›soziale Anerkennung‹ manipulieren jetzt die Tech-Firmen, wie oft wir das erleben.«

Ein einfaches Beispiel: Auf Twitter erhalten wir die Nachricht, dass wir einen neuen Follower haben. Automatisch taucht in unserer Seele die Frage auf, ob wir dem genannten Follower ab jetzt auch folgen sollten ... Das Prinzip der Gegenseitigkeit wurde wirksam. Zwar wird diese Frage auch zufällig aufgeworfen, etwa durch eine freundliche Mail. Doch unsere psychische Anfälligkeit nutzen viele Unternehmen bewusst aus.

Harris nennt als Beispiel das Netzwerk LinkedIn als »offensichtlichsten Täter«: Das Netzwerk zielt darauf ab, dass möglichst viele Menschen gegenseitig soziale Verpflichtungen eingehen. »Jedes Mal«, so Harris, »wenn jemand eine Gegenleistung erbringt, zum Beispiel eine Empfehlung für eine besondere Kompetenz, dann muss er wieder auf die Website zurück. Und dort soll er am besten noch mehr Zeit verbringen.«

Der Ex-Google-Mitarbeiter beschreibt eine »Asymmetrie der Wahrnehmung«, die neben LinkedIn auch Facebook ausnutzt: Wir erhalten eine Freundschaftsanfrage – und denken, dieser Mensch hätte eine bewusste Entscheidung getroffen. Vielleicht fühlen wir uns sogar »geehrt«; auf jeden Fall beginnt in unserem Kopf das »Prinzip der Gegenseitigkeit« zu arbeiten. Wie sieht die Wirklichkeit aus? Unser Name stand einfach auf einer Liste, die automatisch erzeugte Vorschläge mit Freundschaftsanfragen enthielt. Wahrscheinlich war es schlichtweg Zufall, dass wir in dieser Liste angeklickt wurden.

Die Netzwerke, schreibt Harris, »verwandeln unbewusste Impulse in neue soziale Verpflichtungen.« Und der Empfänger der Freundschaftsanfrage fühlt sich reziprok verpflichtet, freundlich zu reagieren. »Dabei profitieren die Unternehmen von der Zeit, die Menschen mit diesen Aktivitäten verbringen«, so Harris. Das Stichwort lautete: »Engagement«! Von Lanier hatten wir bereits gelernt: Je mehr Zeit ein Nutzer auf einer Plattform verbringt, desto öfter ist er Werbung ausgesetzt. Je mehr Werbung die Unternehmen einspielen, desto höher fallen die Gewinne aus. Kurzum: Das wertvolle Prinzip der Gegenseitigkeit wird im Wortsinn pervertiert, nämlich ins Negative verkehrt – es dient vor allem der Profitmaximierung. Durchschauen das Kinder und Jugendliche?

Warnsignale gefährlicher Mediennutzung

Der Vorstandschef der DAK-Gesundheit, Andreas Storm, präsentierte die aktuelle Studie seiner Krankenkasse, Juli 2020. Titel: »Mediensucht 2020 – Gaming und Social Media in Zeiten von Corona«. Dabei nannte er Verhaltensweisen, an denen Eltern eine gefährliche Mediennutzung ihrer Kinder erkennen. Hier seine Liste aus der Präsentation:[132]

- **»Kontaktverhalten.** Der Jugendliche geht jeglicher Begegnung aus dem Weg, Gespräche verlaufen eher flüchtig und oberflächlich.«

- **»Nutzungszeiten.** Die Zeit, in der der Jugendliche das Internet oder das Smartphone oder den Computer nicht nutzt, wird immer kürzer, sonstige Freizeitaktivitäten werden vernachlässigt oder ganz aufgegeben.«
- **»Tagesstruktur.** Der Jugendliche ist bis in die Nacht hinein im Internet, er schläft deutlich weniger oder in einem anderen Rhythmus als früher, er ist oft müde.«
- **»Affekt.** Der Jugendliche reagiert launisch, wütend, depressiv verstimmt, wenn er/sie keinen Internet-/Computer-Zugang hat.«
- **»Nachlässigkeit.** Es kommt zu Versäumnissen bei der Erfüllung von Aufgaben und Verpflichtungen.«
- **»Selbstreflexion.** Betroffene selbst haben oft große Schwierigkeiten, ihren Internetgebrauch realistisch einzuschätzen, und sind deshalb dazu auf Hilfe von außen angewiesen.«

Hijack #6: Unendliche Feeds und Autoplay

Der Grillparty-Effekt: Das Steak war lecker, das Grillgemüse auch – und jetzt liegen wieder Würste auf dem Grill, die einen verführerischen Duft verströmen (sorry, liebe Vegetarier und Veganer!). Was passiert? Der Magen ist längst gefüllt, von Hunger kann keine Rede mehr sein ... aber das eine Würstchen? Mit etwas Kartoffelsalat? Und schon essen wir weiter und weiter ...

»Tech-Unternehmen beuten dasselbe Prinzip aus«, stellt Harris fest. Sie bringen Menschen dazu, noch mehr zu konsumieren, auch wenn sie gar keinen »Hunger« mehr haben. Der »Hunger« ist unser Bedürfnis nach Unterhaltung oder Nachrichten. Beides waren in der alten Medienwelt begrenzte Angebote; sie verwandelten aber die Programmierer in unendliche Ströme aus Bits und Bytes.

Ob Facebook oder LinkedIn – beide nutzen die Technik *auto-fill*. Die Nachrichten-Feeds sind so programmiert, »dass sie automatisiert ständig neue Gründe liefern, um ›weiterzublättern‹. So wird absichtlich jede Pause verhindert, in der ein Nutzer über ein Verlassen der

Seite nachdenken könnte«, schreibt Harris. Es wäre ja denkbar, dass gerade die nächste Nachricht besonders witzig ist. So wird der oben beschriebene Glücksspiel-Effekt noch verstärkt!

Genauso tückisch ist die Autoplay-Funktion bei Netflix, YouTube oder Facebook. Nach einem kurzen Countdown wird das nächste Video gestartet – statt auf eine bewusste Entscheidung des Betrachters zu warten. Manipulation pur, besonders bei Kindern und Jugendlichen, die so in den Bann endloser Unterhaltung gezogen werden. »Ein großer Teil des Datenverkehrs dieser Websites wird verursacht, indem automatisch das nächste Video abgespielt wird«, stellt Harris fest. Wieder gilt die Regel: Viel Datenverkehr heißt, Menschen verbringen viel Zeit auf der Plattform. Und nie hatte ein einfacher Spruch mehr zu bedeuten: »Time is money.« Willkommen in der Aufmerksamkeitsökonomie!

Hijack #7: Instant Interruption
Der treffende englische Begriff lässt sich so übersetzen: »sofortige Unterbrechung«. Denn es gibt einen wichtigen Unterschied bei Nachrichten aus dem Netz. E-Mails landen im Postfach – und können stundenlang ungelesen bleiben. Unsere Reaktionsweise ist in der Regel asynchron. Es gibt aber auch Nachrichten, die mit der Suggestion verbunden sind: »Antworte sofort!« Das sind Nachrichten, die eine synchrone Antwort hervorrufen sollen. Sie tauchen auf dem Handy mit einer Push-Meldung auf, manchmal inklusive eines Klingeltons. Die Wirkung: Diese Nachrichten reißen Menschen aus ihrer aktuellen Tätigkeit heraus, weil sie sich verpflichtet fühlen, gleich zu reagieren (*Instant Interruption* + Reziprozität!).

»Die Unternehmen wissen«, so Harris, »dass eine Unterbrechung die Menschen leichter dazu bringt, sofort zu antworten, als es bei asynchronen Nachrichten wie E-Mails der Fall ist.« Das gilt für WhatsApp, Wechat oder Snapchat. Und der Messenger von Facebook blendet die Aufforderung ein: »Verpasse keine Antwort. Aktiviere Benachrichtigungen und werde über neue Nachrichten informiert.« Kleine Manipulation am Rande: Darunter findet sich ein Button, der grafisch hervorgehoben ist. Er trägt die Aufschrift »Benachrichtigungen aktivieren«, in großer weißer Schrift auf blauem Grund!

Die Folge: Wieder hängen die Nutzer längere Zeit an ihren Geräten, Werbung wird eingespielt, Daten werden abgesaugt – und den Rest können Sie sich inzwischen denken. »Unterbrechungen sind gut fürs Geschäft«, trifft Harris den Nagel auf den Kopf.

Mit der Technik der *Instant Interruption* verstärken Tech-Firmen auch das Gefühl, die Nachrichten hätten eine hohe Dringlichkeit. Das steigert die soziale Reziprozität! Hinzu kommt: Facebook teilt es etwa dem Absender automatisch mit, wenn der Empfänger die Nachricht gesehen hat. Das erhöht den sozialen Druck auf den Empfänger, möglichst schnell zu antworten. Die Aufmerksamkeit wird wieder auf die Plattform gelenkt, die daraus erneut Kapital schlägt. Harris: »Die Maximierung von Unterbrechungen erfolgt im Namen des Geschäfts – führt aber zu einer Tragödie für die Allgemeinheit.« Im globalen Maßstab werde die Aufmerksamkeit der Menschen zerstört, denn es käme täglich zu Milliarden unnötiger Unterbrechungen.

Hijack #8: Meine Gründe werden deine Gründe
Wo steht oft im Supermarkt das Kühlregal mit Milch? Weit hinten, denn so muss der Käufer an vielen Regalen mit Produkten vorbeigehen, die er auch in den Einkaufswagen werfen könnte. Ein zusätzlicher Kaufanreiz, denn Milch wollen viele Kunden sowieso kaufen. Diese Konstellation schaffen Supermärkte, um ihre Gewinne zu maximieren, weil sich so ihre Kunden für mehr Produkte entscheiden. »Wenn die Geschäfte wirklich ihren Kunden dienen wollten, würden sie die populärste Ware am Eingang präsentieren«, schreibt Harris.

Was hat das alles mit Manipulationen auf Online-Plattformen zu tun? Sehr viel, wie wir gleich sehen werden. Beispiel Facebook: Ein Nutzer will sich über aktuelle Veranstaltungen informieren (Milch), landet aber immer zuerst auf seiner Startseite, die den Newsfeed (Regale) präsentiert. Natürlich gibt es weiter unten den Menüpunkt Veranstaltungen, aber der erste Blick fällt auf den Nachrichtenstrom, voller verlockender Videos, Gags oder persönlicher Mitteilungen.

Die Aufmerksamkeit wird vom eigentlichen Ziel (Veranstaltungen) abgelenkt – und im übertragenen Sinne schickt uns Facebook an vielen Regalen vorbei, gefüllt mit verführerischer Ware. »Das geschieht mit Absicht«, so Harris »Facebook will all deine Gründe zur Nutzung des Netzwerks in Gründe umwandeln, um die Dauer deines Aufenthalts zu maximieren.« Statt kurz nach Veranstaltungen zu schauen, bleiben wir beim neuesten Video der Lieblingsband hängen, vergeben noch drei Likes und teilen zwei interessante Nachrichten ... Wieder hat Facebook gewonnen!

»Es sollte immer einen direkten Weg geben, um zu bekommen, was wir wollen – unabhängig davon, was die Unternehmen wollen«, fordert Harris. Der Netzwerk-Kritiker schlägt rechtliche Regeln vor, um Design-Standards festzulegen. So ließen sich die Tech-Unternehmen zwingen, Milliarden Menschen einen direkten Zugang zu gesuchten Informationen zu gewähren – ohne sie bewusst aus kommerziellen Gründen abzulenken.

Wer will seine Kinder mit Glücksspiel vertraut machen? Wer will sie in frühen Jahren Mechanismen ausliefern, die Abhängigkeit fördern? Wer will, dass Kinder ihre Aufmerksamkeit für die Welt einbüßen? Das alles geschieht aber, wenn Eltern ihre Kinder zu früh mit Bildschirmmedien konfrontieren. Steve Jobs las mit seinen Kindern Bücher, Bill Gates gab seinen Kindern kein Handy in die Hand, bevor sie 14 Jahre alt waren. Sie wussten, warum – und nach diesem Kapitel wissen auch Sie, wie raffiniert die Manipulationsmaschine im Silicon Valley funktioniert. Dabei war das nur eine kleine Auswahl manipulativer Techniken. Denn Harris stellt fest:

»Ärgern Sie sich, dass Technologie Ihr Handeln bestimmt? Mich ärgert das! Denn ich habe nur ein paar Techniken aufgelistet. In Wirklichkeit sind es aber Tausende, die ganze Bücherregale füllen oder in Workshops

unterrichtet werden – für angehende Unternehmer in der Tech-Branche. Hunderte Ingenieure haben jeden Tag die Aufgabe, neue Wege zu finden, um Sie süchtig zu machen.«

Ein Skandal, eine Katastrophe! Wir kennen alle aus dem Fernsehen Bilder, die bei Umfragen auf der Straße entstehen. Frage: »Sind Sie süchtig nach Ihrem Smartphone?« – »Na klar«, lautet oft die fröhliche Antwort, »ich kann ohne mein Smartphone nicht mehr leben.« Und mit großer Naivität freuen sich die Menschen über ein Suchtverhalten, das sich tief in ihren Alltag eingegraben hat.

Selbst Erwachsene mit einem ausgereiften Gehirn fallen herein auf die Tricks der digitalen Manipulatoren. Was passiert aber mit Kindern, deren kognitive Reife noch Jahre dauern wird? Das beschreibt die Neurobiologin Prof. Dr. Gertraud Teuchert-Noodt:[133]

- »Digitale Medien haben ebenso wie stoffliche Drogen ein **Sucht induzierendes Potenzial**. Denn limbische Schaltkreise unterliegen im Gehirn des Kindes einer höchst sensiblen neuronalen Anpassung von Rezeptoren und Neuronen an jegliche Umweltreize sowie an (nicht-)stoffliche Drogen. Sobald sich Kinder in Tablets und Co verlieben, entsteht ein unauslöschliches Verlangen nach mehr, und eine opioide Sucht verankert sich in dem verfügbaren Schaltkreis des sogenannten ›Belohnungssystems‹ (*Reward System*).«
- »Aus hirnphysiologischer Sicht bleibt das Leben digitalisierter Kinder zeitlebens doppelt gefährdet: Das sogenannte ›**Belohnungssystem**‹ führt die Regie und das **Stirnhirn** wird entmündigt.«
- »Erst ab der Adoleszenz kann das fortschreitend gereifte Stirnhirn als übergeordnete Kontrollinstanz mit den im Unterbewusstsein arbeitenden limbischen Schaltkreisen annähernd kooperieren. Erst dann kann der Erwachsene eine Sucht bewusst verhindern und sinnbezogen mit Medien umgehen.«

Doch damit nicht genug: Es gibt einen alarmierenden Zusammenhang zwischen Social-Media-Sucht und Depressionen, warnt Prof. Rainer Thomasius, Ärztlicher Leiter am Deutschen Zentrum für Suchtfragen des Kindes- und Jugendalters, Hamburg.[134] Wer von sozialen Medien abhängig ist, hat ein 4,6-fach erhöhtes Risiko, an einer Depression zu erkranken. So berichtet jeder dritte süchtige Jugendliche über Symptome dieser Krankheit. »Über Ursache und Wirkung haben wir noch keine Erkenntnisse«, gibt der Suchtexperte zu. »Natürlich kann es auch sein, dass sich depressive Kinder und Jugendliche häufiger in die virtuelle Welt zurückziehen und deshalb ein Suchtverhalten entwickeln. In jedem Fall verstärken sich die beiden Faktoren, sodass eine ernste gesundheitliche Gefahr droht.« Außerdem stellt Prof. Thomasius fest: »Je länger und häufiger die Kinder und Jugendlichen online sind, desto höher ist das Suchtrisiko.« Kehrschluss: Kinder im Kindergarten- und Grundschulalter gehören nicht vor Bildschirme! Die Risiken überwiegen die Chancen!

Fazit: »Frühe Medienkompetenz« ist eine Illusion, weil Vier- bis Fünfjährige nicht in der Lage sind, reflektierend mit digitalen Medien umzugehen.[135] Das sagt deutlich die Entwicklungspsychologie. Wer digitale Medien in diesem Alter »pädagogisch wertvoll« in der Schule einsetzen will, fördert (ungewollt) den Umgang mit Glücksspielautomaten. Tristan Harris hat eindeutig nachgewiesen: Manipulative Elemente finden sich in vielen Apps, selbst wenn sie so harmlos erscheinen wie Coin Master. Diese Suchtmechanismen sind konstitutiv für Social Media. Wenn digitale Medien in der Schule oder im Kindergarten zum Einsatz kommen, legitimiert das den Missbrauch im privaten Umfeld. Nach dem Motto: »Wenn mein Kind in der Grundschule ein Tablet hat, kann es zu Hause nicht verkehrt sein.«

Die Konsequenzen sind fatal: Mediensucht kann zur sozialen Isolation und zu Depressionen führen. Eine Sucht, die genauso zerstörerisch wie Alkoholismus oder Nikotinsucht ist. Eine Sucht, die im

Moment noch gesellschaftlich akzeptabel erscheint – so, wie in den 1970er-Jahren: Da durften Journalisten und Politiker im Fernsehstudio ungehemmt qualmen! Inzwischen gibt es ein hart erkämpftes Rauchverbot in der Gastronomie und bei Lanz und Co wird keine Zigarette mehr angezündet. Und die suchtfördernden Mechanismen von Facebook und Co? Damit muss Schluss sein, weil jede Form der Sucht katastrophal für das Individuum und die Gemeinschaft ist. Egal, ob Alkohol, Zigaretten oder soziale Medien.

KAPITEL 11
AUF DEM SILBER-TABLET SERVIERT!

Warum das Bohren dicker Bretter wichtig ist – und kein Computerspiel harte Arbeit beim Lernen ersetzt

Wenn ein *Educational Designer* Lernen in einem Computerspiel beschreibt, hört sich das so an:[136] »Viele digitale Spiele [können] als komplexe Probleme betrachtet werden, die nach und nach gelöst werden«, so Daniel Behnke in einem Blogbeitrag. »Man lernt Schritt für Schritt, von Level zu Level. Man schaltet neue Fähigkeiten frei und kann mit diesen neue und schwerer werdende Herausforderungen meistern.« So kommt ein Spieler immer weiter: »Und dieses Vorankommen erlebt man hautnah, bis man schließlich das komplexe Problem gemeistert hat.« Das kann ein Level, ein »Zwischengegner« oder das ganze Spiel sein. Der Name seiner Website ist Programm: digital-spielend-lernen.de.

Ein ähnliches Programm wird im eidgenössischen Bern verfolgt: *Digital learning base* heißt ein Bereich, der an der Pädagogischen Hochschule Bern (PHBern) angesiedelt ist. Er macht »Angebote rund um das digitale Lernen und Lehren« der PHBern, »für Studium, Lehre und Forschung«. Einer der wissenschaftlichen Mitarbeiter ist Dr. Nando

Stöcklin, der in einem Gespräch mit CONDORCET behauptet:[137] »Spielen ist nichts anderes als Lernen. Im 21. Jahrhundert kann dieses Prinzip auch auf das Erwerbsleben ausgedehnt werden: Wir können unsere Leidenschaft zum Beruf machen, unseren eigenen Job gestalten. [...] Arbeiten fühlt sich so wie Spielen an.«

Die alte Leistungsgesellschaft sei ein Auslaufmodell: »Die Leistungsorientierung«, so Stöcklin, »dürfte mit der digitalen Transformation durch eine Orientierung am Spiel ersetzt werden.« Algorithmen würden immer mehr Routinetätigkeiten übernehmen. »Werte wie Zuverlässigkeit, Disziplin, Fleiß und Ordnung verlieren an Bedeutung«, so der wissenschaftliche Mitarbeiter am Institut für Medienbildung der Pädagogischen Hochschule Bern. »Neu entstehende Jobs haben meistens hohe Anforderungen an Kreativität, Problemlösefähigkeiten und Sozialkompetenzen.« Das seien die Nischen, in denen Menschen Computer noch ausstechen. Stöcklin: »Diese Fähigkeiten werden beim Spielen perfekt gebildet.«

Stöcklins Äußerungen provozieren Widerspruch. Wir wollen nur drei Fragen aufwerfen: Lässt sich Arbeit wirklich auf den Begriff des Spielens verengen? Brauchen wir keine zuverlässigen, disziplinierten und fleißigen Menschen mehr? Sollten wir nicht lieber über Nischen für Computer nachdenken, statt darin Menschen unterzubringen? Auf jeden Fall klingt in Stöcklins Worten ein großer Optimismus an; das irdische Jammertal verwandelt sich bald in ein Spielparadies. Der Weg ist zwar noch weit, doch das flotte Vehikel, um ins Paradies zu gelangen, gibt es bereits. Es heißt *Gamification*.

Gablers Wirtschaftslexikon definiert: »*Gamification* ist die Übertragung von spieltypischen Elementen und Vorgängen in spielfremde Zusammenhänge mit dem Ziel der Verhaltensänderung und Motivationssteigerung bei Anwenderinnen und Anwendern.« Dabei muss es sich nicht um Lernprogramme handeln. Auch analoge Kartenspiele haben Eingang in den Unterricht gefunden, um Schülern Inhalte spielerisch zu vermitteln. In unserem Zusammenhang verdichten wir aber den

Begriff *Gamification*, so wie ihn viele Menschen verstehen: als Versuch, Lernprogramme unter anderem durch Elemente aus Computerspielen anzureichern. Dafür steht die englische Formulierung *Game-based Learning*.

Lernen auf der Basis von Spielen? Diese Idee begründet sich durch den Alltag heutiger Jugendlicher. So hat sich Christine Gräfe mit Computerspielen zum Transfer naturwissenschaftlicher Erkenntnisse beschäftigt. Sie argumentiert in ihrer Dissertation:[138]

»Computerspiele [stellen] einen großen Anteil in der Freizeitgestaltung der Jugendlichen [dar], und es liegt nahe, dass die Integration dieses Mediums in den Unterricht Vorteile mit sich bringen würde. [...] Das unterhaltende und spielerische Potenzial von Computerspielen soll dafür verwendet werden, um das Lernen schneller, effizienter und erfolgreicher zu gestalten.«

Gräfe beschreibt weiter, wie sich eine Spirale der Konkurrenz zu drehen beginnt: Computerspiele werden immer raffinierter, und die Ansprüche der jungen Nutzer klettern in die Höhe. Das wirkt sich auf die Erwartungen gegenüber »Computer**lern**spielen« aus, die in Sachen Grafik, Story etc. nicht zurückbleiben dürfen. »Dies bedeutet«, so Gräfe, »dass professionelle Gamedesigner und Grafiker an der Produktion von Computer**lern**spielen beteiligt sein müssen, damit die Ergebnisse sich mit konventionellen Computerspielen messen können.« Konventionelle Computerspiele werden zum leuchtenden Vorbild. Es sollten alle Elemente bekannt sein, »die einen Spieler ein Computerspiel gerne und freiwillig spielen lassen.« Nur so ist es möglich, »Lernspiele zu erstellen, die mit gleicher Faszinationskraft auf den Lernenden wirken wie Computerspiele«, so Gräfe weiter.

Wie entsteht diese »Faszinationskraft«? In der Realität versuchen wir alle, unsere Umgebung zu kontrollieren und zu beherrschen. Dieses seelische Grundbedürfnis spiegelt sich in Computerspielen: »In der virtuellen Spielwelt erhält der Spieler die Möglichkeit, den im realen Leben permanent potenziellen Kontrollverlust hinter sich zu lassen und zu bewältigen«, schreibt Gräfe. Spieler erhalten am Rechner die Gelegenheit, Macht und Kontrolle über das Spielgeschehen auszuüben. Das hat zur Konsequenz: »Erreicht der Spieler dieses Gefühl, kann es sein, dass er es so lang wie möglich genießen möchte und somit immer weiterspielt, um noch mehr Macht und Kontrolle zu erlangen.«

Der Spieler kann, so Gräfe, auf diese Weise der trüben Realität entkommen. Die Suchtforschung nennt das eine Flucht aus der Welt. Sie ist neben anderen Kriterien ein wesentliches Merkmal für suchtartiges Spielen am Computer, weil im Gehirn eine »Suchtschleife« ausgelöst wird. Die Macht des Spiels reißt aus der Ohnmacht des Alltags heraus; das Grundbedürfnis nach Kontrolle im Leben wird befriedigt – aber nur zum Schein! Daher kann dieses »Glück« nicht lange währen, und das nächste Level im Spiel ist zu bezwingen. Kein Wunder, dass viele Computerspiele kein Ende kennen, sodass sich die Suchtschleife »unendlich« aktivieren lässt.

Diese psychischen Mechanismen spiegeln sich in einem Buchtitel – mit einer verblüffenden Ehrlichkeit: »Besser als die Wirklichkeit! Warum wir von Computerspielen profitieren und wie sie die Welt verändern«. Computerwelten besser als reale Welten? Diese These ließe sich stundenlang diskutieren ... Das Buch veröffentlichte 2012 die Spieleentwicklerin Jane McGonigal, die über die Realität schreibt:[139] »Verglichen mit Games macht die Realität depressiv. Games fokussieren unsere Energie auf etwas, in dem wir gut sind und was uns Spaß macht – mit einem unzerstörbaren Optimismus.« Dabei verrät sie gleich das Geschäftsmodell der Gaming-Industrie:

> »Die Spielentwickler haben heute verstanden, dass Games zum Hit werden und kommerziell erfolgreich sind – im direkten Verhältnis zum Grad der Befriedigung und der Menge positiver Gefühle, die sie hervorrufen. Mit anderen Worten: Wie glücklich machen sie die Spieler? Game-Designer haben ihre Lektion gelernt: Sie streben unermüdlich nach Glückserlebnis-

sen für den Spieler, inklusive eines ›Flow‹. Und auf diesem Weg haben sie viele andere Glücksstrategien erfunden.«

Was ist ein *Flow*?

Diesen Begriff machte Mihály Csíkszentmihályi 1975 populär. Der Professor für Psychologie beschreibt den *Flow* als »optimale Erfahrung«:[140] Menschen vergessen ihr Gefühl für Raum und Zeit; sie verschmelzen mit ihrer Aufgabe und glauben, alles unter Kontrolle zu haben. Hunger oder Durst spielen keine Rolle mehr; eine tiefe Konzentration für die Aufgabe tritt ein. Das sind alles Komponenten eines starken Glücksgefühls.

Dabei sind vielfältige *Flow*-Erlebnisse denkbar, wie Csíkszentmihályi schreibt: »Ein Maler spürt diesen Zustand, wenn die Farben auf der Leinwand eine ›magnetische Spannung‹ entwickeln – und sich etwas völlig Neues zeigt, eine lebendige Form, die vor dem staunenden Maler Gestalt annimmt. Oder: Es ist das Gefühl eines Vaters, wenn sein Kind zum ersten Mal auf ein Lächeln reagiert.« Wer im *Flow* ist, für den **fließt** das Leben (englisch *flow*: fließen, Fluss). Eigentlich eine schöne Sache, oder?

Doch Csíkszentmihályi bemerkt kritisch: Zwar ist es okay, Glück und Freude als Teil des genetischen Programms zu suchen, etwa durch Essen oder Sexualität. Menschen sollten aber diese unterbewussten Impulse kennen und kontrollieren, wenn andere Ziele in den Fokus rücken. »Das Problem«, so der Psychologe, »besteht darin, dass es in letzter Zeit Mode geworden ist, Gefühle aus den Tiefen der Seele als die wahre Stimme der Natur zu betrachten.« Das hat zur Folge: Viele Menschen vertrauen nur ihren Instinkten! Was sich gut, natürlich und spontan anfühlt, muss das Richtige im Leben sein. Daraus folgt für Csíkszentmihályi:

»Wenn wir ohne jede Frage der Genetik oder sozialen Anforderungen folgen, geben wir die Kontrolle über unser Bewusstsein auf und werden zu

hilflosen Spielzeugen unpersönlicher Kräfte. Kann ein Mensch nicht Nein zu Essen oder Alkohol sagen oder konzentriert sich sein Verstand dauernd auf Sex, ist er nicht in der Lage, seine psychische Energie zu steuern.«

Jetzt wird deutlich, warum der *Flow* eine wichtige Rolle für Game-Designer spielt, eine Rolle, die bereits McGonigal als »Glücksstrategie« benannt hat. Der *Flow* saugt Menschen in die virtuelle Welt der Computerspiele, wobei sie ein »Glück« erleben, das tiefe Schichten unterbewusster Impulse anspricht, etwa den nach Kontrolle des Lebens oder den Wunsch nach Selbstwerterhöhung.

Lassen wir zu diesem Thema einen weiteren Experten zu Wort kommen: Christian Huberts, Kulturwissenschaftler, Redakteur und Autor für das Spielkultur-Bookazine *WASD*, eine Mischung aus Buch und Magazin.[141] Huberts stellt fest: Viele Gamer bewerten ein Spiel, indem sie den *Flow*-Aspekt in den Mittelpunkt stellen. »Die Wertung eines Computerspiels«, so der Experte, »ist also nicht selten gleichzusetzen mit der prozentualen Wahrscheinlichkeit einer *Flow*-Erfahrung.« Daher ließe sich annehmen: Der *Flow* ist »ein funktionierendes theoretisches Konstrukt«, damit »Computerspiele zu einem verstandenen, unterhaltsamen und immer bedeutungsvolleren Medium« werden, schreibt Huberts. Ende der Debatte, wenn da nicht zwei entscheidende Fragen wären, die der Spielexperte aufwirft:

- *»Ist eine optimale Erfahrung wirklich die einzige Erfahrung, die wir in einem Computerspiel suchen?«*
- *»Macht es wirklich nachhaltig glücklich, gedanken- und bewusstlos durch den Tunnel des Flows zu düsen?«*

Überraschend kritische Worte, aber Huberts hat seinem Text auch die Überschrift gegeben: »Eine Kritik am *Flow* als Game-Design-Paradigma. Oder: Warum ich lieber gegen den *Flow* schwimme«. Der Spielexperte weiß genau, wovon er spricht! »Wohl kaum jemand fragt sich im

Eifer des Computerspiels, was er da gerade tut«, schreibt der Experte. »Im Idealfall ist der Spieler mit seiner Aufmerksamkeit komplett in der Action des Spiels versunken.« Dabei lenkt ihn nichts ab, wie etwa »emotionale, moralische oder sonstige Störfaktoren«. Der perfekte *Flow*!

In solchen Situationen ließe sich von »bewusster Selbsthypnose des Spielers mithilfe des Spiels« sprechen, so Huberts, »auch wenn es nach pädagogischem Kulturpessimismus klingt.« Dramatisch die nächste Aussage: »Das Bewusstsein des Selbst wird dabei vorübergehend amputiert und zur Optimierung von Glück und Erfolg durch die volle Konzentration auf das Spiel substituiert.«

Erstaunliche Worte! Der Verlust der bewussten Selbstwahrnehmung ist das Einfallstor, durch das Manipulatoren aller Art direkt in den Kopf marschieren, etwa mit werblichen Anreizen für In-App-Käufe: »Kostet nur einen Euro – und dein Magier kann ab jetzt Drachen besiegen!« Wer sein Gehirn »amputieren« lässt, verliert die Herrschaft über sich selbst, genauso wie es Csíkszentmihályi befürchtet hat: Wir geben die »Kontrolle über unser Bewusstsein auf und werden zu hilflosen Spielzeugen unpersönlicher Kräfte.«

Vor diesem Hintergrund halten wir Computerspiele mit *Flow*-Charakter nicht dafür geeignet, als Blaupause für Lernprogramme zu dienen. Wir könnten zwar Schüler am Computer in einen *Flow* schicken, damit sie leichter lernen. Aber: Das ist ein klarer Verstoß gegen das Recht auf Selbstbestimmung! Kinder und Jugendliche würden psychischen Manipulationen zum Opfer fallen, wie sie bereits die Game-Industrie zum Geschäftsmodell gemacht hat. Das hat uns die Spieleentwicklerin McGonigal verraten.

Wir haben gezeigt, wie der *Flow* im Computerspiel Suchtverhalten stimuliert. Diese Wirkung auf Lernsysteme zu übertragen (*Gamification*), scheint uns fragwürdig zu sein. Zumal Gräfe in ihrer Dissertation erklärt hat: »Computer**lern**spiele« sind wie tatsächliche »Computerspiele« zu gestalten, um für junge Menschen attraktiv zu sein. Suchterzeugende Technologie darf aber keinen Platz im Klassenzimmer haben.

Das heißt auf keinen Fall, dass wir die Bedeutung des Spiels in der Pädagogik geringschätzen. Im Gegenteil! Es gibt eine bekannte Definition für den Begriff »Spiel«, die von Johan Huizinga stammt. Der holländische Kulturhistoriker formulierte sie ein Jahr vor dem Zweiten Weltkrieg:

> »*Spiel ist eine freiwillige Handlung oder Beschäftigung, die innerhalb gewisser festgesetzter Grenzen von Zeit und Raum nach freiwillig angenommenen, aber unbedingt bindenden Regeln verrichtet wird, ihr Ziel in sich selber hat und begleitet wird von einem Gefühl der Spannung und Freude und dem Bewußtsein des ›Andersseins‹ als das ›gewöhnliche Leben‹.*«[142]

Dazu bemerkt Nora Stampfl: »Spiel als freiwilliges, zweckentbundenes Handeln erschafft sich Freiräume, die für Huizinga den Ursprung aller Kulturentwicklung bilden.«

Freiwillig und zweckentbunden! Das sind laut Huizinga zwei zentrale Eigenschaften, die Spiele erfüllen. Trifft das auf Computer**lern**spiele zu? Nein! Kleine Kinder spielen selbstvergessen und erobern so ohne festen Plan ihre Welt. Dabei üben sie ihre sensorischen und motorischen Fähigkeiten, die ihre kognitive Entwicklung voranbringen. Das geschieht evolutionär bedingt – und ohne eine bewusste Absicht! Ein zweckfreies Spiel, das freiwillig begonnen wird.

Es hat aber nichts mit schulischem Lernen zu tun, für dessen Zwecke (!) Computer**lern**programme installiert werden. Darüber hat sich auch ein Schweizer Lehrer für Deutsch, Französisch und Englisch Gedanken gemacht. Felix Schmutz schreibt: »Freies Spielen schafft die Grundlagen für schulisches Lernen, ist jedoch mit schulischem Lernen nicht gleichzusetzen.« Außerdem kollidiert das Wort »freiwillig« direkt mit der Schulpflicht, der sich kaum ein Schüler entziehen kann. Auch Gräfe stellt in ihrer Dissertation zwei Fragen: »Kann ein Spiel ›zweckfrei‹ sein, wenn etwas gelernt werden soll? Wird ein Spiel ›freiwillig‹ gespielt, wenn ein Schüler vom Lehrer aufgefordert wird, es zu spielen?«

Auf jeden Fall konstituiert das Spiel menschliches Dasein, wie es auch in den berühmten Zeilen von Friedrich Schiller zum Ausdruck kommt: »Der Mensch spielt nur, wo er in voller Bedeutung des Wortes Mensch ist, und er ist nur da ganz Mensch, wo er spielt.«[143]

Über dieses Zitat hat Winfried Böhm nachgedacht, ein emeritierter Professor für Pädagogik an der Universität Würzburg.[144] Er deutet Schillers Worte als Philosophie der Freiheit. Zuerst aber schildert der Pädagoge zwei Perspektiven, die sich zu »sozialpsychologischen Theorien« überlagern können:

- **Perspektive 1:** Der Mensch wird von seinen »naturhaften Trieben« determiniert, also gesteuert und bestimmt.
- **Perspektive 2:** Der Mensch ist ein Produkt von Umgebung und Gesellschaft, die ihn prägen und determinieren.

Bei beiden Ansätzen bleibt die Freiheit auf der Strecke, da menschliches Handeln stets von innen und/oder außen bestimmt ist. Traurig. Doch Böhm hat sich damit nicht zufriedengegeben:

> »Eine pädagogische Dimension gewinnt der erzieherische Diskurs erst dort, wo der Mensch im ursprünglichen Sinne des Wortes als Autor seiner eigenen Lebensgeschichte begriffen wird, der durch Wahlen und Entscheidungen in geschichtlich-existenziellen Situationen sein Leben und damit sich selbst gestaltet, und zwar indem er mit den in der konkreten Situation gegebenen Möglichkeiten ›spielt‹: mit jenen, die ihm die Natur gegeben hat, und mit jenen, die ihm die Welt darbietet.«

Der emeritierte Professor akzeptiert die Polarität aus »Natur« und »Welt«, in der wir alle stehen. Aber wir können mit diesen Voraussetzungen **spielen**, um eigene Wege zu gehen. Diesen Moment der Freiheit erkennt der Pädagoge, wenn er Schillers Worte liest. Sie haben für ihn eine tiefe anthropologische Bedeutung: »Der Mensch ist nur da wirklich Mensch, wo er sich die Geschichte seines Lebens nicht diktieren oder gar (vor-)schreiben lässt, sondern *selber* schreibt, freilich innerhalb der jeweils existenziell gegebenen Möglichkeiten.«

Ohne Freiheit kein Spiel, oder? Diese Frage bringt uns zurück zu Dr. Nando Stöcklin, der an der Berner Fachhochschule arbeitet, Bereich *Digital learning base*. Im Interview mit CONDORCET sagt er: »Mehr Zeit für freies, erwartungsloses Spielen würde die Kinder und Jugendlichen besser auf ihre Zukunft vorbereiten.« Stöcklin rechnet auch mit positiven Wirkungen für das »psychische Wohlbefinden«. Dann kommt eine überraschende Aussage: »An der PH Bern leistet der Fachbereich *Digital Learning Base* **hierzu** Pionierarbeit. Er begleitet Dozierende auf ihrem Weg in die Digitalität (Hervorhebung durch Autor)«.

Die Überraschung teilen wir mit Felix Schmutz. Er kommentiert Stöcklins Position: »Der Widerspruch liegt darin, dass Stöcklin einerseits zu Recht betont, dass freies Spielen zu Kreativität und Problemlösen anregt, dass er dies andererseits aber mit digitalen, vorstrukturierten Programmen erreichen will, bei denen freies Spiel wegen vorgegebenen Algorithmen gerade nicht möglich ist.« Wenn auch Tausende Pfade scheinbar zur Auswahl stehen – letztlich gibt allein die Programmierung vor, was in einem Computerspiel passiert.

Damit schließt sich der Kreis: Spiel in einem emanzipatorischen Sinne findet am Computer nicht statt. Wer freie, mündige Bürger erziehen will, kann sie nicht »gedanken- und bewusstlos durch den Tunnel des *Flows*« (Huberts) schicken, wie es bei Computerspielen der Fall sein kann. Hinzu kommt: Jedes Computerspiel hat eine Struktur, Optionen sind vorprogrammiert – und wie dieses Menü aussieht, definiert der Game-Designer. Von Tristan Harris hatten wir schon gelernt, wie solche Menüs die Wahlfreiheit aushebeln (Kapitel 10, »Glücksspiel in der Hosentasche«). Was passiert, wenn »Computer**lern**spiele« solche Strukturen übernehmen?

Es gibt aber einen anderen Weg zum *Flow*, den Csíkszentmihályi ebenfalls beschreibt: »Die besten Momente in unserem Leben sind nicht entspannte Zeiten, geprägt von Passivität und reiner Rezeptivität [...]. Es sind Momente, für die wir hart gearbeitet haben, um sie zu erreichen.« So bringen Menschen ihren Körper oder Geist freiwillig ans Limit, um große Herausforderungen zu überwinden: »Optimal experience is something that we **make** happen.« Die »optimale Erfahrung« geschieht nicht einfach, wir lassen sie durch eigene Anstrengung geschehen!

Csíkszentmihályi nennt ein paar Beispiele: Ein Kind baut seinen höchsten Turm – und setzt den letzten Baustein an die richtige Stelle, mit vor Aufregung zitternden Fingern. Ein Schwimmer will seinen eigenen Rekord schlagen; einer Violinistin gelingt es, durch intensives Üben eine virtuose Stelle zu meistern. »Jeder Mensch«, so der Psychologe, »hat Tausende Gelegenheiten, über sich selbst hinauszuwachsen.«

Diese Gedanken nehmen wir jetzt auf, wenn wir uns der These von John Hattie und Klaus Zierer zuwenden: »Ich sehe Lernen als harte Arbeit«.

Vorsicht! Diese Aussage spiegelt keinesfalls den Wunsch wider, in preußische Kadettenanstalten des 19. Jahrhunderts zurückzukehren. Oder gar Wissen mit Stöcken einzuprügeln ... Es geht auch nicht darum, harte Kerle und Mädels zu drillen – oder mit harter Hand die Herrschaft im Klassenzimmer auszuüben. Der Begriff der »harten Arbeit« meint etwas ganz anderes.

Zierer und Hattie stellen die Erkenntnis in den Mittelpunkt, »dass harte Arbeit einer der besten Wege ist, um zu tiefer Zufriedenheit und Genugtuung zu gelangen.«[145] Dabei stützen sie sich auf die *Flow*-Forschung von Csíkszentmihályi. Er habe gezeigt, »dass Menschen, die aufgrund von Anstrengung und Einsatz, den diese in einer für sie herausfordernden Situation zeigen, in einen Zustand des Getragenwerdens verfallen können.« Das könne zu »nachhaltigen Gefühlen der Freude« führen. Ein solcher *Flow* stellt sich durch eigene Aktivität ein – und wird nicht durch eine geschickte Software hervorgerufen, die manipulativ eine »Glücksstrategie« (McGonigal) verfolgt.

Damit entlarven die zwei Wissenschaftler einen Mythos der Pädagogik: Lernen habe immer leicht von der Hand zu gehen! Zierer und Hattie warnen vor dem falschen Schluss: Lehrer sollten ihren Unterricht so gestalten, dass Schüler am besten wenig oder gar nicht gefordert werden. »Der Lernerfolg fällt dann förmlich vom Himmel und direkt in den Schoß der Lernenden«, so Zierer und Hattie.

Die Wissenschaftler schreiben: »Lernen hat mit dem Ausloten der eigenen Möglichkeiten zu tun, mit der Frage, wo die eigenen Grenzen sind, mit Versuch und Irrtum, mit Fehlern, Irrwegen und Umwegen«. Eine sehr schwierige Aufgabe, zumal der Lernende stets das eigene Scheitern vor Augen hat. Er muss »mit Disziplin, Einsatz und Anstrengung« dicke Bretter bohren, um zu seinem Ziel zu kommen. Auf diese Weise löst sich auch die »scheinbare Widersprüchlichkeit zwischen harter Arbeit und Freude« auf: Krönt Erfolg die Arbeit, sind Glücksgefühle nicht mehr weit.

Diese Überlegungen fordern Lehrer auf, eine spezifische »Haltung« zu entwickeln: »Ich sehe Lernen als harte Arbeit«. »Haltung« ist für Zierer und Hattie ein zentraler Begriff, weil er nach dem Wie und Warum pädagogischen Handelns fragt. Diese »Haltung« tritt neben die »Trias aus Fachkompetenz, didaktischer Kompetenz und pädagogischer Kompetenz« – sie besteht aus »Wollen und Werten«. Neben der genannten »Haltung« haben die Wissenschaftler neun weitere »Haltungen« formuliert, die sie in ihrem Buch *Kenne deinen Einfluss!* vorstellen.

Warum ist die Haltung zur Arbeit so entscheidend? Der Lehrer hat eine große Herausforderung zu meistern: Er sollte diese Haltung vorleben und seinen Schülern vermitteln. »Sie ist die Basis für lebenslanges Lernen, für eine Bildung über die Lebensspanne«, so Hattie und Zierer.

Diese Ideen greifen die Wissenschaftler nicht aus der Luft. Ihre Basis ist die Studie »Visible Learning«, über die wir schon geschrieben haben (Kapitel 1: »Unterricht fürs ›schwarze Loch‹«). Zwei der rund 150 Faktoren für guten Unterricht wollen wir näher beleuchten, ihre Effektstärke liegt im wirksamen Bereich. Beide Faktoren untermauern Zierers und Hatties Haltung zur »harten Arbeit«:

- **»Bewusstes Üben«**: Üben hat herausfordernd zu sein, die Schüler sollten an ihre Leistungsgrenzen stoßen. Regelmäßigkeit ist wichtig, weil Lernen nicht »auf Anhieb« gelingt. Dazu gehört es, Fehler zu machen, inklusive Selbstreflexion. Vielfalt hilft, wenn je nach Situation die Übungsform gezielt gewechselt wird. Ebenfalls ist eine Rückmeldung nötig, wenn der Übungsprozess am Ende ankommt. Üben heißt nicht nur wiederholen, sondern auch neue Erfahrungen sammeln. Ein stupides Pauken wird diesen Ansprüchen nicht gerecht. Der Übergang vom Oberflächen- zum Tiefenverständnis ist wertvoll, sobald der übende Schüler die Transferebene erreicht hat. Das geht nur durch harte Arbeit.
- **»Konzentration, Ausdauer, Engagement«**: Diese Fähigkeiten werden für viele Lernende zu »einem Schlüssel für Bildungserfolg«. Ein hohes Maß davon verpufft aber, »wenn Lernende es falsch einsetzen oder bereits über- oder unterfordert sind«, so Hattie und Zierer. Lernerfolge erfordern Konzentration, Ausdauer und Engagement, aber umgekehrt garantieren diese Fähigkeiten keinen Erfolg. »Lehr-Lern-Prozesse«, so die Wissenschaftler, »können misslingen, können scheitern.«

Hattie und Zierer fragen sich, warum gerade das Üben »in manchen Kreisen« so einen schlechten Ruf habe. Es sei höchste Zeit, diesen »pädagogischen Irrglauben« zu korrigieren – »und Übung, Einsatz und Anstrengung einen festen Platz in der Didaktik zuzusprechen«. Das

Resümee der Bildungsforscher: »Das menschliche Gehirn braucht all das, sehnt sich nach harter Arbeit.«

Vor diesem Hintergrund sind Ergebnisse nicht erstaunlich, die *Visible Learning* an den Tag gebracht hat, wenn Computer das Lernen verbessern sollen. Diese Faktoren blieben unter der Grenze der Wirksamkeit: »Computerunterstützung«; »Simulationen und Simulationsspiele«; »Nutzung von Taschenrechnern«; »Visuelle bzw. audiovisuelle Methoden«. Dazu die Wissenschaftler: »Keine dieser technischen Errungenschaften ändert also die Natur des Lernens, die sich vor allem darin zeigt, dass Lernen harte Arbeit ist.«

Sicher: Es gibt inzwischen elaborierte Konzepte, wie sich digitale Medien in den Unterricht integrieren lassen. Dennoch ist es in der Praxis oft üblich, dass Lehrer damit traditionelle Medien ersetzen: »Der Computer als Lexikonersatz, das Tablet als Arbeitsblattersatz und das Smartboard als Tafelersatz«, so Hattie und Zierer. Außerdem erkennen die Wissenschaftler einen prinzipiellen Mangel vieler Lernprogramme: »Häufig optisch und akustisch überfrachtet, durch ein Blinken hier und Ploppen dort, führen sie zu einem ›cognitive overload‹ und insofern zu einer Überlastung des Arbeitsgedächtnisses.«

Die Bildungsforscher sehen aber auch Chancen für digitale Medien, wenn sie nicht als reine »Informationsträger«, sondern zur »Informationsverarbeitung« genutzt werden. Beispiel Sportunterricht: Dokumentiert ein Lehrer Bewegungsabläufe der Schüler per Video, kann das kognitive Prozesse anstoßen, die in einem traditionellen Setting nicht möglich wären. Steigen so »Anforderungsniveau und Kommunikation«, erwarten Hattie und Zierer durchaus positive Effekte für den Lernerfolg.

Bisher war immer von »harter Arbeit« die Rede. In der Lernpsychologie gibt es dafür einen festen Begriff: Volition. Damit ist die willentlich gesteuerte Ebene gemeint, auf der Lernen stattfinden sollte, damit Schüler die gesteckten Ziele erreichen. Der Erziehungswissenschaftler Prof. Dr. Herbert Gudjons stellt fest, »dass in der neueren Lernpsychologie nicht nur Elemente wie Spaß beim Lernen, also eher das Lustprinzip, betont werden, sondern dass auch die Volition (= willentliches Element) erhebliche Bedeutung hat.«[46]

Der Erziehungswissenschaftler erklärt an einer Reihe von Beispielen, was er unter Volition versteht: Die Aufmerksamkeit sollte längere Zeit auf einen Lerngegenstand konzentriert bleiben, wozu mögliche Störfaktoren auszublenden sind. Schüler müssen lernen, ihre Emotionen im Griff zu haben. Gibt es Rückschläge, darf der Ärger nicht übermächtig werden. Stattdessen ist es notwendig, neue Wege zu gehen. Misserfolge sind auszuhalten – und es bringt nichts, sich enttäuscht abzuwenden, wenn ein neuer Anlauf nötig ist. Schließlich ist die Lernumgebung so zu gestalten, dass eine gute Atmosphäre entsteht, etwa durch ein Smartphone im Flugmodus. Gudjons fasst zusammen: »Effektives eigenes Lernen ist gebunden an willentliche Kontrollprozesse in der Motivation.«

Wie aber entsteht eine Motivation, mit viel Mühe dicke Bretter zu bohren? Durch permanentes Feedback in Form von Belohnungssystemen und Bestenlisten? Diese digitalen Instrumente sind im Einsatz, um Schüler für Lernprogramme zu gewinnen, begleitet von erhofften *Flow*-Erlebnissen. Sie erinnern aber stark an die operante Konditionierung, die uns schon beschäftigt hat (Kapitel 10: »Glücksspiel in der Hosentasche«).

Willkommen im behavioristischen Rattenkäfig! Denn diese Form der Konditionierung findet auch in Lernprogrammen Verwendung: Sternchen, Taler, Herzen, dazu ein kleiner Tusch als akustisches Signal – und schon weiß das Kind, es hat alles richtig gemacht. Nächste Aufgabe, wieder Sternchen, Taler, Herzen ... und ein Tusch darf erneut nicht fehlen. Auf diese Weise beginnt die extrinsische Motivation die Herrschaft zu übernehmen und Leistung wird an audiovisuelle Signale gekoppelt. Der innere Antrieb (intrinsische Motivation) kann so bei Kindern erlahmen. Siehe auch die Analyse des Lernprogramms Anton am Ende des Kapitels.

Die große Gefahr besteht, dass Kinder mit einer starken intrinsischen Motivation starten, die Welt zu erkunden. Je länger sie aber durch Bildungseinrichtungen laufen, desto größer wird das Risiko, dass extrinsische Motivation ihre inneren Antriebe korrumpiert. Zu diesen zerstörerischen Faktoren zählen mit Sicherheit auch Noten, um ihre schulischen Leistungen zu bewerten. Könnten wir nicht auf sie bis zur 6. Klasse verzichten? Und mehr auf die Neugier und den Lernwillen der Kinder vertrauen?

Dazu braucht es aber Lehrer, die sich mit einer Haltung identifizieren, wie sie Hattie und Zierer beschrieben haben: »Ich sehe Lernen als harte Arbeit«. Dann wird das Feuerwerk externer Reize überflüssig; Kinder werden keinem Ranking unterworfen, wie es digitale Bestenlisten auf Klassenebene vorsehen. Feedback gibt ein engagierter Lehrer, der auf einen guten Lernweg zwischen Unter- und Überforderung achtet.

Genau diesen »Mittelweg« betrachtete bereits Mihály Csíkszentmihályi als Voraussetzung, durch eigene Aktivität einen *Flow* zu erleben. Der Mensch ist also Mensch, wo er durch intrinsische Motivation große Leistungen erbringt, fast am Limit, aber immer im Bereich seiner Möglichkeiten. Computer schaden dieser intrinsischen Motivation, wenn sie der operanten Konditionierung dienen. Wir können auf sie oft im Klassenzimmer verzichten.

Fazit: Am Anfang vieler Diskussionen sind Sätze zu hören, die sehr verführerisch wirken. *Gamification* schafft neue Motivationen zum Lernen, der *Flow* lässt uns durch Computerspiele fliegen – warum sollten wir dann nicht dasselbe Game-Design nutzen, um Lernprogramme zu gestalten? Spielerisch lernen – lernend spielen ... besser geht's nicht. Und: Die Schüler werden so auf eine digitalisierte Welt vorbereitet, sobald sie ein Smartphone halten können, also bereits als Kleinkind. Geeignete Apps sind auf dem Markt!

Eigentlich scheint es unmöglich zu sein, Einwände gegen diese Form digitalisierter Bildung zu erheben. Wir haben es trotzdem versucht, weil wir den Eindruck haben, dass sich unter der funkelnden Oberfläche digitaler Systeme große Fallen verbergen.

- **Falle 1:** Ein *Flow* aus Computerspielen wird als Motivationshilfe in Lernprogrammen angestrebt (*Gamification*). Damit wird das »Lustprinzip« (Gudjons) überbetont – und eine erste Illusion genährt: Lernen muss immer Spaß machen! Doch Freude am Lernen stellt sich ein, wenn wir große Schwierigkeiten überwinden, etwa durch das Knacken harter Nüsse, zum Beispiel bei Optimierungsproblemen der Differentialrechnung.
- **Falle 2:** Falsch verstandene *Gamification* spiegelt vor, dass Lernen ein leichtes Spiel sei. Eine zweite Illusion, wenn wir an Hatties und Zierers Haltung denken: »Ich sehe Lernen als harte Arbeit«. Jahrelanges Üben führt zur Meisterschaft auf einem Musikinstrument; Tausende Zeilen sind zu schreiben, bevor die Worte immer leichter aus der Feder fließen. Auf dem Weg dorthin brauchen wir unsere Volition, um nicht aufzugeben.

Beide Fallen fordern Opfer. Es ist einfacher, Kinder mit Computer**lern**spielen zu begeistern, als sie zu einem intensiven Lesen zu bewegen. Aber genau dieses Lesen führt durch Willensanstrengung dazu, dass Kinder ein Tiefenverständnis von Texten entwickeln. Einen solchen Willen sollten Lehrer als Haltung vorleben, wie Hattie und Zierer schreiben. Wie wichtig diese Fähigkeiten im Zeitalter der Fake News sind, haben Wissenschaftler in ihrer »Erklärung von Stavanger« festgehalten. Ihre »Verflachungshypothese« besagt: Kognitive Prozesse verflachen in digitalen Umgebungen (Kapitel 9: »Digitale Analphabeten«). Das gilt auch für Computer**lern**spiele!

Wir brauchen aber wache, kritische Menschen, die mit einer ausgeprägten Willensstärke (»Volition«) ausgestattet sind. Sie lassen sich nicht mit einfachen Antworten abspeisen und schwimmen gerne »gegen den *Flow*«, wie es Huberts ausgedrückt hat. Selbstreflexion ist dabei unabdingbar. Ohne diese Fähigkeit haben Jugendliche ab zwölf Jahren kaum eine Chance, komplexe Themen zu durchdringen und die Rückbezüglichkeit zu ihrer Lebenssituation herzustellen. Das bedarf der Volition, einer immer wieder unterschätzten Ressource im Lernprozess.

Spiel mit Spaß ist völlig okay. Wir wollen diese kulturelle Errungenschaft nicht abschaffen, zumal das Spiel immer einen festen Platz in unserer Gesellschaft haben sollte. Was uns bewegt hat, ist die Beobachtung: Technologische Entwicklungen beginnen, neue Bedingungen zu definieren, wie Lernen durch *Gamification* stattfindet. Das müssen wir diskutieren, ohne als »Kulturpessimisten« abgestempelt zu werden.

Denn die Begeisterung für Soft- und Hardware vernebelt den Blick, was unter anderem seit Jahrtausenden die Grundlage von Lernprozessen ist: die Haltung der Lehrer als Vorbild, intrinsische Motivation aufseiten der Schüler, verbunden mit dem Willen, hohe Anforderungen zu bewältigen. Das alles wird weggespült vom Wunsch, leicht und einfach Lernhäppchen zu servieren bzw. serviert zu bekommen. Am besten auf einem Silber-Tablet!

Lern-App *Anton*

Sybille Schmitz ist Referentin und Beraterin für frühkindliche Bildung und Entwicklung. Die Logopädin studierte Psycholinguistik und reflexive Sozialpsychologie. Sie hat uns für das Buch eine Analyse zur Verfügung gestellt, die sich mit der Lern-App Anton beschäftigt.
Diese App ist im Moment sehr populär und bietet über 100.000 Aufgaben mit mehr als 200 Übungstypen, interaktive Erklärungen und viele Lernspiele. Die Fächer: Deutsch, Deutsch als Zweitsprache (DaZ), Sachunterricht, Mathematik, Biologie und Musik (Klassenstufen 1–10). »Viele Lehrer und Eltern ahnen, dass diese Lernprogramme Nachteile haben, verdrängen diese Sorgen aber bislang erfolgreich«, schreibt Schmitz. Kommen wir also zu ihrer Analyse:

Vorteile der Lern-App *Anton*:

- Sie ist leicht zu bedienen; viele Schüler sind den Umgang mit Bildschirmen gewohnt.
- Der Lehrer kann schnell erkennen, ob und woran der einzelne Schüler gearbeitet hat.
- Die Kinder erhalten sofort eine Rückmeldung zu ihrem Lösungsvorschlag.
- Die Aufgabenergebnisse verschiedener Klassen lassen sich vergleichen.

Nachteile der Lern-App *Anton*:

In der Lern-App sind virtuelle Belohnungen wie Münzen, Pokale oder die Avatar-Ausstattung eingebaut, bereits ab der 1. Klasse. Damit werden eigene Leistungen mit äußeren Belohnungen verknüpft, was die extrinsische Motivation in den Vordergrund schiebt und die intrinsische Motivation untergräbt. Zudem wird die Suchtschleife im kindlichen Gehirn aktiviert. Das gilt auch für die angebotenen Spiele. Der Behaviorismus nennt das »operante Konditionierung« (Kapitel 10: »Glücksspiel in der Hosentasche«).

Der Schüler gewinnt keinen Überblick über seine Leistungen: Wenn eine neue Aufgabe auf dem Bildschirm erscheint, verschwindet die alte. Lediglich ein fortschreitender Balken zeigt in Grün und Rot an, wie viele Aufgaben der Schüler richtig oder falsch gelöst hat. Dieses ständige Auftauchen und Verschwinden von Aufgaben kann ein Kind kaum nachvollziehen und psychisch verarbeiten.

Vergleichen wir das mit dem Einsatz eines konventionellen Arbeitsheftes für Mathematik: Die Arbeit mit Bleistift und Radiergummi ist zwar anstrengender als das Anklicken von Lösungen, was auch noch mit »Münzen« belohnt wird. Aber der Stolz auf die eigene Leistung ist um ein Vielfaches größer und die Befriedigung fällt weit stärker aus, wenn wieder eine ganze Papierseite mit Aufgaben geschafft worden ist. So füllt sich das Heft, haptisch wahrnehmbar. Die eigene Leistung lässt sich »be-greifen« – und die Kinder erkennen: »Wow! Das habe ICH alles gearbeitet! Seite für Seite.« So wird der Lernerfolg langfristig nachhaltiger sein und als echte eigene Leistung erlebt.

Außerdem wächst die intrinsische Motivation mit jedem Lernerfolg, der wirklich selbst verdient wurde – und mit jeder selbst überwundenen Herausforderung. Wenn wir Kindern die Wahl lassen, wollen die meisten lieber eine Lern-App bedienen, als zu Spitzer und Bleistift greifen zu müssen, weil das für ihr Gehirn weniger anstrengend ist. Der Grund: Es fällt der gesamte grafomotorische Aufwand weg, das mühsame Schreiben auf Papier, was Sorgfalt und Konzentration erfordert. Doch genau dieser Aufwand ist für das Gehirn elementar wichtig, um Lerninhalte im Langzeitgedächtnis zu speichern. Auch das Tippen auf der Tastatur kann die motorischen Prozesse nicht ersetzen, die im Gehirn durch das handschriftliche Schreiben aktiviert werden.

Das handschriftliche Arbeiten verliert deutlich an Reiz, wenn es in Konkurrenz gerät mit Multiple-Choice-Aufgaben, die ein einfaches Klicken am Rechner oder Smartphone beantwortet. Wenn Kinder sowieso Schwierigkeiten bei schriftlichen Aufgaben haben, verweigern sie diese besonders stark, wenn es alternativ eine Lern-App gibt.

Das persönliche Feedback des Lehrers tritt in den Hintergrund, obwohl es ein wichtiger und motivierender Teil des Lernprozesses ist. Das kindliche Gehirn wird auf Animationen und Belohnungen im Lernprogramm konditioniert. Dabei findet eine haptische und psychische Entfremdung beim Lernen statt: Das Programm gibt vor, wie die Aufgabe zu bearbeiten ist; in der Mathematik muss der Rechenweg nicht handschriftlich niedergeschrieben werden. Der Schüler wird zum Tasten- und TouchScreen-Betätiger degradiert.

Außerdem bleibt die Lern-App eine Software-Funktion, die nur auf 0 und 1 reagiert. Ihr simples, technisches Feedback ist nicht zu vergleichen mit einer Rückmeldung durch Menschen. Lehrer sind in der Lage, ihren Schülern ein persönliches Feedback zu geben – und das im Rahmen einer intensiven, lebendigen Beziehung. Sie kennen oft die gesamte Entwicklung des Schülers und begleiten ihn ganzheitlich seit mehreren Jahren.

Ein weiterer Punkt: Das Gehirn wird träge, denn Kinder müssen beim Bedienen einer Lern-App viele, durchaus auch anstrengende Leistungen nicht mehr erbringen. Ein Beispiel: Es ist viel anstrengender für einen Schüler, ein Koordinatensystem mit Bleistift und Lineal sauber zu zeichnen und zu beschriften, als diese Aufgabe einfach durch Klicken in einem Auswahlmenü zu lösen. Gerade im Fach Geometrie ist für das Langzeitgedächtnis der selbstständige Umgang mit Zirkel, Radiergummi, Bleistift, Geodreieck und Lineal essenziell, um einen nachhaltigen Lernprozess zu sichern. Das Langzeitgedächtnis wird nur angesprochen, wenn bestimmte motorische Zentren im Gehirn beim Lernen aktiv sind. Durch die Aufgaben, die der Lehrer den Kindern gibt und die sie dann in Eigenleistung bearbeiten sollen, wird auch ihre Anstrengungsbereitschaft trainiert sowie ihre Geduld und ihr Durchhaltevermögen bei langweiligen oder komplizierten Aufgaben. Dieses Training fällt bei der Benutzung von Lern-Apps weg.

Ein letzter Nachteil: Durch die Nutzung von Lern-Apps kommt es zu einer künstlichen Verzögerung geistiger Entwicklungsprozesse. Kinder im Grundschulalter brauchen für ihre Lernprozesse keine sofortige Rückmeldung über den Erfolg. Ein siebenjähriges Kind kann aufgrund seiner psychischen Reife zwei bis drei Arbeitsblätter bearbeiten, ohne nach jeder Aufgabe sofort ein Feedback zu erhalten, ob die Aufgabe richtig gelöst wurde. So kann eine gewisse langfristige Perspektive beim Lernen entstehen, was auch die Selbsteinschätzung der Kinder fördert: Sie erkennen rechtzeitig, wann sie noch eine Frage an den Lehrer haben. Diese selbstreflexiven und motivationalen Prozesse werden den Kindern abgenommen, wenn sie Lern-Apps wie *Anton* bearbeiten. Auf dem Bildschirm taucht sofort die Information auf, ob eine Aufgabe richtig gelöst wurde oder nicht.

Sybille Schmitz bietet Fortbildungen, Beratungen, Webinare und Elternabende an, rund um das Thema der frühkindlichen Entwicklung. Informationen: www.sybilleschmitz.de

KAPITEL 12
SPALTPILZE

Wie die Vereinigten Staaten und China die soziale Spaltung vorantreiben – und dabei Digital-Technik nur unterschiedlich einsetzen

»Deutschland und Europa haben die Wahl. Sie können demokratische und soziale Gesellschaften bleiben oder sich den Bedingungen der Datenökonomie unterordnen«, prognostiziert Prof. Ralf Lankau.[147] Wenn Europa keinen eigenständigen Weg geht, sehen die Alternativen finster aus. Es würden nur zwei Systeme zur Auswahl stehen:

- Der US-amerikanische, digitale »Überwachungskapitalismus« (Shoshana Zuboff): Er hat die Nutzer im Griff, indem er Techniken aus der Werbepsychologie (*persuasive technologies*) einsetzt. Das Ziel: Die Umsätze der großen Digitalkonzerne wie Apple oder Google grenzenlos steigern (siehe auch Kapitel 10: »Glücksspiel in der Hosentasche«). Diese Datenökonomie nennt Lankau »neoliberal, marktradikal und a-sozial«. A-sozial? Wer Geld hat, leistet sich den »Luxus der Interaktion« (*New York Times*). Echte Menschen betreuen echte Kinder! Wer kein Geld hat, setzt seine Kinder vor den Bildschirm, verbunden mit der Illusion, dass sie

»echte Bildung« online erleben. Das wollen Sie nicht glauben? Genau um diesen US-Trend geht es in diesem Kapitel.
- Das staatstotalitäre Überwachungsnetz (China): »Alle Bürger«, so Lankau, »werden komplett überwacht, der Staat hat Zugriff auf alle privaten Geräte und hat ein Sozialpunktesystem (*citizen scoring*) eingeführt.« Erwünschtes Verhalten werde belohnt, unerwünschtes Handeln sanktioniert. Der jeweilige Punktestand entscheidet, wer etwa eine bessere oder schlechtere Arbeit erhält. Das hat gewaltige Auswirkungen auf das Bildungssystem, in dem der Staat Schüler durch Digitaltechnik massiv überwacht und manipuliert. Dagegen wirkt es wie ein Sandkastenspiel, wie das deutsche Immersive Quantified Learning Lab (IQL) daran arbeitet, Lernprozesse biometrisch zu vermessen. Seine Aktivitäten hatten wir schon vorgestellt (Kapitel 5: »Totalitäre Bildung«). In diesem Kapitel beschäftigen wir uns mit dem chinesischen Weg, auf dem die Freunde der digitalen Überwachung schon viel weiter sind.

Gelingt es Europa, einen anderen Weg einzuschlagen?

Wir beginnen unsere Reise in den Vereinigten Staaten. Die Journalistin Nellie Bowles ist unsere »Reiseführerin«; sie hat uns schon die Bewohner des Silicon Valley nähergebracht, die ihre Kinder vor Bildschirmen bewahren (Kapitel 8: »Vegane Küche für Steak-Freunde?«). Jetzt führt sie uns nach Fowler, Kalifornien:[148] Der Ort hat 6.500 Einwohner, vorwiegend Latinos, die häufig in der Landwirtschaft arbeiten. Der Bürgermeister David Cardenas hat ein Problem: Um Vierjährige zu betreuen, gibt es zwar ein Regierungsprogramm, aber es ist nur für einen kleinen Teil der Kinder da, die große Mehrheit geht leer aus. Wird nun deutlich mehr Geld gefordert? Wird der staatliche Etat erhöht?

Die »Lösung« sieht ganz anders aus, auf Englisch heißt sie *Kindergarten readiness program*, was sich etwa so übersetzen lässt: »Programm, das für den Kindergarten fit macht«. Dazu ein Blick in die frühkindliche Bildung in den USA: Die Drei- bis Vierjährigen werden in eine *Nursery School* oder *Preschool* geschickt, die Vier- bis Sechsjährigen gehen in einen Kindergarten. So erklärt sich, warum es für die Vierjährigen das *Kindergarten readiness program* geben soll. Eigentlich eine gute Sache ... aber das Programm in Fowler unterscheidet sich völlig von üblichen *Preschools*: Es läuft zu fast 100 Prozent online ab!

Ausgedacht hat es sich Waterford, eine Non-Profit-Organisation. Der Name des Programms: Waterford Upstart. Es hat eine Laufzeit von neun Monaten, die Kinder sollen täglich 15 Minuten am Computer sitzen, um Lektionen zu bearbeiten – und das an fünf Tagen der Woche. Rund 16.000 Kinder haben in 15 Bundesstaaten an Waterford Upstart teilgenommen. 2020 sollen es bis zu 22.000 Kinder werden. »Waterford Upstart ist flexibel und skalierbar. Das Programm kostet nur ein Viertel des Preises traditioneller Preschools, wobei teilnehmende Familien nichts bezahlen müssen«, so die Eigenwerbung von Waterford.[49]

»Das ist kein Programm für die Kinder der Reichen, die in der Regel mehrere Stunden am Tag eine Preschool besuchen, in der sie vor allem spielen«, schreibt Bowles. »Stattdessen richtet sich das Programm an Familien mit niedrigem Einkommen, die weniger Möglichkeiten haben, ihre Kinder in eine Preschool zu schicken.« Der sozioökonomische Status entscheidet über die Chance, gut ins Leben zu starten. Wer sowieso privilegiert ist, darf mit Kameraden Bauklötze türmen. Wer bei der Geburt ein schlechtes Blatt gezogen hat, wird am Bildschirm abgespeist.

So verschärfen sich gesellschaftliche Gegensätze – und wir erinnern an die sensomotorische Integration. Ohne Erfahrungen in der realen Welt kann die kognitive Entwicklung schwerfallen. Ohne Kontakt mit anderen Kindern ist es schwierig, soziale und emotionale Fähigkeiten zu entfalten. Dieses Risiko trifft mit großer Wucht arme Kinder in den USA!

Das zeigen auch aktuelle Zahlen, die von der OECD für die gesamten Vereinigten Staaten erhoben wurden:[50] Haben Haushalte 40.000

Dollar und weniger als Jahreseinkommen, wirkt sich das sofort auf die Kinder aus: Deutlich weniger als die Hälfte der Dreijährigen besucht eine Preschool. Ganz anders sieht die Situation an der Spitze der Einkommensskala aus: »Kinder aus Familien mit hohem Einkommen besuchen am häufigsten die Preschool«, so die OECD. Wenn die Eltern 150.000 Dollar und mehr verdienen, gehen vier Fünftel der Kinder in die Preschool.

Die OECD liefert weitere Zahlen: Die öffentlichen Ausgaben für den Bereich Preschool betragen 0,4 Prozent des Bruttoinlandsprodukts (BIP). Damit liegen die USA auf dem 26. Rang aller 33 OECD-Staaten. Denn: Alle Staaten geben im Durchschnitt 0,8 Prozent des BIP in diesem Bereich der Bildung aus.

Die Privatwirtschaft ist aber in den USA auf dem Vormarsch: 2005 gab es in diesem Bildungsbereich private Aktivitäten, die einen Anteil von 21 Prozent erreichten. 2015 waren es 26 Prozent. Zum Vergleich: Im OECD-Durchschnitt war die private Finanzierung rückläufig, 2005 betrug der Anteil 21 Prozent, 2015 sind es 17 Prozent. Ein weiteres Indiz, wie gerade in den USA Unternehmen dabei sind, den Bildungsbereich als neuen Markt zu erschließen.

Noch ein weiteres statistisches Schlaglicht: Stellen wir uns eine Familie vor, zwei Verdiener, zwei Kinder (zwei und drei Jahre alt). Im Schnitt aller OECD-Staaten geben die Eltern 17,5 Prozent ihres Durchschnittseinkommens aus, um ihre Kinder extern betreuen zu lassen. In den Vereinigten Staaten sind es 30 Prozent! In Deutschland nur 5 Prozent. Die OECD schreibt klipp und klar: »Childcare ist teuer in den USA.«

Thema Bildungsgerechtigkeit: Die Weichen werden in den USA früh gestellt. Über den Bildungserfolg entscheidet in vielen Fällen das Einkommen der Eltern. Und diese Entscheidung fällt bereits im Kindergartenalter: »Bei Kindern aus armen Familien zeigt sich in den USA der Trend, dass sie geringere Bildungserfolge haben«, schreibt die OECD. Diese Leistungslücke wächst seit vielen Jahrzehnten, wenn

Forscher Kinder vergleichen – aus den ärmsten 10 Prozent und den reichsten 10 Prozent der Bevölkerung.

Außerdem beschäftigte sich die PISA-Studie 2015 mit der Frage, wie stark bei armen Schülern die Wahrscheinlichkeit ausgeprägt ist, geringere Leistungen zu zeigen. Diese Wahrscheinlichkeit ist 2,5-mal höher als bei wohlhabenden Schülern. Aber es gibt einen Lichtblick: In den unteren Einkommensgruppen finden sich immer wieder Schüler, die eine hohe Resilienz aufweisen (32 Prozent). Ihr sozioökonomisches Umfeld hindert sie nicht daran, gute Leistungen in der Schule zu erbringen. Die OECD stellt dazu fest: »Aktuelle Forschung hat ergeben: Die Teilnahme an qualitativ hochwertigen Programmen in der frühen Kindheit hat sich als bestimmender Faktor herausgestellt, ob benachteiligte Schüler ›akademische Resilienz‹ entwickeln.«

15 Minuten am Tag eine Online-Lektion – Waterford upstart kann kein »qualitativ hochwertiges Programm« sein, wie es sich die OECD vorstellt. Wie sieht ein solches Programm aus? Dazu zitiert Bowles Nancy Carlsson-Paige, die Mitgründerin von Defending the early years. Sie setzt sich für gute Preschools ein – für alle Kinder! Carlsson-Paige sagt: »In allen guten Programmen lässt sich beobachten, wie Kinder mit ihren Betreuern einen intensiven Umgang haben. Es gibt Malblöcke, Farben und andere Kinder. Das halten wir wie viele andere Menschen für echte Qualität!«. Doch solche hochwertigen Programme seien, so Carlsson-Paige, nur Familien mit hohem Einkommen zugänglich. Arme Kinder fallen aus dem System der frühkindlichen Bildung.

Auch das Urteil anderer Experten ist vernichtend. Steve Barnett ist Co-Director und arbeitet am National Institute for Early Education Research, Rutgers University. Ihn fragte Bowles nach seiner Einschätzung des Online-Programms. Barnett verwies darauf, dass gute Preschools soziale und emotionale Fähigkeiten der Kinder entwickeln. »Alles das ist online überhaupt nicht möglich«, so der Experte.

Das Diktat der Ökonomie: Oft fehlt die politische Bereitschaft, Geld in die frühkindliche Bildung fließen zu lassen, besonders für arme Kinder. Bowles schildert das am Beispiel von drei Bundesstaaten:

- **Montana:** Der demokratische Gouverneur Steve Bullock versuchte, eine öffentliche Finanzierung für reale Preschools zu erreichen, die für alle Kinder offen sein sollten. Der Versuch scheiterte und der Bundesstaat startet jetzt mit Waterford ein Online-Pilotprojekt.
- **Indiana:** Viele Jahre bemühten sich die Abgeordneten, mehr Geld für Preschools zur Verfügung zu stellen. Jetzt wurde eine Million Dollar locker gemacht, für ein *Kindergarten readiness program* auf Online-Basis!
- **North Carolina:** Eigentlich weiß es der Republikaner Craig Horn genau. Die beste Option sei eine hochwertige Preschool, Face-to-Face mit Erzieherinnen. »Wir haben einfach nicht das Geld, um das jedem Kind zu ermöglichen«, sagt Horn. Ergebnis: Er bemüht sich jetzt darum, eine Finanzierung des Upstart Programms von Waterford auf die Beine zu stellen.

Drei Bundesstaaten – dreimal dieselbe Botschaft: Für arme Kinder fehlt das Geld, also will sie die Politik mit Tablets ruhigstellen. Dabei sitzen viele Familien zwischen den Stühlen: Für ein staatlich gefördertes Programm verdienen sie zu viel, für eine private Preschool zu wenig. Ein echtes Dilemma! Bowles bringt das so auf den Punkt: »Die wirtschaftliche Kluft in den Vereinigten Staaten wächst. Daher entsteht eine scharfe Trennlinie in allen Lebensphasen – und zwar durch die Frage, wer Zugang zur Interaktion mit Menschen erhält.«

So zeigt sich die »a-soziale« Seite einer Gesellschaft, die Verteilungsgerechtigkeit für einen sozialistischen Spuk hält, Steuern für Diebstahl und den Staat eigentlich abschaffen will. Na ja, das denken nicht alle US-Amerikaner ... Aber es gilt für viele Konservative, die sich bei den Republikanern oder der Tea-Party-Bewegung tummeln.

Und es trifft auf den Milliardär und Digital-Investor Peter Thiel zu. Er hat Paypal gegründet, war früh finanziell bei Facebook engagiert – und gilt als einer der Vordenker im Silicon Valley: »Ich trete gegen Steuern an, die Eigentum konfiszieren«, schreibt Thiel. »Genauso gegen totalitäre Kollektive und die Ideologie, dass der Tod jedes Einzelnen unvermeidbar ist. Aus diesen Gründen bezeichne ich mich als ›libertär‹.« Schließlich betont er in diesem Essay (*The Education of a Libertarian*): »Ich glaube nicht mehr daran, dass Freiheit und Demokratie kompatibel sind.«[151]

Seine Alternative: Siedlungen auf dem Meer (*seasteads*), die langfristig volle Souveränität über ihre Angelegenheiten erlangen, inklusive eigener Jurisdiktion und Polizei. Wer in solchen Dimensionen denkt, vergisst wohl schnell, wie früh die US-Gesellschaft arme Kinder abhängt – statt sie in realen Preschools zu fördern. Schließlich ist es Teufelszeug, Programme für Kinder öffentlich zu finanzieren. Denn: Steuern sind Diebstahl, im Auftrag »totalitärer Kollektive«, wie es Thiel ausdrückt.

Zurück nach Fowler in Kalifornien: Das lokale Budget für Bildung ist knapp und Bürgermeister Cardenas war glücklich, dass ihm Waterford ein Angebot gemacht hat. Keine neuen Preschools bauen, keine Erzieher einstellen, keinen Transport der Kinder organisieren ... »Fast magisch« käme die Preschool online in jeden Haushalt. Cardenas: »Zu schön, um wahr zu sein.«

Soziale Spaltung am Bildschirm

Die US-amerikanische Non-Profit-Organisation Common Sense kennen wir schon. Sie lieferte uns Daten zum Suchtverhalten amerikanischer Jugendlicher (Kapitel 8, »Vegane Küche für Steak-Freunde?«). 2019 ermittelte Common Sense, wie lange Tweens (8 bis 12 Jahre) und Teenager (13 bis 18 Jahre) jeden Tag vor Bildschirmen verbringen.[152]

Im Durchschnitt nutzen Tweens täglich knapp fünf Stunden Bildschirmmedien, um sich unterhalten zu lassen (4:44 h). Teenager kommen durchschnittlich auf knapp siebeneinhalb Stunden (7:22 h). Nicht eingerechnet die Zeit, die beide Gruppen für Schule oder Hausaufgaben vor Bildschirmen sitzen.

Dabei fällt eine starke sozioökonomische Spaltung auf: Kommen Jugendliche aus ärmeren Haushalten, sitzen sie am Tag fast zwei Stunden mehr vor Bildschirmen (5:49 h), als es bei Jugendlichen aus reicheren Haushalten der Fall ist (3:59 h). Zugleich verbringen aber die ärmeren Jugendlichen weniger Zeit am Computer, um Hausaufgaben zu machen (0:34 h), während ihre Peers aus wohlhabenderen Schichten dafür mehr Zeit am Rechner aufwenden (0:55 h).[153]

Wie unter einem Brennglas wird in Fowler deutlich: Die digitale Spaltung (*Digital Divide*) geschieht völlig anders, als es noch vor zehn Jahren befürchtet wurde. Damals bestand die Sorge, dass reiche Kinder einen exklusiven Zugang zu Internet und digitalen Werkzeugen haben könnten. Computer waren noch nicht so günstig wie heute, und es war plausibel, anzunehmen, dass das Einkommen der Eltern über Chancen in der digitalen Welt entscheidet.

Heute sieht die Situation anders aus: Das Pew Research Institute fand heraus, dass 87 Prozent der Amerikaner zwischen 13 und 17 Jahren einen Zugang zu Computern haben. Es waren noch 80 Prozent bei Familien, die nur über ein Einkommen unter 50.000 Dollar im Jahr verfügen. Das Forschungsinstitut stellte ebenfalls fest: Nur 39 Prozent der Eltern mit einem Einkommen unter 30.000 Dollar äußerten sich »sehr besorgt« über die Art, wie ihre Kinder den Computer nutzen. Wer aber mehr verdient, machte sich darüber viel mehr Sorgen – nämlich 60 Prozent der befragten Eltern. So wie diese kritische Stimme aus dem Silicon Valley: »Die digitale Spaltung zeigte sich erst im Zugang zur Technologie. Jetzt hat jeder Zugang – und die neue digitale Spaltung lässt sich an der Frage erkennen, ob der Zugang limitiert werden kann«, gibt Chris Anderson zu bedenken, der ehemalige Herausgeber des Magazins *Wired*.

Egal, ob es sich um Preschools oder weiterführende Schulen handelt – die *Digital Divide* hat sich in den USA völlig neu geöffnet. Naomi Schaefer Riley schreibt:

> »Die wirkliche digitale Spaltung in diesem Land besteht nicht zwischen Kindern, die Zugang zum Internet haben, und denen, die keinen Zugang haben. Auf der einen Seite gibt es Kinder, deren Eltern wissen, dass sie die Bildschirmzeit einschränken müssen. Auf der anderen Seite stehen Eltern, denen Schulen und Politiker verkauft haben: Mehr Bildschirme sind der Schlüssel zum Erfolg.«[154]

Es sei an der Zeit, »dieses Geheimnis für alle Bürger zu lüften«.

Die neue digitale Spaltung lässt sich in Zahlen ausdrücken: Reiche Familien haben die Wahl, auf weniger technikfixierte Schulen auszuweichen. In Amerika gibt es zum Beispiel Waldorf- und Montessorischulen. Sie kosten etwa 10.000 bis 20.000 Dollar im Jahr. Und die Waldorfschule im Silicon Valley staffelt ihre Gebühren nach Alter: In der Elementary School (1. bis 5. Klasse) sind 27.800 Dollar als jährliches Schulgeld fällig; in der Middle School (6. bis 8. Klasse) 29.200 Dollar und in der Highschool (9. bis 12. Klasse) 37.400 Dollar.[155] Zu dem hohen Schulgeld schreibt eine Psychologin unter dem Pseudonym »Dr. Free Screen Mom«:[156]

> »Eltern mit hohem Einkommen können sich gegen eine zu starke Technologienutzung in der Schule entscheiden. Viele Eltern, besonders mit niedrigem Einkommen, haben nicht diese Freiheit. Stattdessen versuchen sie, gegen den Strom zu schwimmen, indem sie sich bei ihren Kindern bemühen, die übermäßige Nutzung digitaler Medien in den Griff zu be-

kommen. Und das in einer Bildungswelt, die immer jüngere Kinder dazu bewegen will, sich vor Bildschirme zu setzen.«

Warum »immer jüngere Kinder« an Computer gewöhnen? Ganz einfach: Markenbindung entsteht schon in der Kindheit, was den Blick auf die ökonomische Seite dieser Entwicklungen lenkt. Das Zauberwort lautet »frühe Medienkompetenz«. Eigentlich eine Illusion des Marketings, an der aber die amerikanische IT-Industrie hart arbeitet, wie die *New York Times* dokumentiert hat.[157] Unter der bezeichnenden Überschrift: »Wie Silicon Valley plant, Klassenzimmer zu erobern«. Marketingspezialisten würden sagen: ein Angriff mitten in das Herz der Zielgruppe!

Ja, es findet ein wahrer IT-Feldzug statt – völlig unabhängig von den Verhältnissen vor Ort. Fallbeispiel der New York Times: County Baltimore. Dort gibt es 173 Schulen, die unter einer Verwaltung stehen. Wie es in vielen Distrikten der Fall ist, hat die Verwaltung dieser Schulen damit zu kämpfen, alle Einrichtungen auf dem neuesten Stand zu halten. Einige der 113.000 Schüler haben das Glück, neue geräumige Schulen zu besuchen. Ältere Schulen sind aber so überfüllt, dass Unterricht in Wohnwagen stattfindet. Manchmal kommt auch braune Brühe aus den Wasserhähnen. »Spezielle Ressourcen« für behinderte Schüler fehlen völlig. Es gäbe also viel zu tun.

Florida Virtual School

Die Florida Virtual School (FLVS) wurde 1997 gegründet – als erste öffentliche Online-Schule! Sie bietet mehr als 190 Online-Kurse an, vom Kindergarten bis zur 12. Klasse der Highschool. Zwei Varianten gibt es:

- **FLV Flex:** Schüler sind flexibel. Während sie eine normale Schule besuchen, können sie beliebig viele Kurse online buchen.
- **FLVS Full Time**: Die Schüler durchlaufen ein reguläres Schuljahr von August bis Mai, pro Semester belegen sie sechs Kurse, inklusive staatlicher Prüfungen.

Es gibt auch soziale Aktivitäten in der realen Welt, eingebettet in die Online-Ausbildung, die FLVS versichert, dass ein intensiver Kontakt zwischen Lehrern und Online-Schülern besteht.[158]

Doch 2014 marschierte die IT-Industrie in die Klassenzimmer ein. Die örtliche Verwaltung stellte mehr als 200 Millionen Dollar zur Verfügung, um für die Schüler Laptops von Hewlett Packard (HP) zu kaufen. Weitere Millionen flossen in Lernsoftware – Mathematik, Naturwissenschaften und Sprachen. Die Anbieter besuchten die Klassenzimmer, einige Schüler tauchten später in Werbevideos von Tech-Unternehmen auf. Außerdem schreibt die *New York Times* zu dem IT-Feldzug: »Silicon Valley setzt alles daran, den amerikanischen Schulmarkt für Computer und Software zu beherrschen. Bis 2020 soll ein Umsatz von 21 Milliarden Dollar erreicht werden.«

21 Milliarden Dollar – allein in den USA! Um dieses Ziel umzusetzen, so die Zeitung, hat sich eine echte Industrie entwickelt, »um die Entscheidungsträger öffentlicher Schulen zu umwerben.« So reisen Spitzenbeamte der Schulverwaltung häufig zu Bildungsveranstaltungen, finanziert von der Industrie. Manchmal bezahlten die Reisen auch Gruppen, gesponsert von IT-Firmen.

Spenden spielen auch eine Rolle. So gibt es seit den 1990er-Jahren eine Stiftung, die Education Foundation of Baltimore County Public Schools. Tech-Unternehmen geben großzügige Spenden; Vertreter der Firmen sitzen im Vorstand der Stiftung (Discovery Education, Pearson, Microsoft). Dazu sagt der ehemalige Senator aus Maryland, Michael

J. Collins: »Da gibt es diese Millionenverträge und viel Geld, das gespendet wird. Ich denke, diese Verhältnisse bestehen keinen ›Geruchstest‹.« Ein schönes Bild in der englischen Sprache (»smell test«), auf gut Deutsch: Die Sache stinkt zum Himmel!

Ebenso kritisch sieht das Bob Reich, Professor für Politikwissenschaft (Standford University). Sein Kommentar zum County Baltimore: »Die Verantwortlichen in den Schulen sollten besorgt sein, sowohl über den Anschein von Korruption wie über tatsächliche Korruption«. So zitiert ihn die *New York Times*. Und in einem Buch zu diesem Thema schreibt Reich:

> »Philanthropie in großem Ausmaß stellt oft eine Ausübung von Macht dar, und zwar durch die Umwandlung von Privatvermögen in öffentlichen Einfluss. Eine Form der Macht, die weitgehend nicht zur Verantwortung gezogen wird. Oft besteht sie eine lange Zeit – und es lassen sich viele Steuern sparen, in einer für den Staat verschwenderischen Weise. Die Wohlhabenden und ihre Stiftungen profitieren enorm, selbst wenn sie die Politik ohne Rechenschaftspflicht beeinflussen.«[159]

»Philanthropie« heißt wörtlich übersetzt: »Liebe zum Menschen« ... bei Microsoft wäre eine andere »Übersetzung« denkbar: »Liebe zum eigenen Geschäftsmodell«. Denn der IT-Gigant hat im County Baltimore die Windows-Software geliefert, die auf den Laptops in den Schulen läuft. So weit das Geschäft.

Hinzu kommt: Der Konzern hat den District zum »Microsoft Showcase Schulsystem« erklärt. Das Unternehmen schreibt:[160] »›Showcase Schools‹ sind Referenzbeispiele für den Fortschritt in der Lehre und eine Gemeinschaft von Schulen auf der ganzen Welt, die sich für digitalen Wandel einsetzen, um Unterricht und Lernen zu verbessern.«

Klingt wirklich nett, zumal der Konzern für diese Bildungsinitiative nach eigenen Angaben 750 Millionen Dollar ausgegeben hat (2003 bis 2018). Allerdings nennt Microsoft eine einschneidende Bedingung: »Bewerben kann sich jede Schule, die bereits Microsoft-Lösungen wie Surface-Tablets, Office 365 Education, Office Mix, OneNote, Skype oder Minecraft nutzt.«

Auf jeden Fall waren im Schuljahr 2016/17 851 Schulen mit 4.800 Lehrern aus über 100 Ländern beteiligt. Dazu gehörten auch 26 Schulen aus Deutschland.

Was bietet Microsoft als Unterstützung seinen Showcase Schools? Es sind unter anderem folgende »Benefits«:

- »Administrations-Starthilfe bei Microsoft-Diensten wie Office 365 oder SharePoint«
- »Individueller Trainingstag rund um das Thema neue Medien im Unterricht, exklusiv für das Lehrerkollegium an den Schulen«
- »Öffentlichkeitswirksame Promotion über verschiedene Microsoft-Kanäle«
- »Teilnahme an der weltgrößten Messe für Bildungstechnologien, der BETT Show (British Education and Training Technology) in London«

Damit nicht genug: Microsoft hat die gesamte Wertschöpfungskette im Auge, vom Kindergarten über die Grundschule bis zur Hochschule und beruflichen Weiterbildung. Stichwort: lebenslanges Lernen. Wie gesagt, der Schulmarkt für IT wird in den USA auf 21 Milliarden Dollar geschätzt!

Trotzdem schreibt Bill Gates: »Ich bin frustriert, wie wenig Technologie die Art und Weise verändert hat, wie Schüler lernen.« Die meisten Kinder würden heute »mehr oder weniger wie ihre Großeltern« unterrichtet. Der Gründer von Microsoft ist sich sicher: »Online-Lernen und andere Technologie im Bildungsbereich werden einen großartigen

Start hinlegen.«[161] Das sagt derselbe Mann, der seinen Kindern vor dem 14. Lebensjahr kein Handy gegeben hat – und Bildschirmzeiten reglementierte, weil er sich Sorgen um den Schlaf des Nachwuchses machte (Kapitel 8: »Vegane Küche für Steak-Freunde?«).

Auch der Konzern Alphabet (früher Google) will ein großes Stück vom IT-Kuchen, den das US-amerikanische Bildungssystem gerade verteilt.[162] Die *New York Times* bezeichnet das Phänomen als »Googlification of the classroom«: Heute würden mehr als 15 Millionen Kinder im Unterricht Google-Apps wie Gmail oder Docs nutzen, was etwa der Hälfte aller Schüler der Primär- und Sekundarstufe in den USA entspricht. Das gilt auch für Chromebooks, die Laptops von Google. Der Internet-Riese hat seine Dienstleistungen und Produkte kostenlos oder gegen Rabatt angeboten.

»Google etablierte sich selbst als Faktum in den Schulen«, so zitiert die *New York Times* Hal Friedlander, der früher für das New York City Department of Education tätig war. Dieser Durchmarsch geschah oft an zuständigen Behörden vorbei. Besonders Lehrer wurden direkt angesprochen, um sie in eigenen Communitys mit Hard- und Software vertraut zu machen (Google Education Groups). So breiteten sich Googles Produkte zur Digital-Bildung rasch aus – durch kostenlose, aber effiziente Mundpropaganda.

Die *New York Times* stellt fest: »Die Schulen werden Google mehr geben, als sie bekommen – nämlich Generationen künftiger Kunden«. Ihre Schüler werden früh an Google-Produkte gewöhnt, Grundlage einer lebenslangen Kundenbindung. So verlassen jedes Jahr Millionen Schüler die Highschool und können leicht ihren Schul-Account von Google in einen persönlichen Gmail-Account umwandeln. Dabei lassen sich alle gespeicherten Dokumente »mitnehmen«. Manche Schulen ermutigten sogar dazu.

Langsam wird klar: Die großen IT-Konzerne übernehmen die amerikanischen Klassenzimmer. Mal durch Millionen-Kontrakte, mal durch Spenden und Sponsoring, um einen Fuß in die Schulen zu bekommen. Alles hart an der Grenze zur Korruption, wie Prof. Bob Reich warnt. Er nannte das »Umwandlung von Privatvermögen in öffentlichen Einfluss«.

Blenden wir einmal zurück zu den Bundesstaaten, die kein Geld für reale Preschools hatten, jetzt aber in billige Online-Projekte investieren, zum Beispiel Montana, Indiana und North Carolina. Überall klamme Kassen für soziale Aufgaben! Es stellen sich ein paar entscheidende Fragen: Warum fehlt das Geld? Wer zahlt eigentlich in den USA Unternehmenssteuern? Und in welcher Höhe?

Tab. 1 Steuerzahlungen von IT-Konzernen, 2010 – 2019			
	Microsoft	Google	Apple
Einnahmen	882,5 Mrd. $	647,7 Mrd. $	1 888 Mrd. $
Gewinn	278,5 Mrd. $	176,6 Mrd. $	548,7 Mrd. $
Gezahlte Steuern	46,9 Mrd. $	27,9 Mrd. $	93,8 Mrd. $
Anteil am Gewinn	16,8 %	15,8 %	17,1 %

Quelle: Fair Tax Mark

2010 bis 2017 betrug der US-Satz der Körperschaftssteuer 35 Prozent – also der Prozentsatz, den Unternehmen vom Gewinn an den Staat abführen sollen. Präsident Donald Trump senkte diesen Steuersatz 2017 auf 21 Prozent. Vor diesem Hintergrund hat Fair Tax Mark gerade eine Studie vorgelegt, die sich mit Steuerzahlungen im Silicon Valley beschäftigt, unter anderem von Microsoft, Google und Apple.[163] Fair Tax Mark ist eine britische Organisation, die die Steuerpraxis von Unternehmen durchleuchtet.

Wie sahen die Ergebnisse aus? Die wesentlichen Zahlen finden sich in Tabelle 1. Dabei dürfen wir uns durch die Milliarden-Beträge nicht blenden lassen. Es kommt bei den Steuerzahlungen immer auf den Anteil am Gewinn an – und der fällt bei allen drei Konzernen sehr gering aus, zwischen 15,8 und 17,1 Prozent. Damit schneiden die Digital-Konzerne viel besser ab als die Mehrheit der US-Unternehmen, die im Durchschnitt zwischen 29,1 Prozent (1995 bis 2004) und 26 Prozent (2008 bis 2014) bezahlt haben, schreiben die Autoren der Studie.

Halten wir fest: In vielen Bundesstaaten gibt es nicht genug Plätze in öffentlichen Preschools, was arme Kinder direkt benachteiligt. Das haben wir ausführlich dargestellt. Gleichzeitig zahlen die drei Digital-Konzerne nur 'n »Apple und ein I« an Steuern; ihr Reichtum und Einfluss wachsen ungebrochen – und die Milliardengewinne fließen in großen Teilen an den Staatskassen vorbei. Direkt in die Tasche von Menschen, die dann kein Problem haben, ihre Kinder für 40.000 Dollar auf Privatschulen zu schicken.

Das bedeutet: Die großen Konzerne maximieren hemmungslos ihren Profit, während das Geld fürs Allgemeinwohl an allen Ecken fehlt. Sonst müsste im County Baltimore keine braune Brühe aus dem Wasserhahn laufen. So vertieft sich die soziale Spaltung in den Vereinigten Staaten – und die Zentrifugalkräfte in der Gesellschaft nehmen weiter zu. Genauso, wie es im Sommer 2020 zu beobachten war, als es Massenproteste gegen Polizeigewalt gab.

Warum von Tech-Konzernen nicht echte Steuerzahlungen verlangen, damit auch arme Kinder in die Preschool gehen? Bildschirme sind keine Alternative.

Reisen wir weiter, an einen Ort, dessen Namen wir noch nicht verraten wollen. Wir betreten mithilfe eines Journalisten ein Klassenzimmer: Die Schüler blicken zur Lehrerin, die vor einer Kreidetafel steht. Darüber hängt eine unscheinbare Kamera, die alle 30 Sekunden ein Bild der Schüler schießt. Die Aufnahmen analysiert ein Gesichtserkennungssystem, das zwei Parameter erfasst. Es registriert emotionale Zustände: neutral, glücklich, traurig, unzufrieden, ärgerlich, ängstlich und überrascht. Und das System erkennt Aktivitäten: Lesen, Schreiben, Zuhören, Aufstehen, Hände heben und (mit dem Oberkörper) auf dem Tisch liegen. Es fällt nicht schwer, zu raten, welche Zustände und Aktivitäten das System mit den meisten Punkten bewertet.

Diese Werte fließen in einem individuellen Scoring je Schüler zusammen. Es ergibt sich ein Ranking in der Klasse, das auf einem großen Bildschirm an der Wand abgebildet wird. Damit hat die Transparenz kein Ende: Die Software errechnet von jeder Klasse ein durchschnittliches Level der Aufmerksamkeit. Diese Werte zeigt ein großer Bildschirm im Flur an, damit alle Klassen sich vergleichen und miteinander konkurrieren können.

Der Direktor der Schule ist sich sicher: Das System würde das Niveau der Bildung erhöhen – als wenn der Lehrer einen Assistenten hätte. Die Kamera habe aber den Vorteil, nicht den Unterricht zu unterbrechen. Sie fange auch authentische Eindrücke von den Schülern ein. Ein Kommentar in den Social Media sieht das anders: »Das lächelnde Gesicht eines Affen im Zirkus ist kein Ausdruck von Freude, sondern eine Grimasse der Angst.«

Wo waren wir zu Besuch? In der Hangzhou Nr. 11 Middle School, Provinz Zhejiang, China. Vor Ort arbeitet auch ein weltweit erfolgreicher Hersteller von Überwachungstechnik, die Firma Hikvision. Sie hat die Technologie für die Schule entwickelt – das *Smart Classroom Behavioral Management System*. Unser »Begleiter« war der Journalist Xue Yujie, der für das Online-Magazin *Sixth Tone* tätig ist (Shanghai United Media Group). Er hat die digitale Überwachung der Schüler beschrieben.[164]

Xue Yujie schaute sich auch in einer anderen Schule um, der Niulanshan First Secondary School in Peking, die 3.300 Schüler besuchen. Sie ist mit sechs anderen Schulen Teil eines großen Experiments: Insgesamt 28.000 Schüler können im Klassenzimmer weder schimpfen noch lachen, ohne dass eine künstliche Intelligenz (KI) ihr Verhalten bewertet. Im Prinzip geht das wie in der Hangzhou Nr. 11 Middle School, wie Yujie schreibt.

Eine Kamera macht aus der Vogelperspektive jede Sekunde ein Bild der Klasse. Diese Kamera gehört zum Class Care System (CCS), installiert von der Firma Hanwang, die das Material von lernenden KI-Algorithmen auswerten lässt. Dabei fällt das Verhalten der identifizierten Schüler in fünf Kategorien: zuhören, antworten, fragen, schreiben, schlafen oder Interaktion mit anderen Schülern.

Die Software nimmt ein wöchentliches Scoring vor, ein Wert zwischen 0 und 100. Es ist über eine App auf dem Smartphone abrufbar: Lehrer können so jedes einzelne Scoring der Schüler einsehen. Verschlechtert sich ein Wert, taucht ein grüner Pfeil nach unten auf. Verbessert sich ein Wert, erscheint ein roter Pfeil nach oben. Ein Balkendiagramm zeigt unter anderem an, wie viele Minuten Schüler konzentriert gearbeitet haben – oder im Unterricht eingeschlafen sind. Big Data is teaching you. Und alle Daten gehen auch an die Schulleitung und die Eltern.

Zensur in China

Die Journalistin Franka Lu (Pseudonym) berichtet in der *ZEIT* über das heutige China. Zum Beispiel über das ausgefeilte Zensursystem, das sie auf drei Stufen beschreibt:

- **Selbstzensur**: Alle Internet-Unternehmen existieren in der Angst, vom Staat geschlossen zu werden. Daher nutzen sie Schlagwortfilter, entwickelt auf der Grundlage »gründlicher semantischer Forschung«. Tausende Mitarbeiter kontrollieren 7/24 die Nutzer sozialer Netzwerke; es gibt ständig Berichte an den Staat, wie sich Meinungen im Netz verändern.
- **Propaganda-Mitarbeiter**: »Zusätzlich zu den Propagandabüros auf allen Ebenen verfügen inzwischen jede Regierungsstelle, jedes staatliche Unternehmen, auch das Militär und die Polizei, über ihre eigenen ›Beobachter der öffentlichen Meinung‹«, so Lu. Spezielle Kommentatoren schreiben Posts am laufenden Band, um natio-

nalistische Stimmung zu verbreiten. Sie suchen und diffamieren Kritiker im Netz. Außerdem werfen diese bezahlten Kommentatoren Nebelkerzen in öffentlichen Debatten, um die Bildung eines kritischen Konsenses zu verhindern.
- **»Volksüberwachungssystem«**: Studenten zeigen Professoren an, weil sie »unpatriotische Gedanken« an der Uni verbreiten. In den Social Media wie WeChat gibt es Melde-Schaltflächen unter Postings, um sie bei kritischen Inhalten direkt den Behörden zu melden. Das fällt leicht, wenn Kinder schon im Kindergarten zu hören bekommen, »›Feinde aus dem Ausland und ihre Agenten in China‹ würden noch immer versuchen, ›unsere Regierung zu stürzen und unserem Land zu schaden‹«, schreibt die chinesische Journalistin.

Ja, die Eltern in China! Im Vergleich mit chinesischen Helikopter-Eltern sind es nur harmlose Spielzeugdrohnen, die deutsche Kinder umschwirren. Der Grund: Die chinesischen Eltern stehen in einem ständigen Kampf, ihren Kindern einen super-optimierten Start ins Leben möglich zu machen. »Dieser Feldzug hat ein langfristiges Ziel, er läuft auf den berüchtigten Gaokao hinaus, die standardisierte Eingangsprüfung der Universitäten – der Krieg um das Lebensglück der Kinder dauert also mindestens 18 Jahre«, schreibt Franka Lu in einem anderen Artikel für die *ZEIT*.[165] »Die erste wirkliche Schlacht« tobe bereits um einen guten Kindergarten. Kaum geboren, gibt es für Kleinkinder eine Form der Früherziehung (*zaojiao*): Kommunikation, Tanzen, Schwimmen, Schriftzeichen erkennen, Rechnen, Klassiker aufsagen, Stillsitzen ... Diese »Qualifikationen« sind nötig, um im Kindergarten Englisch, Chinesisch und Mathematik zu lernen. Und so geht es weiter, und weiter, und weiter.

»Dieses System ist eine einfachere Version des gesamten chinesischen Machtsystems«, stellt Lu fest. »Es lässt weder Dissens noch Abweichung zu.«

Die Lehrer werden scharf kontrolliert, immer gemessen an den Leistungen ihrer Schüler. Ein permanenter Evaluationsstress, weil sich die Ergebnisse direkt aufs Einkommen auswirken. Und die Lehrer geben den Druck an die Eltern weiter, die sowieso um den Bildungserfolg der Kinder kämpfen. Dazu nutzen die Lehrer soziale Netzwerke wie WeChat.[166] Die Eltern haben dafür zu sorgen, so Lu, dass die Kinder ordentlich Hausaufgaben machen:

»*Geraten diese beim Stoff in Rückstand oder stören während des Unterrichts, werden die jeweiligen Eltern in den WeChat-Gruppen von den Lehrern vor allen anderen dafür scharf kritisiert und heftig gemaßregelt. Hilft auch diese Entblößung nichts, werden die betroffenen Eltern in die Schule einbestellt und von Angesicht zu Angesicht getadelt: ›Ihnen ist die schulische Leistung Ihrer Kinder egal, Sie wollen nur, dass die entspannt und glücklich sind? Sorry, das ist in der Schule nicht vorgesehen.‹*«

In dieses System passen weitere Maßnahmen, die Digital-Technik erst möglich macht: »Uniformen mit GPS-Tracker halten Kinder unter Beobachtung«, so lautet eine Schlagzeile der staatlichen Zeitung *China Daily*. Der Beitrag gewährt weitere Blicke in eine Welt des Misstrauens:[167] Schüler tragen in elf Schulen der Regionen Guizhou und Guangxi *Smart Uniforms*: Schuluniformen, ausgestattet mit GPS-Trackern. Entwickelt hat sie das Tech-Unternehmen Guizhou Guanyu Technology.

Betritt ein Schüler die Schule, werden Zeit und Datum erfasst, inklusive eines kurzen Videos. Eltern erhalten diese Informationen über eine App, die auf dem Smartphone installiert ist. Sie werden wie das Schulpersonal auch informiert, sobald ein Schüler Klassenzimmer oder Schlafräume aufsucht (Name, Foto, Klasse). Das System arbeitet mit einer Gesichtserkennung, um Betrug zu verhindern. So muss ein Schüler genau die Uniform tragen, die zu ihm gehört. Schwänzt er den Unterricht, wird Alarm ausgelöst – Lehrer und Eltern wissen sofort Bescheid! Mehr als 1.000 Schüler tragen bereits *Smart Uniforms*.

China Daily lässt einen Vater zu Wort kommen: »Die Schule ist ein Internat, so ist es schwierig, meinen Sohn zu Hause zu erziehen. Diese Uniform kann einen gewissen Druck ausüben und lässt ihn wissen, dass ich benachrichtigt werde, wenn er den Unterricht schwänzt.« Es sei nicht einfach, einen Teenager zu erziehen. »Ich brauche alle Hilfe, die ich bekommen kann«, so der Vater.

Erstaunlich: Am Ende der Geschichte zitiert die staatliche Zeitung einen Kritiker aus China. Chu Zhaohui arbeitet am National Institute of Education Sciences und warnt: Wer so das Verhalten junger Schüler überwacht, könnte ihrer psychischen Gesundheit schaden. »Wenn sich Menschen überwacht fühlen, werden sie sich anders verhalten und gegen den eigenen Willen handeln. Das kann zu mehr rebellischem Verhalten führen«, sagt der Wissenschaftler. Kinder könnten die Fähigkeit verlieren, selbst Entscheidungen zu treffen, wenn Eltern ihre eigenen Wünsche über die ihrer Kinder stellen.

Gamification statt Orwell

Die Politikwissenschaftlerin Katika Kühnreich beschreibt in einem Gespräch mit dem Spiegel, wie wesentliche Aspekte des Social Credit Systems in China aussehen:[168]

»Die Idee ist ein datengestütztes, soziales Bonitätssystem für viele Lebensbereiche. Der Plan ist ein verpflichtendes Punktekonto für alle Bürgerinnen und Bürger, auf dem Punkte gutgeschrieben oder abgezogen werden können.«

»Wer mal erwischt wurde, wie er seine Mülltüte nicht richtig entsorgt hat oder bei Rot über die Ampel gelaufen ist, konnte je nach System mit Minuspunkten rechnen. Pluspunkte konnte es durch das Belegen von anderem, positiv bewertetem Verhalten geben.«

»Das System der sogenannten Gamification funktioniert, und Menschen [sprechen] generell sehr gut darauf an. Wir haben es anders als bei der klassischen Orwell'schen Überwachungsdystopie mit einem verspielten Belohnungsansatz zu tun. Die Bürger bekommen eine unangenehme Sache schön verpackt präsentiert und sammeln fleißig Punkte für Vergünstigungen im Alltag.«

»Es gibt den internationalen Trend, soziale Probleme durch Technologie und Kontrolle zu lösen. [...] Technologie misst man heute nahezu göttliche Züge bei. Der Glaube, eine Macht könne die Menschheit von ihren Leiden erlösen, ist wohl eine zutiefst menschliche Hoffnung. Aber sie ist leider verfehlt. Technologie allein wird niemals soziale Probleme lösen.«

Was dabei herauskommt, zeigt ein weiteres Experiment in China:[169] Schüler tragen am Kopf Hightech-Stirnbänder, ausgestattet mit Lampen. Sie leuchten unterschiedlich, je nach Grad der Aufmerksamkeit. Blau: entspannt; gelb: konzentriert; rot: sehr konzentriert. So kann der Lehrer auf einen Blick das Niveau der Konzentration erfassen – noch eleganter als auf dem Umweg der Gesichtserkennung. EEG-Sensoren werden genutzt, um Gehirnströme zu messen; KI-Algorithmen wandeln die Daten in ein Fokus-Level um, erfasst in Echtzeit. »Neurofeedback-Training ist eine weitverbreitete Methode auf wissenschaftlicher Basis«, behauptet der amerikanische Hersteller BrainCo, gegründet 2016 vom Chinesen Bicheng Han. Ob das wirklich so einfach geht?

Auf jeden Fall wurden diese Headbands an der Grundschule in Jinhua, Provinz Zhejiang, getestet. Doch selbst in China ging das Experiment zu weit. Als es bekannt wurde, erhob sich ein Sturm der Entrüstung – und die lokalen Behörden beendeten den Versuch mit Schülern. Xiong Bingqi ist Direktor am 21st Century Education Research Institute. Er sagt: »Am Ende verlassen sich Schüler auf Maschinen, um ihre Konzentration zu verbessern, statt dass sie ein Lehrer anleitet. Das schwächt die pädagogische Kompetenz der Lehrer.«

Ob Kameras im Klassenzimmer, GPS-Sender in der Schuluniform oder Hightech-Stirnbänder – da drängt sich immer Technologie in menschliche Beziehungen, ohne Rücksicht auf Verluste. Denn China zeichnet sich generell dadurch aus, in großer Unbefangenheit Digital-Technik in der Bildung einzusetzen. Das könnte katastrophale Folgen haben. Florian Rötzer hat diese Gefahr genau auf den Punkt gebracht, in einem Beitrag für *Telepolis*:[170]

> *»Der Lehrer geht nicht mehr von seiner Wahrnehmung des Schülers aus, sondern reagiert auf scheinbar objektive Daten. Sie sind deswegen objektiv, weil sie vom Schüler abstrahieren. Das zwischenmenschliche Handeln wird sich dann darauf verschieben, wie sich Daten durch Veränderungen des Verhaltens manipulieren lassen. Die Schnittstelle zwischen Gehirn und Computer trennt den Schüler vom Lehrer.«*

Dieser Kritik ist nichts mehr hinzuzufügen.

Fazit: Natürlich würde es noch viel zu schreiben geben über die Unterschiede und Gemeinsamkeiten der zwei Staaten. Auch in China entscheidet das Einkommen radikal über Bildungschancen, auch in den Vereinigten Staaten ist Technologiegläubigkeit weit verbreitet. Doch eine soziale Spaltung findet in beiden Ländern statt: Der digitale »Überwachungskapitalismus« à la USA verschärft die finanzielle Ungleichverteilung – und raubt benachteiligten Kindern die Möglichkeit, durch Bildung aufzusteigen. Wir haben uns unter der Lupe angeschaut, wie Bundesstaaten arme Familien mit Online-Programmen abspeisen, statt in reale Preschools zu investieren. Immer mit dem Verweis auf knappe Kassen – wobei Microsoft, Apple und Google Milliarden Dollar der Allgemeinheit vorenthalten.

Das »staatstotalitäre Überwachungsnetz« in China spaltet genauso: Schon in den Bildungseinrichtungen entsteht ein mörderischer Konformitätsdruck, gesteigert durch Überwachungstechnik. Wer nicht mithält oder mithalten will, wird gnadenlos aussortiert. Das fügt sich perfekt in ein politisches System ein, das sein Volk in allen Lebenslagen auf Linie bringen will – unter anderem durch ein Sozialpunktesystem, das erst durch den großflächigen Einsatz digitaler Medien möglich wurde. Nach einigen Testreihen soll es Ende 2020 auf das gesamte Land ausgedehnt werden.

Erinnern wir zum Schluss an die Alternative vom Anfang: »Deutschland und Europa haben die Wahl. Sie können demokratische und soziale Gesellschaften bleiben oder sich den Bedingungen der Datenökonomie unterordnen«, hatte Lankau geschrieben.

Welche Gefahren im Bildungsbereich einer »Datenökonomie« lauern, haben wir beispielhaft gezeigt, indem wir einen kurzen Blick in die Vereinigten Staaten und auf China geworfen haben. Gelingt uns in Deutschland ein anderer Weg? Vielleicht, wenn wir weiter unsere Skepsis gegenüber digitaler Technik pflegen, statt wie Lemminge auf die Klippe zuzurennen, nur weil ein Prophet digitales Heil verkündet. Vielleicht, wenn wir Bildung weiterhin als öffentliche Aufgabe begreifen und nicht der Privatisierung durch Konzerne Tür und Tor öffnen. Vielleicht, wenn kritisches Denken, Selbstreflexion und Achtsamkeit nicht völlig aus der Mode kommen. Geopfert auf dem Altar der Beschäftigungsfähigkeit, also der ökonomischen Verwertbarkeit von »Skills« und »Kompetenzen«.

Dann wäre ein anderer Weg möglich, jenseits von »Überwachungskapitalismus« und »staatstotalitärem Überwachungsnetz«. Zwei wirklich katastrophale Alternativen.

KAPITEL 13
INDOKTRINATION 2.0

Warum es Tech-Konzerne nicht nötig haben, simple Propaganda zu verbreiten

Wer seinen Namen nicht nur auf dem Klingelschild lesen will, muss in Deutschland Multimilliardär sein. Zum Beispiel verfügt Hasso Plattner über knapp 15 Milliarden Euro! Da können locker zehn Millionen in eine moderne Unibibliothek fließen, die in Mannheim nach ihrem Mäzen benannt wurde: »Hasso-Plattner-Bibliothek«. Sein Vermögen hat Plattner gemacht, indem er 1972 mit ein paar Kollegen SAP gründete. Das einzige IT-Unternehmen Deutschlands, das später global mit Microsoft und Co konkurrieren konnte. Eine gewaltige Lebensleistung!

1998 rief Plattner ein IT-Forschungsinstitut ins Leben, in Kooperation mit der Universität Potsdam. Name: Hasso-Plattner-Institut für Softwaresystemtechnik (HPI). Die Arbeitsbereiche: Big Data, Cloud Computing, Process Mining und eHealth. Das HPI ist eine private Hochschule, finanziert von ihrem Mäzen Plattner, der am Anfang 50 Millionen Euro für 20 Jahre zusagte. Plattner selbst ist in der Lehre tätig, im Studiengang Enterprise Platform and Integration Concept. Zurzeit sind 550 Bachelor- und Masterstudenten eingeschrieben.

2015 gründete der Geschäftsmann eine Stiftung, die Hasso-Plattner-Foundation – mit einem Stiftungskapital von 200 Millionen Euro, das aus seinem Privatvermögen stammt. Es wird gesagt: Dieser Betrag sei der höchste, der jemals in Deutschland aus einem privaten Geldbeutel in die Bildung gewandert sei. Heute finanziert die Stiftung unter anderem den Ausbau der Institutsgebäude.

Interessantes Detail: »Sowohl Stiftungsvorstand als auch der Stiftungsrat werden durch den Stifter, Prof. Dr. h.c. mult. Hasso Plattner, beraten. Er ist nach wie vor der strategische Kopf der Stiftung«, heißt es auf der Website.[171] Und bei SAP ist er auch noch aktiv, seit Mai 2003 als Vorsitzender des SAP-Aufsichtsrats. Seine weiteren Aufgaben im Unternehmen: »In seiner Rolle als Chief Software Advisor berät er die SAP bei der mittel- und langfristigen technologischen Ausrichtung und Strategie. Darüber hinaus steht er dem Technologieausschuss des SAP-Aufsichtsrats vor.«[172] Auf diese Weise stößt der 76-Jährige immer noch Projekte an, allerdings nur zu seinen Bedingungen, wie er in einem Interview der *WirtschaftsWoche* verraten hatte. Zwar sei er kein »Godfather«, aber: »Ich habe nur darum gebeten, hier will ich entscheiden, was gemacht wird, quasi als guter Diktator, sonst mache ich es nicht.«[173]

Passt ein »guter Diktator« in eine demokratische Gesellschaft? Und was passiert, wenn er sich irren sollte – und keiner mehr ins Wort fallen darf, weil sonst das Geld nicht mehr fließt? Wir hatten bereits Prof. Bob Reich zitiert, der sich kritisch mit der Philanthropie in den USA auseinandergesetzt hat: »Philanthropie in großem Ausmaß stellt oft eine Ausübung von Macht dar, und zwar durch die Umwandlung von Privatvermögen in öffentlichen Einfluss.«

Das gilt genauso für Deutschland, wo sogar 2018 die Bundesregierung zu einer zweitägigen »Digital-Klausur« ins HPI nach Potsdam kam, inklusive einer Demonstration der Schul-Cloud, die das HPI gerade entwickelt: »Mit Tablets ausgestattet probierten Bundeskanzlerin Merkel und Verteidigungsministerin von der Leyen die Schul-Cloud für eine Aufgabe aus dem Politikunterricht aus – Gruppenarbeit war explizit erwünscht!«, heißt es dazu locker auf der HPI-Website.[174] Ein Zugang zur Macht, von dem viele NGOs nur träumen können.

Stichwort Schul-Cloud: Dieses Projekt läuft seit 2016, gefördert mit rund sieben Millionen Euro Steuergeld. Seine Notwendigkeit begründet das HPI mit Schwarzmalerei:[175]

»*Durch zahlreiche Zusatzaufgaben überforderte Lehrkräfte, technisch mangelhaft ausgestattete Klassenzimmer, vernachlässigte Computernetzwerke, hohe Lizenz- und Personalkosten prägen das Bild in vielen deutschen Schulen. Zeitgemäßer Unterricht mit moderner Technologie ist am IT-Standort Deutschland stark ausbaufähig.*«

Die Antwort darauf lautet: Aufbau einer zentralen Infrastruktur! Konkret: »Die Einrichtung einer ›Schul-Cloud‹ bietet eine zukunftsorientierte Lösung«, so das HPI, »mit der Schüler flächendeckend neueste und professionell gewartete Programme nutzen können.« Das englische Wort »Cloud« steht für eine Daten-Wolke. Statt dezentral Daten und Programme auf einzelne Server abzulegen, landen diese Inhalte auf zentralen Servern, also in der »Cloud«.

Dabei würden, so das HPI, Lehrkräfte entlastet, und zwar von der Hardware-Verwaltung und -Pflege. Als Zugang zu den Inhalten der Schul-Cloud seien »lediglich ein Internetzugang sowie webfähige Anzeige- und Eingabegeräte nötig«, inklusive Berechtigung. Das ökonomische Argument für Schulen lautet, dass ihre Investitionskosten in teure Hardware stark sinken – sowie der Zugriff auf zeitliche und personelle Ressourcen, um lokale Rechner aufwendig zu warten.
Bis zur Corona-Krise waren 128 MINT-Gymnasien mit im Boot, als Pilot-Schulen. Die Abkürzung MINT steht dabei für **Mathematik**, **Informatik**, **Naturwissenschaft und Technik**. Es handelt sich um Schulen, die sich auf diese Fächer spezialisiert haben. Sie gehören zum Netzwerk EC-MINT, eine »Initiative der Wirtschaft zur Förderung mathe-

matisch-naturwissenschaftlicher Schulen«. Wie sich da Unternehmen engagieren, spiegelt sich im Vorstand wider, unter anderem sind dort Jörg Matern (Siemens AG) oder Felix Mayer (Stiftung PfalzMetall) vertreten. Und: Christoph Meinel ist auch im Vorstand, außerdem ist er der wissenschaftliche Direktor am HPI, zuständig für das Thema Internettechnologien und -systeme.

Dann kam Corona: »Vielleicht können wir der Krise auf diese Weise auch etwas Positives abgewinnen, indem wir die digitale Schulbildung voranbringen«, freute sich Meinel, wie *Heise online* schreibt. Bundesbildungsministerin Anja Karliczek (CDU) öffnete mit dem HPI die Schul-Cloud für alle Schulen in Deutschland, allerdings nur bis Ende 2020. Sie stellte außerdem 100 Millionen Euro aus dem Digitalpakt in Aussicht, um Online-Angebote und Lernplattformen zu fördern.[176] Auch das HPI bekam ein Stück vom Kuchen ab, es kann in den nächsten Jahren Förderanträge bis zu einer Höhe von 12 Millionen Euro stellen. Das geschah im März 2020.

Zwei Monate später hatten sich 3.472 Schulen für die HPI-Cloud angemeldet, fertig ausgestattet waren nur 1.127 Schulen. »Die Zahlen sind ziemlich ernüchternd«, findet Ekin Deligöz, die für Bündnis 90/ Die Grünen im Bundestag sitzt. Weiter kritisiert die Abgeordnete: »Von Frau Karliczeks großspuriger Ankündigung einer bundesweiten Öffnung vor knapp zwei Monaten konnten gerade einmal wenige Hundert Schulen profitieren.« Mehr als zwei Drittel würden seit der Anmeldung auf ihren Anschluss warten. »Von kurzfristiger Verfügbarkeit und schneller Skalierbarkeit kann keine Rede sein!«, so Deligöz.

Kritik kommt auch aus einer anderen Ecke, sechs IT-Firmen[177] greifen Karliczek in einem offenen Brief an:[178] »Generell ist der staatliche Markteingriff durch die Entwicklung einer eigenen Schul-Cloud unnötig und kontraproduktiv.« Damit spielen die Firmen auf die erheblichen Summen an, die der Staat in die Schul-Cloud des HPI gesteckt hat. Weiter heißt es in dem offenen Brief: »Mit der rein singulären Förderung von einzelnen, prominenten Institutionen verletzt das BMBF das Subsidiaritätsprinzip und fügt den mittelständischen Anbietern erhebliche finanzielle Schäden zu.« Die einseitige Förderung staatlicher Angebote behindere den Wettbewerb und zerstöre die Innovationskraft. Davon sehen sich gerade Unternehmen betroffen, die ähnliche Projekte wie die HPI-Schul-Cloud vorantreiben.

Da scheint ein heftiger Kampf um Marktanteile zu toben, was uns zum Kern des Kapitels bringt, der Ökonomisierung von Bildung. Bislang fällt es Start-ups schwer, sich im Bildungsbereich wirtschaftlich zu etablieren. Benno Legler und Kollegen vom Wirtschaftsforschungsinstitut WiFOR schreiben in einer Analyse:[79] »Insbesondere für die Start-up-Szene stellt die Verfügbarkeit von Wagniskapital (Venture Capital) eine wichtige Voraussetzung für den Markteintritt dar.« Erhebungen würden zeigen, dass sich nur etwa 4 Prozent der Start-ups der Kategorie Bildung zuordnen lassen. 4 Prozent – ein wirklich geringer Anteil!

Ein Grund dafür ist sicher die föderale Struktur in der Bildungspolitik, die Insellösungen ohne Durchschlagskraft fördert. Da gibt es verschiedene Akteure, etwa die Kultusministerkonferenz (KMK), Landesbehörden, Schulträger oder Schulkonferenzen. Das alles verteilt sich über 16 Bundesländer mit 20 Schulformen und etwa 3.000 unterschiedlichen Lehrplänen. Daher sind neben eigenen Ersparnissen gerade staatliche Fördermittel »eine der wichtigsten Finanzierungsquellen für die deutschen Start-ups«, so die Wissenschaftler. »Jedes dritte Start-up-Unternehmen finanziert sich auch durch staatliche Mittel.« Ein weiterer Grund für die 4 Prozent: Bildungsinhalte für Schule und Ausbildung haben oft einen so spezifischen Charakter, dass eine »Skalierbarkeit von Produkten bzw. Geschäftsmodellen« erschwert wird. »Skalierbarkeit« meint die starke Vervielfältigung eines Angebots, um in die Gewinnzone zu kommen. Die Folge: »Auf der ›Angebotsseite‹«, so die Wissenschaftler, »wirkt zusätzlich erschwerend, dass sich digitale Angebote für Unternehmen erst ab einer bestimmten Größenordnung lohnen.« Dazu heißt es in der Studie weiter, »dass die Sichtbarkeit der Zahlungsströme für potenzielle Investoren nicht gegeben ist.«

Damit umschreiben die Wissenschaftler vorsichtig, dass viele Start-ups im Bildungsbereich noch nicht rentabel arbeiten.

Halten wir fest: Staatliche Förderung ist für viele Start-ups lebenswichtig. Wird sie ungleich verteilt, kann das den Wettbewerb verzerren. Und: »Skalierung« lautet das Zauberwort, um am Markt erfolgreich zu sein. Vor diesem Hintergrund wird verständlich, warum die sechs IT-Firmen der Ministerin Karliczek massive Marktverzerrung vorwerfen, weil sie das HPI großzügig mit Fördermitteln ausstattet.

Was sagt das HPI dazu? Direktor Meinel beteuert in einem Interview mit dem Journalisten Jan-Martin Wiarda:

> »Ich will nichts vermarkten. Wir sind kein kommerzieller Anbieter, sondern eine gemeinnützige universitäre Forschungseinrichtung. Wir erhalten keine Lizenzgebühren; am Ende unseres Open-Source-Entwicklungsprojekts ist die HPI Schul-Cloud kostenfrei für alle verfügbar.«[180]

Gut, das HPI selbst will keine Gewinne einstreichen. Aber Meinel schreibt genauso in der *FAZ*: »Es macht einen qualitativen Unterschied, ob Bildungsinhalte für einen potenziellen Markt von 40.000 Schulen entwickelt werden oder für 10.000.«[181]
Mit dieser Aussage greift Meinel das Problem der »Skalierbarkeit« auf. Außerdem heißt es in einem HPI-Dokument: »Die Schul-Cloud wird dazu beitragen, einen prosperierenden Bildungsmarkt mit innovativen digitalen Bildungsprodukten zu etablieren.« Private und institutionelle Anbieter würden Inhalte anbieten. »Die Angebote stehen allen Lehrkräften und Schülern zur Verfügung und müssen sich im Wettbewerb behaupten.«
 Damit nähern wir uns der gedanklichen Ziellinie, dem Bildungsmarkt der Zukunft! Auf der Nachfrageseite: 32.577 allgemeinbildende Schulen und 8.662 Berufsschulen[182], 811.000 Lehrer[183] sowie 10,9 Millionen Schüler[184]. Ein großes Marktpotenzial, bisher kaum erschlossen,

weil unser Land Bildung traditionell als öffentliche Aufgabe begreift. Das soll sich gravierend ändern, weil die Schul-Cloud auch einen Marktplatz bereitstellt, den Meinel näher erläutert: »Dann gibt es den sogenannten Lern-Store, der Zugang zu den verschiedensten Lerninhalten und interaktiven Lernsystemen bietet. Zurzeit sind dort über vier Millionen Unterrichtsmaterialien verfügbar und interaktive Lernsysteme.« Dazu zählen Text- und Videoerklärungen, Lernprogramme sowie multimedial aufbereitete Lerninhalte, die mit Arbeitsblättern und Aufgaben kombiniert sind.

Damit solche Lernprogramme personalisiert funktionieren, müssen die Anbieter viele Daten der Nutzer speichern. Nur so kann Learning Analytics greifen – mit allen fragwürdigen Konsequenzen (Kapitel 5: »Totalitäre Bildung«). Wie werden da Kinder geschützt? Meinel erklärt das im Interview: »Wenn Schüler und Lehrer in der Schul-Cloud interagieren, müssen die Klarnamen eine Rolle spielen. Wenn Schüler auf Lernsoftware der verschiedenen Hersteller zugreifen, reichen Pseudonyme aus, die Anbieter nicht einzelnen Personen zuordnen können.«

Das bedeutet: Die Administratoren der Schul-Cloud kennen die Klarnamen der Schüler, verschlüsseln sie und geben Pseudonyme 1:1 an Drittanbieter weiter. Den Schlüssel behalten sie, technisch erfolgt der Vorgang über einen *Learning Record Store*. Mit den gewonnenen Daten optimieren die Drittanbieter ihr personalisiertes Lernangebot. So entsteht im Laufe der Zeit ein gewaltiger Schatz an Lerndaten, der zwar für Dritte nicht einsichtig sein soll, aber zum Profiling von Schülern einlädt, wenn auch pseudonymisiert. Bleiben Pseudonyme stabil über die Zeit, ließen sich einzelne Schüler wiedererkennen.

Stellt sich die Grundsatzfrage: Ist es die Kommerzialisierung des Schulsystems wert, solche Datensammlungen anzulegen – und das zu einem großen Teil von Minderjährigen? Die DSGVO verlangt ganz klar: »Personenbezogene Daten müssen [...] dem Zweck angemessen und erheblich sowie auf das für die Zwecke der Verarbeitung notwendige Maß beschränkt sein (›Datenminimierung‹).«[185] Daher brauchen wir eine gesellschaftliche Diskussion, ob Schülerdaten überhaupt zur Verfügungsmasse von IT-Firmen werden dürfen – egal, ob pseudonymisiert oder anonymisiert. Auch wenn das Geschäftsmodelle ins Wanken bringt.

Denn etwas nebulös gibt das HPI zu verstehen, wie laut seiner Planung »über eine technische Lösung hinaus eine Nachhaltigkeit durch eine proaktive Berücksichtigung des gesamten Spektrums der Stakeholder des deutschsprachigen Bildungsmarktes erzielt werden [soll].« Dabei wähnt sich das Institut »auf dem Weg zu einem Spotify für digitale Lernmaterialien.«[186] Das heißt im Klartext: Das HPI will alle Schleusen für IT-Unternehmen öffnen, die so ihre Produkte direkt bei Schulen, Lehrern und Schülern vermarkten können.

Datenleck in der Schul-Cloud des HPI

Mai 2020. Es beginnt ganz harmlos: »Wir sahen uns mit dem ersten Klick das Pilotprojekt des Institutes an, weil dieses erneut eine millionenschwere Zuwendung vom Staat erhalten soll für die Entwicklung einer IT-Lerninfrastruktur«, so Sascha Adam und Susanne Opalka, die fürs ARD-Magazin Kontraste arbeiten. Sie wollten sich nur über die Schul-Cloud des Hasso-Plattner-Instituts informieren.

Ein weiterer Klick führte sie zum »Ticketsystem«, wo sich Nutzer der Cloud bei Problemen melden können. Es gibt eine große Überraschung: Vor- und Nachnamen von Schülern tauchen auf, auch E-Mail-Adressen von Anwendern und Schulen. »Wie kann das sein?«, fragen sich die zwei vorm Bildschirm. Eigentlich wirbt das HPI damit, die Schul-Cloud »unter Einhaltung der geltenden Datenschutzbestimmungen« zu entwickeln.

Das Magazin Kontraste bittet Thilo Weichert um eine Stellungnahme. Zu dem Vorfall sagt der ehemalige Datenschutzbeauftragte von

> Schleswig-Holstein: Es handle sich um eine »ungenügende Absicherung des Ticketsystems, denn vertraulich geäußerte Probleme mit dem System und seiner Handhabung könnten an ›unbefugte Dritte gelangen‹«. Angreifer wären in der Lage, diese Informationen zu missbrauchen. Das HPI bestätigt die »Möglichkeit eines unbefugten Zugriffs« – und weitere Sicherheitslücken. Denn Kontraste gelang es ebenfalls, eine Liste von Tausenden Schülern einzusehen, die sich an einem Chat der Schul-Cloud beteiligt hatten.[187]

Verständlich, dass die Konkurrenz nervös wird, wie der offene Brief beweist. So hat auch die itslearning GmbH unterschrieben. Die norwegische IT-Firma wurde 1999 in Bergen gegründet. Sie hat unter anderem ihre Lernplattform in Bremen und Bremerhaven zum Laufen gebracht, und zwar in allen Schulen und Bildungseinrichtungen. So schneiden sich einige Plattform-Anbieter bereits ein Stück vom digitalen Braten ab in einzelnen Schulen, Regionen oder Bundesländern. Auf den ersten Blick ein Flickenteppich, geprägt durch Wettbewerb.

Was wäre aber, wenn ein staatlich geförderter Quasi-Monopolist auf den Plan tritt? Und auf einen Schlag für IT-Firmen Zugang zu rund 40.000 Schulen schafft? Wodurch sich das volle Potenzial der Skalierbarkeit entfaltet? Davon träumt Meinel – und ein solches Angebot kann kein IT-Unternehmen ablehnen, das ins Geschäft kommen will. Es müsste seine Produkte über den »Lern-Store« vermarkten, weil so die Reichweite am größten ist (Skalierbarkeit!). Das könnte der »prosperierende Bildungsmarkt« werden, wie er dem HPI vorschwebt. Eine disruptive Entwicklung, die Mitbewerber vom Markt fegt, nämlich alle anderen Anbieter von Lernplattformen (siehe Kasten: »Was ist Disruption?«). Kein Wunder, dass die Konkurrenz aufschreit, wenn der Staat dem HPI weitere Millionen in Aussicht stellt.

Erste Indizien sprechen für eine solche Entwicklung. Beispiel: das Bundesland Brandenburg.[188] Nils Glanz arbeitet für Iserve, einen Cloud-Anbieter für Schulen. Er sagte der Online-Ausgabe von *Erzie-*

hung & Wissenschaft: »Uns wird immer öfter mitgeteilt, dass Iserv nicht förderfähig ist, weil es eine Konkurrenz zum Landesprodukt ist.« Und das »Landesprodukt« ... ist natürlich die »Schul-Cloud« des HPI. Der ökonomische Knackpunkt: Für die HPI-Cloud stehen Bundesmittel aus dem Digitalpakt zur Verfügung. Wer bestehende Länderlösungen übernehmen will, kann nicht mit diesem Geld rechnen. Eindeutig ein Wettbewerbsvorteil fürs HPI.

Was ist Disruption?

Wer die erste Kolonie auf dem Mars gründet, hat die Chance, den künftigen Raketen-Markt fürs Weltall völlig umzustürzen. Das wäre eine »Disruption«. Welche Wirkung eine solche disruptive Technologie hat, erklärt der Start-up-Berater Sven von Loh: »Damit werden Branchenregeln gebrochen, Marktführer verdrängt und bisherige Angebote völlig infrage gestellt.« Kein Wunder, dass sich der englische Begriff »disruption« mit »Bruch«, »Riss« oder »Zerbrechen« übersetzen lässt.

Ähnliche Gedanken hatte bereits der Ökonom Joseph Schumpeter (1883 bis 1950): Der Kapitalismus sei durch einen Prozess gekennzeichnet, »der unaufhörlich die Wirtschaftsstruktur von innen heraus revolutioniert, unaufhörlich die alte Struktur zerstört und unaufhörlich eine neue schafft.« Diesen Prozess nannte Schumpeter »schöpferische Zerstörung«. Der Haken: Fällt ein Unternehmen diesen Umwälzungen zum Opfer, werden oft Tausende Menschen mitgerissen.

Wer geht als Sieger aus solchen Trümmern hervor? Das Unternehmen, welches durch »Netzwerkeffekte« und »positive Rückkopplung« ein Monopol erobert. Das Prinzip: Immer mehr Freunde tauschen sich über WhatsApp aus. Wenn ich selber mit ihnen in Kontakt bleiben will, brauche ich ebenfalls WhatsApp (»Netzwerkeffekt«). Und: Der Wert des Messenger-Dienstes steigt mit jedem neuen Teilnehmer, weil so die Leistung des Anbieters noch heller am Markt erstrahlt. Dieses Phänomen nennt die Wissenschaft einen »positiven Rückkopplungseffekt«.

Buch-Autor Christoph Keese zitiert die Ökonomen Shapiro und Varian: »Die positive Rückkopplung macht die Starken stärker und die Schwachen schwächer. [...] [Sie] führt auf Märkten zur Dominanz einer einzigen Firma oder Technologie.«[189] Ergebnis: »The winner takes it all«, der Sieger gewinnt alles!

Die WiFOR-Wissenschaftler legen ihre Finger auch in eine andere Wunde. Sie schreiben in ihrer Studie: »Es fehlt an Instrumenten, um die Qualität digitaler Bildungsangebote einschätzen zu können.« Das trifft besonders für freies Lernmaterial zu, *Open Educational Resources* (OER) genannt. Sie gibt es wie Sand am Meer ... Ab und zu mit Glassplittern gespickt, wenn Lobbygruppen auf diesem Weg Inhalte an Schüler lancieren.

Vera Fricke vom Verbraucherzentrale-Bundesverband kennt das Phänomen: »Wir beobachten, dass Materialien von wirtschaftsnahen Akteuren teilweise eklatant schlechter abschneiden, da Sachverhalte nicht hinreichend objektiv dargestellt werden und bisweilen Werbung enthalten.«[190] Fricke ist am »Materialkompass Verbraucherbildung« beteiligt, der auf mehreren Kriterien aufbaut, um freies Material zu beurteilen.

Zum Kriterium »Fachlicher Inhalt« ist zu lesen: »Bewertet werden die Sachrichtigkeit, der Lebensweltbezug, ob ein Material die Inhalte kontrovers, plural und multiperspektivisch darstellt [...]. Weiterhin wird bewertet, [...] ob das Material vergleichend und unparteiisch gestaltet ist oder Werbung und tendenziöse Darstellungen enthält.«[191]

»Kontrovers, plural und multiperspektivisch« – das gelingt vielleicht in einer Gesellschaft, die Bildung als Aufgabe für die Allgemeinheit betrachtet. Denn die Freiheit des Geistes ist ein hohes Gut! So heißt es auch im Grundgesetz, Artikel 5, Absatz 3: »Kunst und Wissenschaft, Forschung und Lehre sind frei.« Daher darf Bildung kein ökonomisches Gut werden, das auf den Wellen wirtschaftlicher Interessen treibt. Sonst kann die Freiheit untergehen – und viele Perspektiven werden durch ökonomische Interessen verschüttet.

Doch in der Realität steht die Wirtschaft bereits am Steuerrad, wenn wir an die Hasso-Plattner-Bibliothek in Mannheim denken, wo ein Mäzen für seine »milde Gabe« gefeiert wird. Privates Engagement ersetzt öffentliche Investitionen. Wohin das führt, hatten wir am US-amerikanischen Bildungssystem gezeigt (Kapitel 12: »Spaltpilze«), wo die soziale Spaltung dramatische Ausmaße angenommen hat.

Die Gewerkschaft Erziehung und Wissenschaft (GEW) stemmt sich gegen diesen Trend:[192] »Eine zunehmende Kommerzialisierung und Ökonomisierung der Bildung durch die Digitalindustrie wie auch durch private Anbieter digitaler Bildungsmedien ist abzuwenden.« Weiter heißt es in den Beschlüssen des Gewerkschaftstages: »Der Einfluss von Digitalindustrie, Privatwirtschaft und Lobbyisten auf Bildungspläne und den Fächerkanon ist einzudämmen.« Bildungspläne und Fächerangebote seien demokratisch zu beschließen, die GEW fordert »eine öffentlich finanzierte digitale Infrastruktur«.

Der Haken mit der Einwilligung

Eine Einwilligung zur Datenverarbeitung ist **freiwillig** zu geben. So steht es in der Datenschutzgrundverordnung (DSGVO). Eine »gültige Rechtsgrundlage« kommt aber nicht zustande, »wenn zwischen der betroffenen Person und dem Verantwortlichen ein klares Ungleichgewicht besteht«, heißt es im »Erwägungsgrund 43, zwanglose Einwilligung« (DSGVO). Ein solches Ungleichgewicht kann zwischen dem Bürger und einer Behörde auftreten – oder aber zwischen Eltern und Schule. Will eine Lernplattform wie die HPI-Cloud Daten der Schüler verarbeiten, muss sie die Einwilligung der Eltern einholen. Aber: Wie freiwillig stimmen die

Eltern überhaupt zu? Wenn im Unterricht mit einer Lernplattform gearbeitet wird, etwa mit einem Videokonferenz-System? Da tritt ein »klares Ungleichgewicht« in Erscheinung, das die Freiwilligkeit der Einwilligung fragwürdig erscheinen lässt. Zumal Schulpflicht besteht – und die Kinder am Unterricht teilnehmen müssen. Findet er per Videokonferenz statt, würde ein Kind sofort ausgeschlossen sein, wenn Eltern die Zustimmung verweigern. Wie werden sie sich also entscheiden?

Wie aktuell die GEW-Forderungen sind, zeigt sich an einer neuen Studie, die Prof. Tim Engartner erstellt hat. Titel: »Ökonomisierung schulischer Bildung«.[193] Engartner hat unter anderem die Aktivitäten von Apple, Google und Microsoft unter die Lupe genommen. Wir wollen an dieser Stelle ein paar seiner Ergebnisse vorstellen.

Beginnen wir mit dem Konzern Apple.

Ohne Frage, die PR-Maschine bei Apple läuft wie geschmiert: »Wecke die Kreativität in jedem Schüler. [...] Damit Lehrkräfte das erreichen können, entwickelt Apple immer neue Ressourcen, die ihnen dabei helfen. Das sind nicht nur leistungsstarke Produkte, sondern auch Werkzeuge, Ideen und Programme, die dabei helfen, Lernerlebnisse zu schaffen, bei denen sich jeder Moment am Bildschirm lohnt.«[194]

Kreativität = Apple. So einfach kann die Welt sein.

Apple bietet aber weit mehr, zum Beispiel »Bildungspreise«: Sie sind mit Rabatten um bis zu 10 Prozent für Studierende verbunden; auch Lehrkräfte und Hochschulmitarbeiter profitieren davon sowie Eltern, wenn sie für Studierende einkaufen. Das Unternehmen überlegt auch im großen Maßstab, wie sich die Finanzen von Bildungseinrichtungen optimieren lassen. Das liest sich wie das BWL-Deutsch einer Unternehmensberatung: »Wir helfen bei der Übersicht zu Optionen wie Finanzierung mit Vollamortisation und besseren Raten, Finanzierung mit Zahlungsaufschub zur Einhaltung von Budgets und Cashflow-Bedürfnissen sowie Restwert-Leasingoptionen zur Verwaltung des Technologie-Lebenszyklus.«[195]

Natürlich geht es dabei immer um die Anschaffung von Apple-Produkten. In der PR-Sprache des Konzerns hört sich das so an: »Wir wollen Schulen helfen, zu verstehen und zu erleben, was Apple Technologie alles verändern kann.« Doch Engartner stellt nüchtern fest: »Strategisches Ziel ist es, dass Kinder sich zum Beispiel an iOS-basierte Betriebssysteme gewöhnen, sodass sie ihre Kaufentscheidungen dauerhaft an den aus Schulzeiten vertrauten Produkten ausrichten.« Ebenfalls kritisch sieht Ilka Hoffmann solche freundlichen Umarmungen. Das Vorstandsmitglied der GEW sagt: »Wenn eine Schule sich an ein Unternehmen bindet, bindet sie sich auch an Produkte, an eine bestimmte Marke. So entsteht wirtschaftliche Abhängigkeit.«[196]

Es geht aber nicht nur um Hardware. Apple verschenkt an Schulen auch Software, etwa die Classroom App. Auf iPads und iMacs lassen sich so Aufgaben in einer Schulklasse erledigen. Völlig transparent für den Lehrer, der über seinen Bildschirm alle Aktivitäten der Schüler im Blick hat. Gruselig, oder? Das haben wir schon diskutiert, als wir über das Thema lebenslange Überwachung geschrieben haben (Kapitel 5: »Totalitäre Bildung«). Engartner: »Dabei stellt sich die Frage [...], wie Apple [...] die von den Schüler*innen auf den Endgeräten generierten Daten nutzt.« Eine Frage, die sich auch andere Unternehmen gefallen lassen müssen, wenn sie für Schulen Hard- und Software bereitstellen. Schließlich gilt im Netz die Regel: Kostenlose Angebote werden mit Daten bezahlt.

Das könnte auch bei einer weiteren Apple-Software der Fall sein, der Schoolwork App. PR-Text von Apple:[197] »Millionen von Lehrern auf der ganzen Welt wählen iPad als das beste Werkzeug, um Lernen zu individualisieren und Kreativität zu fördern.« Die Schoolwork App ist auf die Classroom App abgestimmt und ebenfalls kostenfrei erhältlich.

Sie hat eine bemerkenswerte Funktion, die an den Lern-Store der HPI-Cloud erinnert. Apple beschreibt sie in dieser Weise: »Beliebte Bildungsapps wie Explain Everything, Tynker, GeoGebra und Kahoot!

haben direkte Schnittstellen zu Schoolwork, um Lehrern auf dem iPad nützliche Lerninhalte und Werkzeuge zur Verfügung zu stellen.«
Diese Schnittstellen lassen sich aber auch als weiteres Einfallstor für IT-Unternehmen interpretieren: »Schüler [sind] nicht nur den Werbeeinflüssen von Apple-Produkten ausgesetzt, sondern auch den Unterrichtsinhalten von privaten Lernmaterialanbietern«, so Engartner. Seine Vermutung lautet, »dass Apps von Drittanbietern ihre Positionierung im ›Schoolwork‹-Gefüge gegen Bezahlung entsprechend beeinflussen können. Apple profitiert mithin gleich zweifach von seinen Schulmarketingaktivitäten – zum einen als Plattformanbieter und zum anderen als Dienstleister.«

Und die wichtigsten Multiplikatoren? Die Lehrer? Es lohnt sich, diese direkt ins Marketing einzubeziehen. Über Fortbildungen! Dazu hat sich die US-amerikanische Firma den Apple Teacher ausgedacht, ein kostenloses Programm. »Es hilft Lehrkräften dabei«, so Apple, »die Magie eines iPad oder Mac und seiner integrierten Apps im Klassenzimmer zu entfesseln.« Wunderbare Werbeprosa ... In Wirklichkeit geht es wohl schlicht darum, Multiplikatoren in eine Apple-Welt zu locken, aus der es kaum ein Entrinnen gibt. »Das Apple Teacher Learning Center bietet alles, was Lehrkräfte benötigen, um sich ein solides Grundwissen für den Einsatz von iPad und Mac sowie von Apple Apps wie Pages, Keynote, Numbers, GarageBand und iMovie im Unterricht anzueignen.«

In dieser Aufzählung Microsoft-Produkte zu erwarten, wäre ziemlich naiv. Entscheidend ist aber der Gewöhnungsfaktor: Wer bereits zwischen Windows und Apple gewechselt hat, weiß genau, wie spezifisch diese Programme gestaltet sind – und dass ein Wechsel sehr aufwendig sein kann. Daher ist es für das Marketing sinnvoll, gerade Multiplikatoren wie Lehrer für Apple zu gewinnen. Sie geben ihre Erfahrungen an die Schüler weiter, was in beiden Zielgruppen zu früher Kundenbindung führt. Wir sollten uns von der gefühligen Werbesprache nicht täuschen lassen ...

Apple hat es auch geschafft, ganze Schulen in seine Digital-Welt zu integrieren. Name der globalen Initiative: Apple Distinguished School, was sich mit »Herausragende Apple Schule« übersetzten lässt. Weltweit gehören bereits 535 Schulen aus 32 Ländern dazu; elf kommen aus Deutschland (Stand Juli 2020).

Dabei suggeriert das Marketing, es sei eine große Ehre, zum Kreis der auserwählten Schulen zu zählen: »Schulen [...] können nur auf Einladung am Apple Distinguished School Programm teilnehmen.« Der Ehrentitel wird lediglich für drei Jahre vergeben; eine Einladung gibt es nur, wenn bestimmte Bedingungen erfüllt sind. Sie lauten unter anderem laut Apple:

- »Etabliertes One-to-One Programm«
- »Innovative Verwendung der Apple Plattform«
- »Lehrkräfte sind mit iPad oder Mac vertraut«

Was diese Voraussetzungen für den Schulalltag bedeuten, beschreibt die *Süddeutsche Zeitung*: »Die Schulen müssen mindestens 75 Prozent ihres Kollegiums zu Apple-Lehrern fortbilden, die dann besondere Kenntnisse von Geräten und Software haben. Alle Lehrer und Schüler nutzen mindestens seit zwei Jahren iPads oder Mac-Laptops, Apps werden in den Unterricht eingebunden.«[198]

Mit anderen Worten: Apple kapert die Schule, die sich einem IT-Monopol unterwirft. Traumhaft für jedes Unternehmen, das maximale Renditen für seine Aktionäre erwirtschaften will. Was bietet die IT-Firma dafür, außer dem wolkigen Titel? Sie unterstützt »Schulleitungen mit Veranstaltungen für Führungskräfte«, vermittelt Kontakte zu Experten und fördert die »Zusammenarbeit von Kollegen mit einem gemeinsamen Interesse an innovativem Lernen und Lehren.«

Auf diese Weise gelingt es Apple, seine Marke weltweit in den Köpfen zu verankern. Der angebissene Apfel steht für exquisite Innovation und Zukunft. Und jeder soll diese Botschaft im Kopf behalten, wenn er Websites des Unternehmens besucht. Eine Botschaft, die vielfach kopiert überall im Internet ertönt. Auch die Alemannenschule Wutöschingen freute sich 2019, »in den **erlesenen Kreis** der ADS (Apple Distinguished Schools) aufgenommen« worden zu sein [Hervorhebung durch Autor]. So ist es auf der Homepage der Schule zu lesen.[199] Besser kann PR-Arbeit kaum funktionieren.

Bildung global: ein 8-Billionen-Dollar-Markt

Zwei Beispiele für »Global Player« am Bildungsmarkt:[200]

McKinsey: Seit 2010 hat die Unternehmensberatung 220 »Transformationsprojekte« durchgeführt, verteilt auf zehn nationale und 20 regionale Bildungssysteme. Betroffen waren 400.000 Schulen, drei Millionen Lehrer und 60 Millionen Schüler. Die Berater sehen in der Bildung einen »globalen Wachstumsmarkt von 8 Billionen Dollar« – mit guten Chancen für private Investoren, etwa bei Materialien für den Unterricht.

Pearson Education: Der global größte Bildungskonzern aus Großbritannien hat einen Umsatz von 5,3 Milliarden Euro, den 30.000 Mitarbeiter in 70 Ländern erwirtschaften. Das Unternehmen hat ein umfangreiches Angebot, von Schulbüchern bis zur Konzeption der PISA-Tests.

Nicht weniger professionell sind die Aktivitäten von Google in Deutschland. Zunächst tritt der Konzern als »edler Spender« auf – und unterläuft so demokratische Prozesse, indem er mit Hardware harte Fakten schafft. So geschehen in Mecklenburg-Vorpommern, was Fabian Kaske von LobbyControl untersucht hat.[201] Der Minicomputer Calliope mini sieht aus wie ein Sheriffstern, er macht einfache Experimente mit Licht und Sound möglich, bis zur Konstruktion eines kleinen Roboters. Grundschüler sollen mit seiner Hilfe lernen, wie Grundlagen der Informatik aussehen. Hinter Calliope steht die gemeinnützige Calliope gGmbH, die in Mecklenburg-Vorpommern 75.000 Euro ausgegeben hat, damit 2.500 Minicomputer ihren Weg in Grundschulen finden.

Aber: Die sechs Gesellschafter der gGmbH bringen als Grundkapital nur 25 002 Euro auf, das Geld muss aus anderen Quellen fließen. Die Calliope gGmbH braucht finanzstarke »Partner«, die sie auch nennt: Google an erster Stelle, SAP sowie die Deutsche Telekom Stiftung – neben weiteren Akteuren aus der Industrie. Als Schulbuch-Verlag ist Cornelsen mit von der Partie ...[202]

Zu Google heißt es: »Google wird den Einsatz des minis in weiteren Bundesländern unterstützen, darüber hinaus wurde der mini in die Open Roberta Plattform des Fraunhofer-Instituts IAIS integriert.« Die Wirtschaft nimmt also viel Geld in die Hand, um ein IT-Produkt in deutsche Schulen zu drücken – ohne demokratische Legitimation! »Anstatt ihre Vorschläge«, so Fabian Kaske, »in den demokratischen Prozess der Lehrplanentwicklung der Bundesländer einzubringen, hat sich Calliope anscheinend für einen anderen Weg der Einflussnahme entschieden: die Schenkung.«

Eigentlich sammelt die Politik Ideen aus Gesellschaft und Wissenschaft, um Lehrpläne an neue Verhältnisse anzupassen. Es gibt Anhörungen in Landesparlamenten, in denen sich Experten äußern. Der Landtag trifft daraufhin eine demokratisch legitimierte Entscheidung – und die neuen Inhalte fließen in die Schulpraxis vor Ort ein.

Doch Programmieren gehört bisher nicht zum Curriculum von Grundschulen. Was aber macht die Calliope gGmbH? Sie schafft durch Schenkungen Fakten, denn in einigen Bundesländern werden die Geräte bereits eingesetzt. »Damit hebeln die ›Stifter‹ die politischen Entscheidungen des Landtags aus und platzieren neue, bislang im Lehrplan nicht vorgesehene Unterrichtsinhalte«, so das Resümee von Kaske.

Außerdem kommt ein deutlicher Widerspruch ans Tageslicht: »Hinter dem [Projekt] stehen ausgerechnet Firmen wie der Internetgigant Google. Der macht zwar Milliardengewinne, zahlt in Deutschland aber so gut wie keine Steuern«, schreibt Kaske. »Die Finanznot an Deutschlands Schulen, die Google vorgibt, durch seine Schenkung zu mildern, hat der Konzern also selbst mit befördert.« So blättert der Lack – und von der Pose des »edlen Spenders« bleibt nicht viel übrig.

Überhaupt zeichnet sich für Deutschland eine Strategie ab, die in den USA die *New York Times* als »Googlification of the classroom« bezeichnet hat (Kapitel 12: »Spaltpilze«). Der Konzern stellt großzügig den Schulen Software zur Verfügung. Kostenlos! Zum Beispiel die G Suite for Education mit gängigen Google-Anwendungen wie Docs, Slides, Sheets oder Drive. Ergänzt durch den Klassiker Gmail oder Management-Software wie Classroom. Natürlich darf auch der Calendar nicht fehlen.

Dahinter steckt wohl dieselbe Absicht wie bei Apple: Wer Kinder früh anfixen kann, bestimmte Programme zu nutzen, hat später leichteres Spiel, sie als Kunden zu halten. Denn die Schule gibt ja vor, welche Software die Schüler zu nutzen haben. Engartner: »Die Kostenfreiheit der Angebote ist bemerkenswert, weil zur Erstellung dieser Ressourcen Zeit und Geld aufgewendet werden müssen.« Als Investition in künftige Kunden, wie wir vermuten würden.

Nebenbei läuft noch das Marketing für die Google Chromebooks als optimale Ergänzung zur kostenfreien Software. Die Werbung auf der Website: »Chromebooks sind insgesamt um mehr als 60 % günstiger wie andere vergleichbare Angebote und sind außerdem in vielen unterschiedlichen Größenausführungen erhältlich. Sie sind also die ideale Lösung für beinahe jede Schule.«

Fehlen noch ein paar Fortbildungen für Lehrer. Und auch sie gibt es, allerdings nicht nur unter dem Label Google. Denn App Camps bietet eine »Zusatzqualifikation zum Thema Informatorische Grundbildung« an. Zielgruppe: Lehrkräfte, Lehramtsstudierende und Referendare. Die Zusatzqualifikation dauert acht Wochen; sie besteht aus

Projekten, Webinaren und Online-Fortbildungen. Es geht um Grundlagen der Informatik und digitale Werkzeuge für die Schule.

So weit, so harmlos. Doch dann hatten wir ein überraschendes Déjà-vu-Erlebnis: Die gemeinnützige Calliope gGmbH verteilte ihre Minirechner, unter anderem finanziert durch Google. Stammkapital: 25.002 Euro. Und siehe da: App Camps in Hamburg ist eine gemeinnützige Unternehmergesellschaft (gUG). Das Stammkapital beträgt 1.000 Euro. Auch diese gUG ist auf Finanzflüsse von außen angewiesen, um ihre Arbeit zu machen. Zu den Finanziers zählen unter anderem die Körber-Stiftung, Xing, Adobe – und Google! Dazu heißt es auf der Website von App Camps:

> *»Auf unsere unterschiedlichen Partner aus der Stiftungslandschaft, Unternehmen und öffentlichen Einrichtungen sind wir sehr stolz. Und vor allem sehr dankbar. Denn ohne sie wären wir heute nicht so weit, wie wir sind. Trotzdem sind wir unabhängig: bei der Auswahl und Umsetzung der Inhalte oder der Events, die wir organisieren. Welche Tools wir verwenden, welche Themen wir erarbeiten oder mit welchen Partnern wir zusammenarbeiten, entscheiden wir.«*[203]

So gibt es viele Kanäle, auf denen Google Einfluss nimmt. Scheinbar selbstlos, immer am Allgemeinwohl orientiert und stets ohne Hintergedanken – wie es das alte Motto verlangt: »Don't be evil«. Das Ergebnis: Googles Produkte dringen in das Bildungssystem ein, flankiert von kostenlosen Fortbildungen und freiem Unterrichtsmaterial.

Einen Kanal haben wir noch vergessen: YouTube. Er gehört auch zum Imperium von Google und gewinnt als »Bildungsträger« eine immer größere Bedeutung. »YouTube ist Leitmedium und digitaler Kulturort von Jugendlichen«, stellt eine Studie des Rats für Kulturelle Bildung fest.[204] 86 Prozent der befragten 12- bis 19-Jährigen sind auf YouTube unterwegs. Damit liegt zwar der Videokanal hinter WhatsApp mit 92 Prozent, aber vor Facebook und Instagram, die jeweils auf einen Anteil von 61 Prozent kommen.

Über diese enorme Reichweite verfügt ein privater Konzern, der keiner direkten, demokratischen Kontrolle unterliegt. Das ist auch dem Rat für Kulturelle Bildung aufgefallen, der in seiner Studie mahnt:

> »Dass hier erstmals ein kommerzieller, nicht öffentlich kontrollierter Player eine zentrale Rolle für die Bildungsprozesse gewinnt, stellt auch eine starke Herausforderung für das gesamte Bildungswesen dar. Es ist eine der entscheidenden Entwicklungsaufgaben für die Bildungspolitik und die Bildungsinstitutionen, mit dieser neuen Verschränkung der Bildungswelten angemessen umzugehen und dazu passende pädagogische Konzepte zu entwickeln.«

Diese »neue Verschränkung der Bildungswelten« beschränkt sich nicht allein auf Google. Sie entsteht auch durch die globalen Aktivitäten der anderen Tech-Konzerne.

Ein weiteres Beispiel ist Microsoft mit der Initiative YouthSpark, die sich ehrgeizige Ziele gesteckt hat. Sie »will über den Zeitraum von drei Jahren weltweit 300 Millionen jungen Menschen einen besseren Zugang zu Bildung und Technologie ermöglichen und ihnen so den Einstieg ins Berufsleben erleichtern.« Partner sind dabei gemeinnützige Einrichtungen, die sich über 100 Länder verteilen. Microsoft hat für diese Aktivitäten eine zentrale Website aufgebaut, den YouthSpark Hub. Dort finden sich viele Informationen, Ressourcen und Tools, die Jugendliche in der ganzen Welt nutzen können.[205]

YouthSpark unterstützt auch eine Initiative in Deutschland, Code your Life. »Viele Dinge des tagtäglichen Gebrauchs sind nur durch das Schreiben von Computer Codes möglich geworden«, heißt es auf der Website. Keine Frage: Kenntnisse im Programmieren sind heute eine wichtige Qualifikation. Doch dann schimmert (endlich) etwas Eigennutz durch: »Auf dem Arbeitsmarkt werden händeringend qualifizierte

Nachwuchskräfte und junge Unternehmer im Bereich IKT gesucht«, steht auf der Website von Microsoft. Ist es aber nötig, schon Grundschüler anzusprechen, um diese Lücke am Arbeitsmarkt zu schließen?

Denn weiter heißt es in dem Text: »Im Kern geht es bei Code your Life darum, Programmieren und Informatik für Jungen und Mädchen im Alter von 8 bis 16 Jahren spannend und aufregend aufzubereiten.« Spannend und aufregend? Schon für Kinder in der Grundschule, die leicht zu manipulieren sind?

Es gibt nämlich einen wichtigen Grund für diese Altersgruppe, den Microsoft ebenfalls nennt: »In diesem Alter sind Schülerinnen und Schüler sehr neugierig gegenüber neuen Technologien, Mobiltelefonen und Computerspielen.« Deshalb ist es ja so wichtig, sich am Microsoft-Gründer Bill Gates zu orientieren, der berichtet hat: »Wir haben keine Handys am Tisch, wenn wir essen. Wir haben unseren Kindern keine Handys gegeben, bevor sie 14 Jahre alt waren. Und sie beschweren sich, dass andere Kinder ihr Handy früher bekamen« (Kapitel 8: »Vegane Küche für Steak-Freunde?«).[206] Keine Handys in der Kindheit, keine Bildschirme in der Schule, damit privater Missbrauch nicht legitimiert wird. Das wäre ein konsequenter Erziehungsstil. Ob sich Verantwortliche bei Microsoft über solche Zusammenhänge Gedanken machen?

Es könnte reichen, Kinder ab 12 bis 14 Jahren an Computer zu setzen und ihnen das Coden beizubringen. Dann sind sie in der Lage, sich allmählich in Selbstreflexion zu üben. Eine Fähigkeit, die absolut notwendig ist, um distanziert und gesund mit IT-Systemen umzugehen. Eine Fähigkeit, die sich aber bei Acht- bis Zehnjährigen kaum erwarten lässt.

Szenenwechsel: Am 9. Dezember 2019 fand in Berlin zum dritten Mal die CODE{affair} bei Microsoft statt.[207] Jugendliche konnten viel tüfteln, an ChatBots, Robotern oder grafischen Kunstwerken. Weitere Themen waren E-Mobilität und künstliche Intelligenz. Bemerkenswert erscheint uns, unter welchen Vorzeichen dort eine neue Kooperation vorgestellt wurde. Die Bundesvereinigung Deutscher Arbeitgeber (BDA) hat sich schon länger mit dem wirtschaftsnahen Forschungsinstitut IW Köln zusammengetan – als Träger des Netzwerks SCHULEWIRTSCHAFT. Dieses Netzwerk kooperiert jetzt mit der Initiative IT-Fitness, wiederum von Microsoft ins Leben gerufen. Das war die Neuigkeit in Berlin.

Ziel der neuen Kooperation ist es, »die Beschäftigungsfähigkeit junger Menschen zu stärken.« Ein Instrument ist die Future Skills Box, »die ausführliche Lehr- und Lernmaterialien von IT-Fitness [enthält], um sofort mit der Kompetenzentwicklung an Schulen für das KI-Zeitalter zu beginnen.« Rund 15.000 Schüler will die neue Kooperation ansprechen. Wenig erstaunlich: Wieder einmal fließen »ausführliche Lehr- und Lernmaterialien« in deutsche Schulen – diesmal aus der Quelle Microsoft, die kräftig sprudelt. Ist das schon Product Placement? Wahrscheinlich nicht ...

Doch die Formulierung »KI-Zeitalter« ist verräterisch: Sie steht für eine starke Technikgläubigkeit, wenn ein modisches Schlagwort ein ganzes Zeitalter charakterisieren soll. Wird es aber wirklich ein Zeitalter künstlicher Intelligenz geben? Mit solchen Worten werden auf jeden Fall Ideen platziert, und zwar in vielen Köpfen. Das ließe sich als Idea Placement bezeichnen. Wenn solche Inhalte oft genug wiederholt werden, gelten sie in der Öffentlichkeit als »alternativlos«. Eine ähnliche Karriere hat das Schlagwort »autonomes Fahren« gemacht.

Und die Digitalisierung der Schule? Absolut alternativlos! Sonst geht unser Wohlstand verloren und Deutschland versagt im internationalen Wettbewerb. Das gilt angeblich auch für die künstliche Intelligenz. Vielleicht werden aber Menschen so intelligent sein, sich nicht von KI-Systemen entmündigen zu lassen? Vielleicht wartet ein Zeitalter der Suffizienz auf uns? Ein Zeitalter, in dem wir bescheidener leben und aufhören, unseren Konsum online stärker anzuheizen ... ein Leben ganz ohne KI? Wir wissen einfach nicht, was die Zukunft bringen wird.

Was wir aber sicher wissen: Die Voraussage eines KI-Zeitalters passt hervorragend zu den Geschäftsmodellen der IT-Industrie in der Gegenwart. Daher lohnt es sich, Schüler für diese Themen zu begeistern, sie sind schließlich Mitarbeiter und Kunden der Zukunft. Es wäre naiv zu glauben, IT-Konzerne würden so viel Geld ausgeben, weil sie philanthropisch für die Rettung der Menschheit kämpfen. Nein, diese Aufwendungen haben immer auch den Zweck, Kundenbindungen zu stabilisieren und Marken ins Bewusstsein zu brennen.

Übrigens: Der englische Begriff für Marke (*Brand*) stammt aus der Viehzucht, und »Branding« bedeutet Brandmarken. Im Jargon der Werber steht das Wort für »Markenaufbau« – und genau das passiert in deutschen Schulen, wenn Konzerne selbstlos Soft- und Hardware spendieren. Dabei sollten sie schlicht anfangen, ausreichend Steuern zu zahlen, wenn sie einen Beitrag zum Allgemeinwohl leisten wollen. So einfach wäre das ... und doch so schwer in einer Wirtschaft, die vor allem privatem Profit nachjagt.

Fazit: Kommen wir noch einmal zurück zum Netzwerk SCHULEWIRTSCHAFT. Es beschreibt sein Selbstverständnis, unter anderem unter der Überschrift »Unantastbarkeit des Bildungsauftrags der Schule«. Da heißt es: »Wir halten die jeweiligen Länderregelungen zur Werbung an Schulen ein und lehnen Produktplatzierung von Unternehmen an Schulen ab.«[208] Außerdem orientiert sich das Netzwerk am Beutelsbacher Konsens von 1976. Thema ist das Überwältigungsverbot, das die Landeszentrale für politische Bildung Baden-Württemberg (LpB) erklärt:[209]

»Es ist nicht erlaubt, den Schüler – mit welchen Mitteln auch immer – im Sinne erwünschter Meinungen zu überrumpeln und damit an der ›Gewinnung eines selbstständigen Urteils‹ zu hindern. Hier genau verläuft nämlich die Grenze zwischen Politischer Bildung und Indoktrination. Indoktrination aber ist unvereinbar mit der Rolle des Lehrers in einer demo-

kratischen Gesellschaft und der – rundum akzeptierten – Zielvorstellung von der Mündigkeit des Schülers.«

Die nächste Überschrift ist ähnlich programmatisch: »Was in Wissenschaft und Politik kontrovers ist, muss auch im Unterricht kontrovers erscheinen.« Dazu ist dann zu lesen: »Diese Forderung ist mit der vorgenannten aufs Engste verknüpft, denn wenn unterschiedliche Standpunkte unter den Tisch fallen, Optionen unterschlagen werden, Alternativen unerörtert bleiben, ist der Weg zur Indoktrination beschritten.«

Indoktrination – bei diesem Wort denken wir zunächst an politische Manipulationen des Bewusstseins, etwa durch Propaganda. Doch es gibt viel subtilere Formen, wie sich Menschen lenken lassen. Besonders Kinder und Jugendliche fallen solchen Methoden leicht zum Opfer. Eine kleine Auswahl haben Sie in diesem Kapitel kennengelernt: da ein Minicomputer, dort ein Coding-Kurs für Grundschüler, abgerundet durch gute PR-Arbeit, die Journalisten freundlich über edles Mäzenatentum berichten lässt. Das Ganze gewürzt durch schicke Fortbildungen, kostenlose Unterrichtsentwürfe und freie Webinare, inklusive eines exquisiten Markenaufbaus, wie es Apple mit seinen Apple Distinguished Schools vorgemacht hat ... Alle freuen sich!

So funktioniert Indoktrination 2.0.

Vor diesem Hintergrund ist der Beutelsbacher Konsens gegenwärtig noch wichtiger als vor 44 Jahren. Ursprünglich war er ein Standard für den politisch-historischen Unterricht an allen Schulen, wie die LpB schreibt. Heute sollte sein Überwältigungsverbot zur Richtschnur werden, wenn unsere Gesellschaft diskutiert, welchen Einfluss die Wirtschaft auf das Bildungssystem nehmen darf. Es wird höchste Zeit.

KAPITEL 14
ES MUSS NICHT IMMER DIGITAL SEIN ...

Wie Medienpädagogen gut arbeiten, ohne dem IT-Hype der Gegenwart zu verfallen

Danke, dass Sie bis zu diesen Zeilen durchgehalten haben. Nach so viel Kritik an digitaler Bildung sehnt sich mancher Leser nach guten Nachrichten. Etwa wie: »400 Jumbos glücklich gelandet«. So einfach geht das nicht, wenn der Titel des Buches lautet: »Die Katastrophe der digitalen Bildung«. Aber: Die Katastrophe muss uns nicht mit voller Wucht treffen, noch gibt es Möglichkeiten, in der Bildungspolitik das Ruder herumzureißen und einen neuen Kurs einzuschlagen.

In diesem Kapitel steht tatsächlich ein neuer Kurs im Vordergrund. Eine Richtung wie sie ihn das Bündnis für humane Bildung vorschlägt, das sich 2017 gegründet hat. Es mischt sich in die Debatte um digitale Bildung ein, indem es Stellungnahmen formuliert und Publikationen in Umlauf bringt. Seine Mitglieder werden oft zu Vorträgen und Diskussionen eingeladen, um einen kritischen Blick auf die Digitalisierung der Schulen zu werfen. Auf der Website des Bündnisses heißt es programmatisch:[210]

»Viele Vertreter aus Wissenschaft, Politik und Wirtschaft predigen: Das Digitale sei ›alternativlos‹. Ohne ›digitale Bildung‹ drohe Deutschland *abgehängt zu werden; unser Land werde international zum Verlierer. Doch kein Mensch lernt digital. Kein Weg ist ›alternativlos‹. Wir sind überzeugt: Bildung lässt sich nicht digitalisieren, höchstens Lerninhalte. Daher haben wir das ›Bündnis für humane Bildung‹ gegründet, um zukunftsfähige Alternativen zur ›digital gesteuerten Lernfabrik 4.0‹ zu entwickeln.«*

Aus diesen Überlegungen ergibt sich die Forderung, die »einseitige Fixierung auf Digital-Technik« aufzugeben. Der Mensch habe wieder im Mittelpunkt zu stehen, »mit der Vielfalt seiner Lern- und Bildungsprozesse«. Das Bündnis schreibt: »Geben wir unseren Kindern eine Chance auf eine humane und demokratische Zukunft. Alternativen gibt es immer – auch und gerade zum digitalen Hype der Gegenwart.«

Vor diesem Hintergrund hat das Bündnis erste Thesen und Alternativen formuliert, »die zeigen, wie sich Netztechnologien zum Nutzen und Wohl der Allgemeinheit einsetzen lassen.« Hier die »Zehn Thesen und Forderungen für Schulen ohne Überwachung«:[211]

1. Die Daten-Ökonomie etabliert eine Überwachungsstruktur
Datenökonomie und digitaler Überwachungskapitalismus (Zuboff 2018) aus dem Silicon Valley bestimmen heute das Web. [...]. Mobile Geräte und Kameras oder Sensoren im privaten wie im öffentlichen Raum (Internet of Things, IoT) ermöglichen es, den Menschen mit seinem Verhalten nahezu vollständig aufzuzeichnen und auszuwerten. [...]

In Schulen funktioniert das über Tablets, Smartphones, Netzdienste und die (Bundes-)Schulcloud.

2. Bewegungs-, Verhaltens- und Persönlichkeitsprofile als Produkt
Der permanente Rückkanal für personenbezogene Daten etabliert immer umfangreichere Mess- und Kontrollstrukturen in allen Lebensbereichen. Daraus entstehen immer exaktere Bewegungs-, Ver-

haltens- und Persönlichkeitsprofile. Diese Profile ermöglichen es, das Nutzerverhalten zu prognostizieren und Nutzer [...] in ihrem Verhalten zu beeinflussen.

In Schulen ist das Instrument dafür Learning Analytics, das Aufzeichnen und Auswerten des Arbeitens am Smartphone, Tablet, Laptop oder PC von Schüler/innen.

3. Rechtsnormen für das Web statt rechtsfreier Raum

Freie, demokratische und soziale Gesellschaften bleiben nur dann freie, demokratische und soziale Gemeinschaften, wenn sie andere IT- und Netzkonzepte entwickeln, anstatt neoliberale und marktradikale Strukturen zu übernehmen. [...] Mit dem Netzwerkdurchsetzungsgesetz, der europaweit gültigen Datenschutzgrundverordnung (DSGVO) und dem europäischen Urheberrecht sind erste Grundpfeiler eingeschlagen, um das vermeintlich ›rechtsfreie‹ Internet und Web zu zivilisieren.

Für Schulen und Bildungseinrichtungen mit z.T. minderjährigen Schutzbefohlenen (das sind Schülerinnen und Schüler juristisch) sind besonders strenge Regeln festzulegen und einzuhalten.

4. Transparenz der Algorithmen statt Transparenz der Schüler/-innen

Statt permanenter Datenmaximierung nach der Logik der IT-Konzerne müssen Datenschutz, Datenvermeidung und Datenreduktion zu den obersten Geboten der neuen Datenwirtschaft werden. Eine zentrale Rechtsgrundlage muss die verpflichtende und vollständige Transparenz der eingesetzten Algorithmen werden (Gigerenzer 2018). Dazu zählen als weitere Prämissen Datensparsamkeit, Dezentralisierung der technischen Infrastruktur (statt Zentralisierung in Server-Farmen), freier Zugriff der Nutzer auf ihre und generelle Löschpflicht für alle nicht (mehr) benötigten Daten.

5. Datensparsamkeit und Datenhoheit bei den Nutzern
Personenbezogene Daten dürfen nur mit ausdrücklicher Genehmigung der Nutzer genutzt und kommerzialisiert werden. Die Nutzer müssen an den mit diesen Daten generierten Umsätzen beteiligt werden.

Daten schutzbefohlener Minderjähriger (Kinder, Jugendliche) dürfen weder für die Profilierung noch zur Kommerzialisierung genutzt werden. [...]

6. Digitaltechnik an Schulen nur lokal und ohne Rückkanal ins Netz
Digitaltechnik in Schulen wird nur lokal (Intranet, Edge Computing) und nur zur Unterstützung der Lehrenden beim Unterrichten in den Präsenzlehrphasen bzw. für Lernende bei Gruppenarbeiten und/oder in Selbstlernphasen eingesetzt.

Dabei werden weder Schülerdaten gesammelt noch werden Lern- oder Persönlichkeitsprofile erstellt. Keine Daten gehen ins Netz.

Auf die »Spitze« getrieben

Stichwort **Edge Computing**:[212]

Das ist ein Begriff, der 2018 zum ersten Mal auf der Hannover Messe auftauchte. Er steht für ein Konzept, gedacht für die Industrie, um Betriebsgeheimnisse besser zu wahren. Wichtige Daten eines Unternehmens entstehen lediglich vor Ort und offline, sie werden direkt am Standort verarbeitet.

Diese Methode für die Wirtschaft kann ein Vorbild sein, um einen vernünftigen Umgang mit sensiblen Schülerdaten sicherzustellen. Linux als Betriebssystem und Open-Source-Software machen es möglich, im Intranet und offline alles zu lernen, was nötig ist: Programmieren,

Anwendungen wie Textverarbeitung, Filmschnitt oder Webpublishing. Dabei gehen keinerlei Schülerdaten ans Netz verloren.

Um im Internet zu recherchieren, können Schüler wenige Online-Rechner nutzen. Nur bestimmte URLs lassen sich aufrufen, wenn sie vorher über Whitelists geprüft und für schulische Zwecke freigegeben worden sind. Ausschließlich auf diesem Weg ist es einer Schulleitung möglich, Netzrecherchen zu erlauben, weil sie nach der neuen Datenschutzverordnung für alle Daten verantwortlich ist, die auf Schulrechnern erzeugt werden.

Auch Lehrer müssen nicht online gehen, wenn sie unterrichten. Das erfordert eine gewisse Vorbereitung, etwa das Herunterladen nötiger Inhalte aus dem Netz. Dazu wären Bildungsserver notwendig, die für Unterricht geprüfte Inhalte zur Verfügung stellen. Dieses Material ließe sich über verschlüsselte Verbindungen auf Schulserver oder Dienstlaptops der Lehrer herunterladen, wobei keine Kontrolle erfolgt und kein Rückkanal eingeschaltet ist.

7. IT neu denken, als Kinder- und Bürgerschutz
Wenn wir das Web weiter nutzen wollen, müssen wir IT neu denken, **vor allem an Bildungseinrichtungen mit Kindern und Jugendlichen.** Denn aus dem Versprechen eines freien Netzes und hierarchiefreier Kommunikation ist ein Überwachungs- und Konsuminstrument zum Nutzen weniger IT-Konzerne und staatlicher Überwachungsorgane geworden. [...] Arbeiten wir an einer tragfähigen Alternative auf rechtsstaatlicher Basis.

8. Argument und Diskurs statt Datengläubigkeit
Eine freie und reflektierende Gesellschaft weiß, dass Daten immer nur der Ausgangspunkt und die Grundlage für Diskussionen und Entscheidungen sein können [und] alleine, ohne Kontext und Vorverständnis, nicht aussagekräftig sind. [...] Wer datengläubig Maschinen entscheiden lässt, was Menschen tun oder lernen oder wünschen sollen, zerstört

die Autonomie des Menschen und seine Handlungsfreiheit zugunsten eines algorithmisch berechneten Regimes autoritärer technischer Systeme und technischer Willkür.

9. Autonomie des Menschen statt autonomer Systeme
Technologische Systeme zur automatisierten (algorithmisch berechneten) Verhaltensmanipulation verstoßen gegen die Würde des Menschen, seine Grundrechte und Selbstbestimmung. Sie sind in demokratischen und humanen Rechtsstaaten untersagt.

10. Elektrosmog durch WLAN
[...] Selbst die Telekom warnt vor der Strahlenbelastung durch ihre Router: ›Funksignale: Die integrierten Antennen Ihres Speedport senden und empfangen Funksignale bspw. für die Bereitstellung Ihres WLAN. Vermeiden Sie das Aufstellen Ihres Speedport in unmittelbarer Nähe zu Schlaf-, Kinder- und Aufenthaltsräumen, um die Belastung durch elektromagnetische Felder so gering wie möglich zu halten.‹
    Das sollte auch für Klassenzimmer gelten. Da es mit kabelgebundenem Netzzugang Alternativen gibt, sollte man auf WLAN in Schulen verzichten.

Wer diese Forderungen liest, wird schnell merken, wie sie wesentliche Inhalte aus diesem Buch widerspiegeln, zum Beispiel die Frage nach der Zerstörung der menschlichen Autonomie (These 2, 6 und 8). Das haben wir ausführlich diskutiert, als wir uns mit Learning Analytics und einer drohenden lebenslangen Überwachung beschäftigt haben (Kapitel 5: »Totalitäre Bildung«).
    Doch wesentliche Aspekte kindlicher Entwicklung kommen in diesen Forderungen noch zu kurz. Sie sind uns genauso wichtig wie der Verzicht auf einen Rückkanal, zumal es bei diesen Themen Überschneidungen gibt. Daher wenden wir uns jetzt wieder der sensomotorischen Integration zu, die bei Kindern leiden kann, wenn Bildschirme

zu früh ihr Leben bestimmen (Kapitel 6: »Kampf gegen die ›grauen Herren‹«).

Diese neuronalen Leistungen zu erforschen, ist eine Aufgabe der Entwicklungspsychologie und Neurobiologie: Beide Disziplinen untersuchen Bedingungen, unter denen die kognitive und emotionale Entwicklung von Kindern gut verläuft. Auch die Medienpädagogik sollte sich von diesen Erkenntnissen inspirieren lassen, was aber viel zu selten geschieht. Da dominiert das Paradigma: Kinder sind möglichst früh in den sinnvollen Gebrauch von Smartphone und Co einzuweisen! Daher sind viele Medienpädagogen schon in Kindergärten unterwegs ... und Prof. Wassilios Fthenakis propagiert sogar Augmented Reality für Vorschulkinder (siehe Kasten: »Augmented Reality – im Kindergarten?«).

Es gibt aber eine Medienpädagogin, die einen anderen Weg einschlägt: Prof. Paula Bleckmann (Alanus-Hochschule, Alfter/Bonn). Sie hat einen »Turm der Medienmündigkeit« entworfen, der auf Entwicklungsstufen aufbaut, die jedes Kind durchlaufen muss. Diesen Turm wollen wir vorstellen: [213]

Stockwerk 1: Sensomotorische Integration
In den ersten Jahren des Lebens geht es um die »Verknüpfung vielfältiger Sinnes- und Bewegungserfahrungen«. Diese sensomotorische Integration ist unabdingbar, damit sich das kindliche Gehirn gut entwickelt. Idealerweise sollte ein »kleiner Mensch vor Reizüberflutung durch Bildschirmgeräte« geschützt werden.

Stockwerk 2: Kommunikationsfähigkeiten
Für Säuglinge und kleine Kinder sind »Erfahrungen mit Bindungspersonen« wichtig, weil sie so über Gestik und Mimik sprechen lernen. Grundschüler setzen diesen Spracherwerb fort, indem sie Schreiben und Lesen lernen. »Allgemein gesprochen steht hier die Fähigkeit im Fokus, andere Menschen wahrzunehmen und sich mit ihnen verstän-

digen zu können«, schreibt Bleckmann. Dabei gehe es immer um die direkte Interaktion mit anderen Menschen.

Stockwerk 3: Produktionsfähigkeiten
Ein Kleinkind krabbelt erst, später lernt es laufen, um so in seine Umwelt aktiv einzugreifen. Es spielt mit vielfältigem Material, ein Topf wird zum Boot, das in der Badewanne schwimmt ... Manches gelingt nicht sofort, wodurch das Kind eine gewisse Frustrationstoleranz entwickelt. Wichtig dabei: »Produkte« der Kinder sollten selbst gestaltet sein, aus realen Materialien wie Papier, Pappe oder Sperrholz. Diese Aktivitäten legen die Grundlage, um später mit Medien gut zu arbeiten.

Bleckmann: »Im Kindergartenalter bieten sich als ›Produktionsmedien‹ zum Beispiel auch das Kleben von Fotogeschichten oder die Aufnahme von ›Hörspielen‹ bzw. Geräuscherlebnissen an.«

Augmented Reality – im Kindergarten?

Eben war von Produktionsfähigkeiten die Rede: Im Kindergarten sollen Kinder mit Materialien aus der realen Welt spielen, um unter anderem ihre sensomotorische Integration voranzubringen. Etwa durch feinmotorische Fähigkeiten, die beim Malen und Basteln entstehen. Wie passt in diese Lebensphase Augmented Reality (AR), also die durch Computer erweiterte Wahrnehmung? Dazu sollen Kinder ihre Umgebung betrachten, wobei technisches Gerät zusätzliche Texte, Bilder und Geräusche einblendet. Im Kindergarten!

Das stellen sich zumindest Wassilios Fthenakis und Waltraud Walbiner so vor:[214] »AR ermöglicht dem Lernenden, in Echtzeit mit Objekten, die sich nicht in seinem realen Raum befinden, zu interagieren.« Ein Vorteil der AR würde darin liegen, »dass die virtuellen Informationen in den realen Lernkontext eingebettet werden«. Das erleichtere den Lernprozess und das Verständnis des Lerngegenstandes.

Ist es für Kinder im Vorschulalter sinnvoll, in »Echtzeit mit Objekten« zu interagieren, die es in der Realität nicht gibt? Sie sind gerade dabei, sich in der realen Welt einzuleben – wozu dann Augmented Reality? Nur, weil sie technisch machbar ist? Und ihr massenhafter Einsatz bei Kindern große Umsätze für die IT-Industrie verspricht?

Die Argumentation geht aber weiter, Fthenakis und Walbiner behaupten: »Die Visualisierung komplexer Phänomene hilft den Kindern, komplexe Phänomene zu verstehen, Kenntnisse zu erweitern und Lernfortschritte zu erzielen, die allein über gedrucktes Material nicht erreichbar wären.« Ja, es geht um »komplexe Probleme«! Sollen Vierjährige Atommodelle studieren? Wettersimulationen verstehen? Wie komplex darf es denn sein? Dabei sollten Kinder ihre Fantasie und Imagination entwickeln. Dazu brauchen sie Bauklötze und Sandkästen. Ob da solche Visualisierungen hilfreich sind?

Aber den Vogel schießen die zwei Autoren ab, als sie für drei- bis fünfjährige Knirpse kritisches Denken propagieren – als Lernziel! Wörtlich heißt es in dem Text: »AR trägt dazu bei, dass die Lernenden kritisches Denken und problemlösendes Verhalten entwickeln und dabei kooperative und kollaborative Lernformen anwenden.«

Der Entwicklungsbiologe Jean Piaget hat herausgefunden: Kinder entwickeln ab etwa zwölf Jahren Selbstreflexion und abstraktes Denken. Also nicht im Kindergarten! Das lernt noch heute jeder Student, der Erziehungswissenschaften studiert. Doch der Mainstream tickt anders, Piagets Ideen stören bei der Frühdigitalisierung in Kindergärten (Kapitel 6: »Kampf gegen die ›grauen Herren‹«). Übrigens: Kooperation lernen Kinder bestens, wenn sie gemeinsam aus Bauklötzen einen Turm bauen.

Stockwerk 4: Rezeptionsfähigkeiten

Die Fähigkeit zur Rezeption umfasst das Wahrnehmen, Verstehen und Verarbeiten von Informationen. Sie lässt sich »über weite Strecken im realen Leben« schulen. Das ist möglich, sobald einem Kind vorgelesen wird. Oder Eltern mit ihm ein Bilderbuch betrachten bzw. seine selbst erstellten Zeichnungen würdigen. Viele Filme, darunter auch Kinderfilme, sind nicht so gemacht, dass sie zur Wahrnehmungsfähigkeit von Kindern passen. Eine Erkenntnis der rezipientenorientierten Medienforschung.

»Daher führt«, so Bleckmann, »frühe Bildschirmmedien-Exposition eher zu einer Abstumpfung als zu einer Schulung der Wahrnehmungsfähigkeiten.« Bei älteren Kindern und Jugendlichen ist es wichtig, Bildschirmmedien gemeinsam mit Erwachsenen zu nutzen, um sich über das Gesehene und Gehörte auszutauschen. So lassen sich die Rezeptionsfähigkeiten ausbauen.

Stockwerk 5: Kritische Reflexion
Informationen genau prüfen und einordnen zu können – darin besteht die Fähigkeit zur kritischen Reflexion. Das hilft, auf Dauer die Manipulationen durch Werbung besser zu durchschauen. Die Widerstandskraft kann wachsen. Jugendliche sollten dann lernen, welche Interessen in der Öffentlichkeit verfolgt werden, zum Beispiel von großen Medienkonzernen wie Apple, Microsoft oder Google.

Bindemittel: Selektionsfähigkeit
Aus der Fähigkeit zur kritischen Reflexion ergibt sich die Selektionsfähigkeit, die Kinder und Jugendliche in die Lage versetzt, eine Wahl zu treffen. Als Grundlage für gute Entscheidungen. Sie ist das »Bindemittel, das alle Stockwerke zusammenhält«, wie Bleckmann schreibt. Damit meint die Medienpädagogin eine große Auswahl: im Sandkasten Burgen bauen, Freund besuchen, CD hören, am Computer spielen etc. Diese Auswahl darf sich nicht auf Medien beschränken: »Welches YouTube-Video oder welchen Film will ich mir ansehen, welches Jump-and-Run-Spiel spiele ich jetzt?«

Bleckmann fasst zusammen: »Bei den null- bis dreijährigen Kindern stärkt der vollständige Schutz vor Bildschirmmedienexposition die solide Basis im Medienmündigkeitsturm.« Kinder sollten in ihrer geistig-seelischen Entwicklung ein Stockwerk nach dem anderen durchwandern.

Diese Idee entspricht auch der These aus unserem Buch *Die Lüge der digitalen Bildung*: »Eine Kindheit ohne Computer ist der beste Start ins digitale Zeitalter«. So wird nämlich das Fundament gelegt, auf dem sich der Turm der Medienmündigkeit errichten lässt. Wer auf Bildschirme bei kleinen Kindern verzichtet, schafft eine gesunde Basis, damit sie später gut mit digitalen Medien arbeiten.

Neben dem Alter gibt es für uns ein weiteres Kriterium, ob Computer sinnvoll zur Anwendung kommen. Wir unterscheiden zwischen einer aktiven und passiven Nutzung digitaler Medien: »Wenn es um einen passiven Einsatz als Lernprogramme geht (E-Learning), scheinen uns große Zweifel angebracht. Besonders, wenn wir an die zentralistische Schul-Cloud denken, kombiniert mit bedenklichen Rückkanälen (Learning Analytics).«[215] Außerdem hat Sybille Schmitz die pädagogischen Grenzen solche Lernprogramme aufgezeigt, am Beispiel der Software *Anton* (Kapitel 11: »Serviert auf dem Silber-Tablet«).

Und die aktive Nutzung? Wirkliche »Medienmündigkeit« ist weit mehr als reine »Wischkompetenz«: Dabei muss neben die Fähigkeit zur Rezeption, Konzentration und Kritik auch eine produktive Kompetenz treten. »Es geht um solides Handwerk bei der Medienproduktion«, heißt es in unserem Buch *Die Lüge der digitalen Bildung*. Und weiter: »Wer in der Schule erzählen und argumentieren lernt, kann auch Texte schreiben, die ihre Leser überzeugen. Wer die Sprache von Bildern versteht, kann Fotos machen oder Videos drehen, die sich auch auf einer Website sehen lassen können.« Kombiniert mit Edge Computing entsteht auf diese Weise ein spannender Umgang mit digitalen Medien – wenn dafür die Kinder ab zwölf Jahren alt genug sind!

CS unplugged – Informatik ohne Computer

Karten, Wachsstifte, Bindfäden – mit diesen echten Materialien arbeitet *CS unplugged*.[216] Das Programm macht grundsätzliche Konzepte der Informatik anschaulich – ohne Computer! Die Themen: Algorithmen, künstliche Intelligenz, Informationstheorie, menschliche Computerschnittstellen, Programmiersprachen etc. Dazu hat *CS unplugged* eine Reihe kostenloser Lernaktivitäten zusammengestellt. Auf der Website ist zu lesen: »Wir wollen Grundlagen vermitteln, die nicht von einer bestimmten Software oder bestimmten Systemen abhängen; Ideen, die auch in zehn Jahren noch frisch im Gedächtnis sind.« Zudem geht es um »Rätsel, Herausforderungen, Wettbewerbe, Problemlösung und Humor.«

Die Zielgruppe sind Grundschüler, es gibt aber auch Zusatzmaterial für die Hochschulbildung. Dabei ist es nützlich, gerade nicht von Computern abhängig zu sein. »Dies verhindert, dass Informatik mit dem Programmieren oder Erlernen von Anwendungssoftware verwechselt wird.« Ein Beispiel für den Offline-Ansatz ist der »Paritäts-Zaubertrick«: ein Kartenspiel, das wie die Fehlerkorrektur im Arbeitsspeicher von Computern funktioniert.

Website: https://csunplugged.org

Wie gesagt: Es ist mühsam, jenseits des Mainstreams eine Medienpädagogik zu finden, die ähnliche Positionen wie das Bündnis für humane Bildung, Bleckmann oder wir selbst bezieht.[217]

Aber der Bund der Waldorfschulen hat 2019 ein Curriculum der Medienpädagogik veröffentlicht, das sich ebenfalls an der kognitiv-emotionalen Entwicklung der Kinder orientiert.[218] »Eine zeitgemäße Pädagogik ist sich darüber klar, dass Kinder in einer technisch-medialen Welt aufwachsen. Deshalb ist alle Erziehung in der Gegenwart Medienerziehung.« Diese Feststellung steht am Anfang der Waldorf-Veröffentlichung. Ziel sei es, dass Absolventen »Medien sachgerecht einsetzen können«. Sie sollen begreifen, »wie Medien technisch aufgebaut sind und wie sie ästhetisch und gesellschaftlich wirken.«

Solche Ideen finden sich genauso in anderen Konzepten, die Medienpädagogen geschrieben haben. Was ist anders? »Der entscheidende Unterschied zu anderen pädagogischen Auffassungen liegt in der Methodik, wie das Bildungsziel ›Medienmündigkeit‹ zu erreichen ist«, heißt es in dem Waldorf-Curriculum.

Konventionelle Medienpädagogik vermittelt oft den Eindruck: Jetzt gibt es diese tollen Tablets, mit denen jedermann leicht fotografieren kann. Also auch Kindergartenkinder ... Dann schicken wir sie in den Wald, wo sie Aufnahmen von Pilzen machen – und Google liefert uns die richtigen Namen. Wow, Technik des 21. Jahrhunderts! In den Händen von Kindern, die frühzeitig Medienkompetenz erwerben. Fotocollagen etc.

Wir halten das für einen Denkfehler: Nur weil es digitale Geräte gibt, müssen sie noch lange nicht im Kindergarten zum Einsatz kommen. Erst taucht ein Gerät auf, dann wird eine Verwendung gesucht. Ob Kinder nicht besser Pilze malen? Diese Frage bleibt auf der Strecke. Ähnlich scheint es uns mit den digitalen Ideen von Fthenakis zu sein, der sich für Augmented Reality im Kindergarten starkmacht. Die Geräte sind da – nur die pädagogischen Konzepte fehlen noch, wie der Bildungsforscher beklagt (siehe Kasten: »Augmented Reality – im Kindergarten?«). Die Grundsatzfrage lautet aber: Brauchen kleine Kinder überhaupt diese virtuellen Gaukeleien?

Internet ab 16!

Die London Acorn School ist keine Waldorfschule. Ihr Lehrplan verbindet verschiedene Elemente: Ideen der Waldschule, traditionelle Kulturen, skandinavische Pädagogik, Ansätze aus dem Mainstream sowie der Montessori- und Waldorfpädagogik. Was sie besonders unterscheidet, ist ihr strikter Umgang mit digitalen Medien. Dazu heißt es auf der Website: »Die wachsende Abhängigkeit von Smartphones begrenzt immer mehr die Ruhezeit, die unser Gehirn nötig hat, um zu träumen und zweckfrei auf Wanderschaft zu gehen. Das ist besonders schädlich für die kognitive Entwicklung der Kinder. Wir führen daher Technologie spät ein und sind in den ersten Jahren sehr vorsichtig, wenn wir unsere Kinder dem Bildschirm aussetzen.«[219]

Schüler unter zwölf Jahren benutzen keine Smartphones oder Computer, sie schauen auch kein Fernsehen, inklusive der Ferien. Dabei geht es der Schule um eine »graduelle Integration« elektronischer Geräte. Das Internet bleibt für alle unter 16 Jahren unzugänglich – zu Hause und in der Schule. Ab 14 Jahren werden Computer als Teil des Unterrichts eingesetzt.

Sarah Thorne leitet die London Acorn School. Laut Guardian hat sie gute Gründe für diesen restriktiven Umgang mit digitalen Medien.[220] Das erlaube den Lehrern, viel wichtigere Fähigkeiten als das Ausfüllen von Excel-Blättern zu fördern, nämlich Kernkompetenzen wie Urteilsfähigkeit, Kreativität und Konzentration.

»Schule ist eine Bildungsreise«, sagt Thorne, »wir wollen sie so vielfältig, reich und interessant wie möglich machen.« Wenn Informationen aus dem Netz schnell verfügbar sind, entstehe ein Problem. »Die Leichtigkeit, mit der wir von A nach B kommen und eine Antwort finden, hat nichts mit den Verhältnissen im richtigen Leben zu tun«, so die Schulleiterin.

Zurück zum Curriculum der Waldorfpädagogik: »Die Medienerziehung der Waldorfpädagogik orientiert sich an der Entwicklung des Kindes – und nicht am Vorhandensein von Geräten.« Ganz klar: Wir sollten die evolutionär gewachsenen Bedürfnisse der Kinder in den Mittelpunkt rücken; wir dürfen uns nicht den Marketingplänen großer Digitalkonzerne unterwerfen.

In der frühen Kindheit sieht die Waldorfpädagogik ihre Aufgabe darin, »das Kind anzuregen, seine Motorik, seine Sprachfähigkeit und seine kreative Fantasie zu entwickeln.« Die gesunde Entwicklung von Gehirn und Sinnesapparat gehört dazu. Was diesen gesunden Ablauf verhindert, wollen Waldorfpädagogen von Kindern fernhalten. »Deshalb hält Waldorfpädagogik den Einsatz von IT-Technologie in den ersten Lebensjahren für pädagogisch destruktiv«, so das Curriculum. Es gehe nicht um »Bewahrpädagogik«, sondern um »Ermöglichungspädagogik«; praktisch-künstlerische Fähigkeiten stehen im Vordergrund. Im Curriculum ist dazu zu lesen:

> »In den ersten Lebensjahren (bis etwa zum sechsten, siebten Lebensjahr) sollen Kinder vor allem die reale Welt handelnd erleben, im Übergang zur Schulzeit analoge Techniken begreifen und beherrschen lernen, darauf aufbauend (ab dem zwölften Lebensjahr) zuletzt digitale Technologien verstehen und handhaben können.«

Diese Überlegungen führen zu einer zentralen Begrifflichkeit, der »direkten und indirekten Medienpädagogik«:

- **»Indirekte Medienpädagogik«**: Kinder und Jugendliche sollten Fähigkeiten entwickeln, »die sie im Informationszeitalter notwendig brauchen, die sie aber im direkten Umgang mit Medien nicht erwerben können.« Es geht um »Übungsfelder«, »auf denen Schüler*innen konzentrierte Aufmerksamkeit ausbilden und üben können.« Zum Beispiel bei der Aufführung von Theaterstücken als Klassenspiel. Generell gilt: »Nachdem die Kinder die analogen Techniken kennengelernt haben, ist die Basis geschaffen, aus eigener Erfahrung beurteilen zu können, wann und wie digitale Techniken sinnvoll eingesetzt werden können.«
- **»Direkte Medienpädagogik«**: Sie will den Schülern ein Verständnis vermitteln, »wie die verschiedenen Medien funktionieren,

auf den Menschen wirken und wie man sinnvoll mit ihnen umgeht.« Themen: Recherchen im Internet, Selbstdarstellung in der Öffentlichkeit, Verhalten in sozialen Netzwerken, praktische Arbeit mit digitalen Medien etc. Aber: Die sinnvolle Nutzung des Computers setzt eine gewisse Urteilskraft voraus, die etwa ab dem zwölften Lebensjahr allmählich zu erwarten ist. »Erst dann wird die Beschäftigung mit dem Computer pädagogisch sinnvoll und notwendig«, heißt es in dem Curriculum.

Im Laufe der Schulzeit tritt die »indirekte Medienpädagogik« langsam in den Hintergrund, während die »direkte Medienpädagogik« an Bedeutung gewinnt. Das Curriculum sieht auch einen großen Bedarf an Kompensation, weil viele Kinder zu Hause zu früh Tablets und Smartphones in die Hand gedrückt bekommen: »Kindergärten und Schulen [müssen] in erster Linie darauf bedacht sein, ausgleichende und gesundende Gegengewichte zu schaffen.«

Medienpädagogik der Waldorfschule

Ein kurzer Überblick zu den wesentlichen Elementen der Medienpädagogik, wie sie der Bund der Waldorfschulen in einem Curriculum veröffentlicht hat.

I. Medieninhalt
1. Die Inhalte von Texten, Bildern und akustischen Produktionen verstehen und beurteilen können – das legt eine möglichst umfassende Allgemeinbildung nahe.

II. Medienformen
2. Schreiben und lesen können.

3. Bilder, Filme produzieren und beurteilen können.
4. Musikproduktionen, Radioberichte produzieren und beurteilen können.

III. Medienträger
5. Die prinzipielle Funktionsweise wichtiger Geräte und des Internets bis hin zu Mechanismen und Strukturen auf gesellschaftlicher Ebene kennen.
6. Geräte technisch handhaben können.
7. Geräte zum Lernen sinnvoll nutzen: Recherche und Präsentation.

IV. Selbstkompetenz
8. Konzentrationsfähigkeit, Achtsamkeit.
9. Selbstbeherrschung, geistige Disziplin.
10. Sich für etwas aktiv einsetzen können; Interesse und Initiative entwickeln.

V. Soziale Kompetenzen
11. Empathiefähigkeit.
12. Verantwortungsfähigkeit.
13. Gestalterisch-kreative und künstlerisch-ästhetische Fähigkeiten.

VI. Handlungskompetenzen
14. Vorhaben umsetzen können.
15. Strategien kennen.
16. Geräte und Verfahren anwenden können.

Gegengewichte schaffen – das gelingt am besten durch eine geschickte Mischung analoger und digitaler Methoden. So kann ein weiterer Jumbo sicher landen ...

Zum Schluss zeigen wir an einem Fallbeispiel, wie dieser Mix erfolgreich funktioniert. Begegnungen in der realen Welt spiegeln sich in medialen Produkten, was genau dem Anspruch von Medien entspricht, egal ob digital oder analog. So gab es in der Düsseldorfer Waldorfschule 2018 ein interessantes Medienprojekt, über das wir schon in der *erziehungskunst* geschrieben haben.[221]

Der Bericht beginnt mit einem Schülerzitat.

»Halbnackte Männer erklimmen im dämmernden Licht fast schon spinnenartig das große Gerüst [...]. Die Stimmung ist angespannt, ja beinah verängstigt.«

Der Text für die *erziehungskunst* nimmt darauf diesen Verlauf.

Die eindrucksvollen Zeilen hat Ella geschrieben, sie geht in die 9. Klasse. »Da fehlen (k)einem die Worte« – so lautet die Überschrift ihrer Rezension, die sich mit einer Performance beschäftigt: »Ich so, du so«, in Szene gesetzt von »Theater total«.

Ihr Text ging durch professionelle Hände: Dr. Dorothee Krings ist Theaterkritikerin, sie schreibt seit 14 Jahren für die Rheinische Post. *»Ich habe die Texte der Schüler so redigiert«, sagt die Kulturredakteurin, »als wenn sie ein freier Mitarbeiter geliefert hätte.« Druckreif war vieles noch nicht, aber mancher Texteinstieg so lebendig, dass er Dr. Krings überzeugte.*

Der szenische Einstieg in eine Theaterkritik – das war auch Thema, als die Kulturredakteurin für eine Doppelstunde in die Waldorfschule kam. Wie finden Schüler attraktive Worte, um solche Szenen gut zu beschreiben? Wie sind dabei die bekannten sechs W-Fragen zu beantworten (Wer? Was? Wo? Wann? Wie? Warum?). Auf diese Weise lernten ihre jungen Kollegen im Ansatz, wie journalistisches Schreiben Profistandards entspricht.

Organisiert hatte ihren Besuch Franz Glaw. Er ist Deutsch- und Mathematiklehrer an der Rudolf Steiner Schule Düsseldorf – und hat das aufwendige Projekt auf die Beine gestellt. Dabei gab es für die Schüler noch mehr zu erleben als Theaterbesuch und professionelle Textkritik.

Startpunkt war eine klassische Lektüre im Deutschunterricht: Der Verbrecher aus verlorener Ehre, *geschrieben von Friedrich Schiller. Warum gerade in der 9. Klasse? »Es ist der richtige Stoff für Schüler in diesem Al-*

ter«, sagt Glaw, »weil es um Rebellion und die Überschreitung von Grenzen geht.« Die Zeit des Klassenlehrers ist zu Ende, die Rolle einer »geliebten Autorität« ist nicht mehr gefragt – und der Aufbruch in die Welt der Erwachsenen beginnt. »In den Klassen entsteht eine völlig neue Atmosphäre und damit viel Raum für Neues. Aber auch Raum für ›Verirrungen‹, wie sie Schiller beschreibt«, so der Waldorflehrer. Die Lernenden setzten sich mit dem Leben des Christian Wolf auseinander, der in Schillers kleinem Prosawerk zum Mörder wird.

Und der Einsatz digitaler Medien? Zwei Mitschüler erfanden ein Expertengespräch im Radio: Ein Autor ist mit seinem neuen Schiller-Buch zu Gast, das Interview wird im »Studio« am Stück aufgezeichnet. Ein gewisser jugendlicher Jargon ist zu hören: »Christian Wolf steht auf ein Mädchen. Er hat eigentlich Geld, will aber mehr haben, um das Mädchen zu beeindrucken.« Das ist der Ausgangspunkt des dramatischen Geschehens. Wolf wirbt mit Geschenken um ein Mädchen – und erschießt später den Nebenbuhler Robert, bevor der ihn wegen Wilderei anzeigen kann.

Eine andere Schülerin schlüpfte in die Rolle der Ahnenforscherin, die alles über ihren Urgroßvater Christian herausfinden will – und dabei familiäre Tabus bricht. Das inszenierte sie mit einer Mitschülerin als gesprochenen Dialog, der wie das Radiointerview digital aufgenommen wurde.

Warum die Wahl zwischen schriftlicher und mündlicher Leistung? Glaw hat die Erfahrung gemacht, dass Schüler vor dem Mikrofon aufblühen, obwohl sie sonst kaum in der Lage sind, ihre Gedanken zu Papier zu bringen. Er erinnert sich an einen drastischen, im Grunde aber typischen Fall, den er bei einer Variante des Schiller-Projekts erlebte. »Ein Schüler hatte noch nie einen Aufsatz geschrieben, aber viel Aggressivität entwickelt«, berichtet Glaw. Bei den Tonaufnahmen verwandelte er sich nach und nach: »Die Worte sprudelten schließlich nur so heraus«, freut sich der Waldorflehrer, »plötzlich konnte der Junge ziemlich eloquent und elaboriert sprechen«.

Weshalb werden die Tonaufnahmen nicht bearbeitet? Es gibt fast keinen Schnitt, obwohl die heutige Digitaltechnik das leicht möglich macht. Glaw: »Das heben wir uns für die Oberstufe auf; in der 9. Klasse verfolge ich ein *anderes pädagogisches Ziel.«* Die Methode dazu heißt »live on tape«, was bedeutet: Der lineare Ablauf sorgt für eine hohe Authentizität der Aufnahmen, es kommt zu keiner Segmentierung – und der Zusammenhang geht nicht verloren. Das erfordert eine hohe Geistesgegenwart der Schüler, die auf diese Weise lernen, konzentriert Inhalte auf den Punkt zu bringen. Dabei unterstützt sie ein Ablaufplan mit kurzen Notizen, um den roten Faden nicht zu verlieren. Das geschieht alles in Dialogen, die nicht abgelesen werden, sondern immer neu entstehen.

Ähnlich können Tonaufnahmen in der Geschichts- oder Physik-Epoche zum Einsatz kommen, zum Beispiel bei Experimenten zur Akustik: Schüler gehen auf den Schulhof; in 300 Meter Entfernung lässt eine Gruppe ein Backblech fallen. Zuerst ist der Vorgang mit den Augen zu sehen, bevor der Schall das Ohr erreicht. Diese unterschiedliche Geschwindigkeit lässt sich leicht im Heft dokumentieren, indem die Schüler Versuchsaufbau und Durchführung notieren. »Als Radiohörer sehe ich aber nichts von diesem Experiment«, erklärt Glaw, »es ist eine hohe sprachliche Übung nötig, um Tonaufnahmen als Medium richtig zu nutzen«. Das motiviere Schüler erheblich, sich mit dem Experiment tiefer zu beschäftigen.

Wie beim Schiller-Projekt wird an diesem Beispiel deutlich: »Wir brauchen kein eigenes Fach Medienkunde. Vielmehr können unterschiedliche Medien den Unterricht unterstützen und ergänzen, den wir sowieso erteilen«, ist Glaw überzeugt. Entscheidend sei es, Medien auf keinen Fall rein rezeptiv einzusetzen, sondern sie zur eigenständigen Produktion zu nutzen, um die Urteilskraft zu stärken.

»Wer früher einfach die Vorhänge vorzog und einen vielleicht wertvollen Film zeigte«, so Glaw, »förderte lediglich das passive Wegdämmern der Schüler.« Die heutige Digitaltechnik sei preiswert und frei verfügbar – sie lässt sich vielfältig in der Schule nutzen. »Aber bitte erst ab der 7. Klasse«, fordert Glaw. Denn in den Klassen 1 bis 6 muss die Auseinandersetzung mit der realen Welt Priorität genießen – und erst recht im Kindergarten, der digitalfrei zu bleiben hat.

In der Oberstufe sieht die Welt anders aus, etwa bei diesem Medienprojekt von Glaw: Auf einer Veranstaltung wird gefilmt, und das Material bearbeiten zwei Gruppen. Die einen Schüler schneiden und texten ein positives Video, die anderen gestalten einen kritischen Beitrag. So funktioniert eine aktive, moderne Medienpädagogik, die Schülern die Manipulierbarkeit von Bildern vor Augen führt.

Wie passt aber der Besuch bei »Theater total« in das aktuelle Medienprojekt? Sehr gut, meint Glaw. Denn eine inhaltliche Übereinstimmung sei nicht so wichtig gewesen. »Es kommt auf den Prozess an, der durch direkte Begegnungen entsteht«. So hatten die Schüler die Gelegenheit, auch Interviews mit jugendlichen Schauspielern zu führen. Und die Kulturredakteurin Dr. Krings sagt: »Es ist toll, Schüler an echte Orte zu bringen.« Das geschah auch am Amtsgericht, wo Glaws Klasse mehrere Verhandlungen erlebte. In den Pausen konnten sie sogar mit der Richterin sprechen. Da war die Brücke gut zu schlagen ... und weitere »Radiobeiträge« über reale Kriminalfälle wurden leicht produziert.

Ein letztes Detail: Es gab auch »klingende Epochenhefte«, wie Glaw sie nennt. Da ist zum Beispiel in lila Schönschrift die Headline zu lesen: »Verbrecher-Talk« – und darunter finden sich drei QR-Codes, produziert von Klassenkameraden. Mit ihrer Hilfe lassen sich die Verbrecher-Talks 1–3 durchs Smartphone herunterladen.

Ende des Berichts.

QR-Codes in der Waldorfschule – das werden wenige Leser erwartet haben. Aber das Projekt aus Düsseldorf macht deutlich, wie vielfältig heute Lehrer Digitaltechnik im Unterricht einsetzen können, verbunden mit Begegnungen in der realen Welt, in der sich trotz aller Virtualität unser Leben abspielt.

Fazit: Alle hier vorgestellten Konzepte haben gemeinsam, dass sie Digitaltechnik in der Schule nicht in Bausch und Bogen ablehnen. Vielmehr rückt ein differenzierter Umgang ins Rampenlicht, abhängig von zwei Fragen: Welche Altersgruppe ist geeignet, mit Bildschirmen zu arbeiten? Handelt es sich um eine aktive oder passive Nutzung digitaler Geräte? Auf diese Fragen geben die Konzepte klare Antworten, die nichts mit Kulturpessimismus oder Technikfeindlichkeit zu tun haben. Im Gegenteil: Es sollte deutlich geworden sein, dass der Verzicht auf Bildschirme bei kleinen Kindern eine kulturelle Notwendigkeit darstellt. Das fordert die »indirekte Medienpädagogik«. Nur so kann später eine »direkte Medienpädagogik« greifen, um Jugendlichen eine kritische, kreative und konzentrierte Arbeitsweise mit Digitaltechnik zu vermitteln. Diese differenzierte Pädagogik lässt sich nicht mit Technikfeindlichkeit in einem Topf verrühren.

Es existieren Alternativen zum Mainstream der Medienpädagogik, der »frühe Medienkompetenz« in den Mittelpunkt stellt, etwa durch Smartphone-Projekte im Kindergarten. Wir halten das für falsch, weil Kompensation gerade in der frühen Kindheit wichtig ist. Wenn Kinder schon im Elternhaus eine mediale Reizüberflutung erleben, sollten sie im Kindergarten auf realweltliche Alternativen stoßen: Malen, Basteln, Blumenpflücken. So sieht Kompensation aus.

Wir dürfen uns vom Alternativlos-Diskurs nicht blenden lassen. »Kein Weg ist ›alternativlos‹«, darauf weist zu Recht das Bündnis für humane Bildung hin. Es ist ein Marketing der Angst, das uns häufig in der Diskussion begegnet. Deutschland verliere schnell jeden Wohlstand, wenn wir nicht alle Lebensbereiche rasch digitalisieren. Und dann kam noch Corona dazu ... Aber die Forderung nach Digitalisierung nicht 1:1 für den Bildungssektor gelten, wie wir in diesem Buch versucht haben zu zeigen. Vorsicht und Gelassenheit sind das Gebot der Stunde, um nicht irreparable Schäden anzurichten. Digitalisierung ohne Augenmaß – das wäre tatsächlich in allen Bereichen der Gesellschaft Katastrophe. Es gibt Alternativen!

DANKE

Mein Dank geht an erster Stelle an Claudia Nicolai, meine Partnerin, die mit großer Geduld alle Texte gegengelesen hat. Sie heilte mich vom suchtartigen Einsatz von Doppelpunkt und Gedankenstrich. Außerdem war sie eine fantastische Sparringspartnerin, um die vielen Thesen und Ideen in diesem Buch zu diskutieren. Ihr verdanke ich manche Schärfung und Präzisierung meiner Gedanken.

Wichtig waren auch die Gespräche mit Sybille Schmitz, die mir genau erklären konnte, was ein personenzentriertes Lernen vom individualisierten Lernen unterscheidet. Dazu gab sie mir ein interessantes Interview und steuerte noch eine Analyse der Lernsoftware *Anton* bei. Zwei spannende Akzente für das ganze Buch.

Wer mir auch sehr geholfen hat, war mein Deutschlehrer! Ja, Sie lesen richtig. Nach über 30 Jahren bin ich Dietmar Rall wiederbegegnet, es entwickelte sich eine Freundschaft – und jetzt hatte er sich in alle Kapitel des Buches vertieft. Viele inhaltliche und stilistische Anregungen verdanke ich seinem scharfen Auge, als Praktiker war er ein guter Gesprächspartner zur Debatte ums »selbstorganisierte Lernen«.

Die Psychiaterin Prof. Noriko Maruta traf ich zufällig in Berlin. Wir sprachen kurz beim Frühstück im Gästehaus miteinander und ich steckte ihre Visitenkarte ein. So entstand ein Jahr später das E-Mail-Interview zu den *Hikikomori*, Menschen, die in Japan jahrelang nicht aus dem Haus gehen. Vielen Dank für den ausführlichen und aufschlussreichen Text!

Zu den Wirrungen um die Reform des Jugendschutzes konnte ich mit Dr. Uwe Büsching sprechen. Der Kinder- und Jugendarzt erklärte mir, wie verzwickt die Kriterien sind, um in Deutschland jugendgefährdende Medien zu indizieren. Danke, Dr. Büsching, für diese geduldigen Ausführungen.

Dann gab es spannende Gespräche mit der Neurobiologin Gertraud Teuchert-Noodt, der ich immer wieder Fragen zur Gehirnentwicklung von Kindern stellen konnte. Auch die Diskussionen mit Ralf Lankau und Peter Hensinger (Bündnis für humane Bildung) haben mich stets weitergebracht. Lankaus Idee, Europa sollte einen eigenständigen, digitalen Weg gehen, war die Inspiration für das Kapitel 12 (»Spaltpilze«), das sich mit den USA und China auseinandersetzt.

Zu guter Letzt bleibt noch ein großer Dank für die Mannschaft von Redline. Michael Wurster und seine KollegInnen haben das Buch wunderbar auf die richtige Spur gebracht. Besonders die Lektorin Karla Seedorf hat dem Text den letzten Schliff gegeben, was ihn noch lesbarer gemacht hat. Dankeschön!

ÜBER DEN AUTOR

Ingo Leipner, Dipl.-Volksw. Der Wirtschaftsjournalist ist ein gefragter Referent in Sachen Digital-Kritik und leitet die eigene Textagentur EcoWords. (www.ecowords.de).

Er ist Autor verschiedener Bücher zur digitalen Transformation: *Zum Frühstück gibt's Apps.* Springer, 2014 (mit Gerald Lembke). *Die Lüge der digitalen Bildung.* Redline, 2015 (mit Gerald Lembke). *Heute mal bildschirmfrei.* Knaur, 2018 (mit Paula Bleckmann). *Verschwörungstheorien – eine Frage der Perspektive.* Redline, 2019 (mit Joachim Stall).

Außerdem Lehraufträge an der Dualen Hochschule Baden-Württemberg (DHBW) zu den Themen Makroökonomie sowie Geld und Währung.

Journalistische Themen: Unternehmenskultur, Ökonomie/Ökologie oder erneuerbare Energie (unter anderem Beiträge für das Wirtschaftsmagazin *econo, forum Nachhaltig Wirtschaften*).

ANMERKUNGEN

1 Meinel, Christoph (2020): Bildungsdaten der Schüler schützen, in: https://blog.schul-cloud.org/individuelle-foerderung-mit-interaktiven-lernsystemen/ vom 27.07.2020
2 Initiative D21 (2020): Initiative D21: Deutschlands größtes Netzwerk für die Digitale Gesellschaft stellt sich neu auf, in: https://initiatived21.de/initiative-d21-deutschlands-groesstes-netzwerk-fuer-die-digitale-gesellschaft-stellt-sich-neu-auf/ vom 04.08.2020
3 Bitkom (2020): Bitkom zur Digitalisierung der Schulen nach Corona, in: https://www.bitkom.org/Presse/Presseinformation/Bitkom-zur-Digitalisierung-der-Schulen-nach-Corona vom 04.08.2020
4 Otto-von-Guericke-Universität Magdeburg (2020): Homeschooling als familiäre Ausnahmesituation mit Potenzial, in: https://www.ovgu.de/Universität/Im+Portrait/Profilierungsschwerpunkte/Forschung+_+Transfer/PM+29_2020-p-106904.html vom 04.08.2020
5 Philipps Universität Marburg (2020): Erste Erkenntnisse zur Qualität von Homeschooling, in: https://www.uni-marburg.de/de/aktuelles/news/2020/erste-erkenntnisse-zur-qualitaet-von-homeschooling vom 04.08.2020
6 IAB-Forum (2020): Schulschließungen wegen Corona: Regelmäßiger Kontakt zur Schule kann die schulischen Aktivitäten der Jugendlichen erhöhen, in: https://www.iab-forum.de/schulschliessungen-wegen-corona-regelmassiger-kontakt-zur-schule-kann-die-schulischen-aktivaten-der-jugendlichen-erhohen/ vom 04.08.2020
7 Universität Koblenz-Landau (2020): Bericht über bundesweite Elternbefragung zu Homeschooling während der Corona-Pandemie liegt vor, in: https://www.uni-koblenz-landau.de/de/aktuell/archiv-2020/homeschooling2020/?searchterm=homeschooling vom 04.08.2020
8 Wößmann, Ludger u. a. (2020): Bildung in der Coronakrise: Wie haben die Schulkinder die Zeit der Schulschließungen verbracht, und welche Bildungsmaßnahmen befürworten die Deutschen?, in: https://www.ifo.de/DocDL/sd-2020-09-woessmann-etal-bildungsbarometer-corona.pdf vom 05.08.2020
9 DAK-Gesundheit (2020): Gaming, Social-Media & Corona: DAK-Gesundheit startet Präventionsoffensive ›Mediensucht 2020‹, in: https://www.dak.de/dak/bundesthemen/computerspielsucht-2296282.html#/ vom 05.08.2020

Anmerkungen

10 Vodafone Stiftung: Schule auf Distanz, in: https://www.vodafone-stiftung.de/wp-content/uploads/2020/05/Vodafone-Stiftung-Deutschland_Studie_Schule_auf_Distanz.pdf vom 07.08.2020
11 Anders, Florentine (2020): Erstmals repräsentative Daten zum Fernunterricht, in: https://deutsches-schulportal.de/unterricht/das-deutsche-schulbarometer-spezial-corona-krise/ vom 07.08.2020
12 Wagner, Jo (2020): Das Studium geht weiter, in: https://www.wochenblatt-reporter.de/karlsruhe/c-lokales/das-studium-geht-weiter_a185251#gallery=null vom 07.08.2020
13 Kreiß, Sylvia (2020): Vorlesungsbetrieb an Hochschulen und Universitäten in Zeiten der Corona-Krise, in: https://www.heise.de/tp/features/Vorlesungsbetrieb-an-Hochschulen-und-Universitaeten-in-Zeiten-der-Corona-Krise-4855666.html vom 07.08.2020
14 Borgards, Roland u. a. (2020): Zur Verteidigung der Präsenzlehre, in: https://www.praesenzlehre.com vom 07.08.2020
15 Hattie, John/Zierer, Klaus (2019): Kenne deinen Einfluss! Visible Learning für die Unterrichtspraxis, 4. Aufl., Schneider Verlag Hohengehren, Baltmannsweiler
16 Von Rutenberg, Jürgen (2015): Zurück in die Gegenwart, in: https://www.zeit.de/zeit-magazin/2015/29/smartphone-seymour-projects-menthal-leben-offline vom 09.08.2020
17 Rosa, Hartmut/Endres, Wolfgang (2016): Resonanzpädagogik, 2. Aufl. Beltz, Weinheim
18 Bitkom (2020): Bitkom zur Digitalisierung der Schulen nach Corona, in: https://www.bitkom.org/Presse/Presseinformation/Bitkom-zur-Digitalisierung-der-Schulen-nach-Corona vom 04.08.2020
19 Hense, Julia (2016): Besuch in der Praxis: Steve Jobs School Amsterdam, in: https://www.digitalisierung-bildung.de/2016/02/19/besuch-der-praxis-steve-jobs-school-amsterdam/ vom 27.04.2020
20 Aufenanger, Stefan (o. J.): Besuch der Steve-Jobs-Schulen in den Niederlanden, in: https://aufenanger.de/besuch-der-steve-jobs-schulen-in-den-niederlanden/ vom 27.04.2020
21 de Hond, Maurice u. a. (2012): Manifest, in: https://www.vosabb.nl/wp-content/uploads/2012/09/O4NT_manifest.pdf vom 27.04.2020
22 Schnitzler, Hans (2012): Tijd voor een digidieet, in: https://hansschnitzler.files.wordpress.com/2012/11/6tijd-voor-een-digidieet3.pdf vom 30.04.2020
23 Schwantje, Gunda (2014): Die vielen Schüler des Steve Jobs, in: https://taz.de/Mein-Schulbuch-heisst-iPad/!5044628/ vom 30.04.2020
24 van Gelder (2017): Hoe de Steve Jobsschool uitliep op een fiasco, in: https://www.parool.nl/nieuws/hoe-de-steve-jobsschool-uitliep-op-een-fiasco~bb207c1c/?referer=https%3A%2F%2Fwww.google.com%2F vom 28.04.2020
25 ProSieben (2016): ›Steve Jobs‹-Schule vs. Reformschule, in: https://www.youtube.com/watch?v=WNZGSON-M1M&t=544s vom 29.04.2020

Anmerkungen

26 Daalder, Leonieke (2014): Maurice de Hond (O4NT): »Het businessmodel van de Steve Jobs scholen? De software!« in: https://www.marketingfacts.nl/berichten/maurice-de-hond-o4nt-het-businessmodel-van-de-steve-jobs-scholen-de-softwar vom 29.04.2020
27 Olsthoorn, Peter (2018): O4NT bankroet na echec iPad-scholen, in: https://www.netkwesties.nl/1136/o4nt-bankroet-na-echec-ipad-scholen.htm vom 01.05.2020
28 Gaudi, Hugo (Hg.) (1911): Deutsches Lesebuch, Teile I – IX, 2. – 10. Schuljahr, Teubner, Leipzig
29 Leipner, Ingo (2018): »Kinder nicht zu Objekten machen« – Gespräch mit Gerald Hüther, in: econo, Ausgabe 05/18, S. 112-117
30 IFAP – Institut für angewandte Pädagogik e.V. (o. J.): Montessori-Lexikon, in: http://www.montessori.de/lexikon.php vom 04.05.2020
31 Montessori, Maria (1912): Selbsttätige Erziehung im frühen Kindesalter, in: Paul Oswald/Günther Schulz-Bennesch (Hg.) (1994): Die Entdeckung des Kindes, Herder, Freiburg, S. 79
32 Postman, Neil (1982): Das Verschwinden der Kindheit, Fischer Verlag, Frankfurt am Main, S. 28 und 81
33 von Braunmühl, Ekkehard (1996): Zeit für Kinder, Fischer Verlag, Frankfurt am Main
34 Vollmer, Knut (2012): Antipädagogik, in: Vollmer, Knut (Hg.): »Fachwörterbuch für Erzieherinnen und pädagogische Fachkräfte«, Herder, Freiburg, S. 187
35 von Braunmühl, Ekkehard (1974): Antipädagogik, Studie zur Abschaffung der Erziehung, tologo verlag, Leipzig
36 von Schoenebeck, Hubertus (2016): Deutsches Kindermanifest – Präambel in: https://amicationtoday.blogspot.com/2016/09/deutsches-kindermanifest-praambel.html vom 04.05.2020
37 Winterhoff, Michael (2019): Deutschland verdummt: Wie das Bildungssystem die Zukunft unserer Kinder verbaut, Gütersloher Verlagshaus, Gütersloh
38 Vgl. Gruschka, Andreas (2014): »Lehren«, in Kohlhammer, Stuttgart
39 *Das Gespräch führte Schmoll, Heike (2013):* »Lehrer als Lernbegleiter«, Gespräch mit Stoch, in: https://www.faz.net/aktuell/politik/inland/bildungspolitik-lehrer-als-lernbegleiter-12218421.html vom 05.05.2020
40 Fratton, Peter (2013): Pädagogische Grundhaltung, Vortrag, in: http://docplayer.org/42819096-Website-tor-zur-welt-hamburg-unter-paedagogik-vortrag-fratton-vgl-link.html vom 05.05.2020
41 Buber, Martin (2008): »Ich und Du«, Reclam, Stuttgart, S. 3-4
42 Steffens, Ulrich/Höfer, Dieter (2014): Die Hattie-Studie, in: schulqualität allgemeinbildung (sqa), Bundesministerium für Bildung und Frauen, Berlin
43 Göhring, Axel (2016): An Schulen herrscht ein problematisches Menschenbild, Gespräch mit Karl-Heinz Dammer, in: https://www.wiwo.de/erfolg/hochschule/paedagoge-ueber-die-neue-lernkultur-an-schulen-herrscht-ein-problematisches-menschenbild/14609180-all.html vom 06.05.2020

Anmerkungen

44 Meinel, C. (2017): Eine Vision für die Zukunft digitaler Bildung, in: https://hochschulforumdigitalisierung.de/de/blog/christoph-meinel-hpi-vision-zukunft-digitale-bildung vom 03.03.2018
45 Dräger, J./Müller-Eiselt, R. (2015): Die digitale Bildungsrevolution: Der radikale Wandel des Lernens und wie wir ihn gestalten können, Deutsche Verlagsanstalt (DVA), München
46 Metcalf, Stephen (2017): Die Idee, die die Welt verschlingt, in: https://www.freitag.de/autoren/the-guardian/die-idee-die-die-welt-verschlang vom 29.06.2020
47 Renz-Polster, Herbert (o. J.): »Wie viele Fälle gibt es?«, in: https://www.kinder-verstehen.de/meine-themen/schlaf/ploetzlicher-kindstod/wie-viele-faelle-gibt-es/ vom 08.05.2020
48 Verbraucherzentrale NRW (2018): »Ortung von Kindern: Tracking-Technik spaltet Elternschaft«, in: https://www.marktwaechter.de/pressemeldung/ortung-von-kindern-tracking-technik-spaltet-elternschaft vom 09.05.2020
49 Bundesnetzagentur (2017): Bundesnetzagentur geht gegen Kinderuhren mit Abhörfunktion vor, in: https://www.bundesnetzagentur.de/SharedDocs/Pressemitteilungen/DE/2017/17112017_Verbraucherschutz.html vom 09.05.2020
50 Bundesnetzagentur (2017): Bundesnetzagentur zieht Kinderpuppe ›Cayla‹ aus dem Verkehr, in: https://www.bundesnetzagentur.de/SharedDocs/Downloads/DE/Allgemeines/Presse/Pressemitteilungen/2017/27012017_cayla.pdf?__blob=publicationFile&v=2 vom 09.05.2020
51 Breithaupt, Fritz (2016): Ein Lehrer für mich allein, in: https://www.zeit.de/2016/05/schule-computer-lernen-unterricht-digitalisierung/komplettansicht vom 10.05.2020
52 Ifenthaler, Dirk/Schumacher Clara (2016): Learning Analytics im Hochschulkontext, Wirtschaftswissenschaftliches Studium (WISt), Heft 4, April 2016, C.H. Beck, München, S. 176–181
53 Loser, K.-U. (2018): Positionen zu Learning Analytics, in: https://www.e-teaching.org/community/meinung/positionen-zu-learning-analytics vom 17.03.2018
54 Heyer, Christian (2018): Das Klassenzimmer der Zukunft, in: https://www.sigs-datacom.de/trendletter/2018-09/1-das-klassenzimmer-der-zukunft.html vom 10.05.2020
55 Immersive Quantified Learning Lab, iQL (o. J.): Die Ausstattung im einzelnen, in: http://iql-lab.de/ausstattung/ vom 10.05.2020
56 Domscheit-Berg, Anke (2015): »Frankensteins Monster? Das sind wir vielleicht bald selbst«, in: https://www.manager-magazin.de/digitales/it/bioprinting-frankensteins-monster-aus-dem-3d-drucker-a-1068471.html vom 11.05.2020
57 Solschenizyn, A. (1971): Krebsstation. Rowohlt, Berlin
58 Hafner, Urs (2013): Überwachen und strafen und beglücken, in: https://www.nzz.ch/feuilleton/buecher/ueberwachen-und-strafen-und-begluecken-1.18125480 vom 12.05.2020

Anmerkungen

59 Bundesverfassungsgericht, BVerfG (1983): Urteil des Ersten Senats vom 15. Dezember 1983, in: https://www.bundesverfassungsgericht.de/SharedDocs/Entscheidungen/DE/1983/12/rs19831215_1bvr020983.html vom 12.05.2020
60 Steinmeier, Frank-Walter (2019): Rede zur Podiumsdiskussion »Zukunftsvertrauen in der digitalen Moderne«, 37. Deutscher Evangelischer Kirchentag, in: https://www.bundespraesident.de/SharedDocs/Reden/DE/Frank-Walter-Steinmeier/Reden/2019/06/190620-Kirchentag-Podiumdiskussion.html;jsessionid=03825AE95DCA2CD7C86AC48C1EAE3208.1_cid381?nn=9042446#Start vom 30.06.2020
61 Eine ausführliche Darstellung der entwicklungspsychologischen Aspekte findet sich hier: Lembke, Gerald/Leipner, Ingo (2018): Die Lüge der digitalen Bildung. Warum unsere Kinder das Lernen verlernen, 3. Aufl., Redline, München.
62 GEO (2016): USA/Geteiltes Glück (Foto-Doppelseite), in GEO 11/2016, S. 22 f.
63 Leipner, Ingo (2018): Digital Mindset – Hybris des digitalen Zeitalters, in: Keuper, Frank u. a., (Hg.) (2018): Disruption und Transformation Management, Springer Gabler, Wiesbaden, S. 123 – 144
64 Deutsche Telekom Stiftung (2018): Frühkindliche Bildung hat großes Potenzial, in: https://www.telekom-stiftung.de/themen/fruehkindliche-bildung-hat-grosses-potenzial vom 16.05.2020
65 DJI (2020): Kita-Praxis im internationalen Vergleich, in: Tacheles-Magazin, Informationen für die Mitglieder des Landesverbandes katholischer Kindertagesstätten, Ausg. 79/Mai 2020, Stuttgart
66 Klein, Susanne (2018): Bildschirme sind die grauen Herren der Kindheit, Interview mit Paula Bleckmann, in: https://www.sueddeutsche.de/bildung/digitale-medien-bildschirme-sind-die-grauen-herren-der-kindheit-1.3897237 vom 13.05.2020
67 Mößle, Thomas/Kleimann, Matthias/Rehbein, Florian (2007): Bildschirmmedien im Alltag von Kindern und Jugendlichen, in: https://www.jstor.org/stable/pdf/j.ctv941tcb.6.pdf?refreqid=excelsior%3A5ec4616352c22fbc0fd62f823cc1bef9 vom 13.05.2020
68 Diese Zahlen sind eine Zusammenfassung der durchschnittlichen Nutzungszeiten der Kinder für diese Geräte: Fernsehen, Internet, Computer-/Konsolen-Onlinespiele sowie Handy-/Smartphonespiele.
69 o. V. (2000): Sensomotorische Integration, Lexikon der Neurowissenschaft, in: http://www.spektrum.de/lexikon/neurowissenschaft/sensomotorische-integration/11714 vom 18.05.2020
70 Churchland, Patricia Smith/Seinowski, Terrence Joseph (1997): Grundlagen zur Neuroinformatik und Neurobiologie, Springer, Heidelberg
71 Mietzel, Gerd (1998): Pädagogische Psychologie des Lernens und Lehrens, Hogrefe, Göttingen u. a.
72 Renz-Polster, Herbert/Hüther, Gerald (2013): Wie Kinder heute aufwachsen. Natur als Entwicklungsraum, Beltz Verlag, Weinheim

73 Teuchert-Noodt, Gertraud (2015): Zu Risiken und Nebenwirkungen fragen Sie das Gehirn, in: Lembke, Gerald/Leipner, Ingo: Die Lüge der digitalen Bildung. Warum Kinder das Lernen verlernen, Redline, München 2015, S. 215 ff.
74 Vgl. Bleckmann, Paula/Leipner, Ingo (2018): Heute mal bildschirmfrei, Knaur, München, S. 58–66
75 Das Beispiel stammt aus: Bleckmann, Paula / Leipner, Ingo (2018): »Heute mal bildschirmfrei«, Knaur, München, S. 63
76 Bundesdrogenbeauftragte (2017): Pressemitteilung zu ersten Ergebnissen der BLIKK Studie, in: http://www.drogenbeauftragte.de/presse/pressekontakt-und-mitteilungen/2017/2017-2-quartal/ergebnisse-der-blikk-studie-2017-vorgestellt.html vom 20.05.2020
77 Krcmar, M./Bernard, G./Kirsten, L. (2007): Can toddlers learn vocabulary from television? An experimental approach. In: Media Psychology (10.1), S. 41–63, http://vrij-natuurlijk.nl/wp-content/uploads/2010/09/tv_study.pdf
78 Zimmerman, F. J./Christakis, D. A./Meltzoff, A. N. (2007): Associations between media viewing and language development in children under age 2 years, in: The Journal of pediatrics 151.4., S. 364–368
79 Bleckmann, P. (2012): Medienmündig – wie unsere Kinder selbstbestimmt mit dem Bildschirm umgehen lernen, Klett-Cotta, Stuttgart, S. 14 und S. 34
80 Feess, Eberhard (o. J.): Definition: Was ist ›Kybernetik‹?, in: https://wirtschaftslexikon.gabler.de/definition/kybernetik-41182 vom 24.05.2020
81 Stachura, Elisabeth (2011): »Der neurobiologische Konstruktivismus. Wie lassen sich neue Ergebnisse der Hirnforschung in den konstruktivistischen Diskurs eingliedern und welche Konsequenzen ergeben sich daraus für das menschliche Selbstverständnis?«, in: https://d-nb.info/1010858769/34 vom 05.02.2019, Diss. (auch im »Südwestdeutschen Verlag für Hochschulschriften« (SVH) erschienen).
82 Wampfler, Philippe (2012): »Digitaler Dualismus«, in: https://schulesocialmedia.com/2012/11/07/digitaler-dualismus/ vom 24.05.2020
83 Barlow, J. Perry (1996): A Cyberspace Independence Declaration, in: https://www.eff.org/de/cyberspace-independence vom 25.05.2020
84 Lembke, Gerald/Leipner, Ingo (2020): Zum Frühstück gibt's Apps, 2. Aufl., Springer, Heidelberg
85 Soltau, Iris (2018): »›FOMO‹ – Die Angst, etwas zu verpassen«, in: https://www.tk.de/techniker/magazin/digitale-gesundheit/fomo-2048966 vom 25.05.2020
86 Wampfler, Philippe (2014): Am digitalen Dualismus gescheitert – eine Werbekampagne der Post, in: https://schulesocialmedia.com/2014/10/05/am-digitalen-dualismus-gescheitert-eine-werbekampagne-der-post/ vom 25.05.2020
87 Deutsches Institut für Vertrauen und Sicherheit im Internet (DIVSI) (2014): DIVSI U25-Studie. Kinder, Jugendliche und junge Erwachsene in der digitalen Welt, in: https://www.divsi.de/wp-content/uploads/2014/02/DIVSI-U25-Studie.pdf vom 25.05.2020

Anmerkungen

88 Bitkom (2020): Über uns, in: https://www.bitkom.org/Bitkom/Ueber-uns vom 26.05.2020
89 Bitkom (2020): In 7 Schritten zu digitalen Schulen, in: https://www.bitkom.org/Presse/Presseinformation/In-7-Schritten-zu-digitalen-Schulen vom 26.05.2020
90 Postman, Neil (2008): Wir amüsieren uns zu Tode, Fischer, Frankfurt am Main
91 Eube, Anna (2018): Warum es befreiend sein kann, das Internet zu verpassen, in: https://www.welt.de/icon/partnerschaft/article185007348/Was-ist-JOMO-Wieso-es-befreiend-ist-das-Internet-zu-verpassen.html vom 27.05.2020
92 Bleckmann, P. (2012): Medienmündig – wie unsere Kinder selbstbestimmt mit dem Bildschirm umgehen lernen, Klett-Cotta, Stuttgart, S. 14 und S. 34
93 Metzinger, Thomas (2006): Neurobics für Anfänger, in: »Gehirn & Geist«, Ausg. 06, S. 68–71
94 Bilton, Nick (2014): Steve Jobs Was a Low-Tech Parent, in: https://www.nytimes.com/2014/09/11/fashion/steve-jobs-apple-was-a-low-tech-parent.html vom 28.05.2020
95 Common Sense (2019): The Common Sense Census: Media Use by Tweens and Teens: New Research Finds YouTube Videos Beat Out TV and Video Games as Entertainment of Choice for Tweens and Teens, in: https://www.prnewswire.com/news-releases/the-common-sense-census-media-use-by-tweens-and-teens-new-research-finds-youtube-videos-beat-out-tv-and-video-games-as-entertainment-of-choice-for-tweens-and-teens-300946772.html vom 29.05.2020
96 Heick, Terry (2020): What Steve Jobs Said About Education, in: https://www.teachthought.com/education/quote-what-steve-jobs-said-about-education/ vom 29.05.2020
97 Gibbs, Samuel (2018): Apple's Tim Cook: »I don't want my nephew on a social network«, in: https://www.theguardian.com/technology/2018/jan/19/tim-cook-i-dont-want-my-nephew-on-a-social-network vom 29.05.2020
98 CNBC (2018): Apple should address youth phone addiction, two large investors say, in: https://www.cnbc.com/2018/01/07/jana-and-calstrs-apple-should-address-iphone-addiction-among-youths.html vom 29.03.2020
99 Common Sense (2016): »Executive Summary. Technology Addiction – concern, controversy, and finding balance« in: https://www.commonsensemedia.org/sites/default/files/uploads/research/2016_csm_technology_addiction_executive_summary.pdf vom 29.05.2020
100 Common Sense (2019): »The Common Sense Census: Media Use by Tweens and Teens: New Research Finds YouTube Videos Beat Out TV and Video Games as Entertainment of Choice for Tweens and Teens«, in: https://www.prnewswire.com/news-releases/the-common-sense-census-media-use-by-tweens-and-teens-new-research-finds-youtube-videos-beat-out-tv-and-video-games-as-entertainment-of-choice-for-tweens-and-teens-300946772.html vom 29.05.2020

Anmerkungen

101 Börse-Online (2020): Schätzungen zu Apple Inc. In USD, in: https://www.boerse-online.de/schaetzungen/apple vom 30.05.2020
102 Berger, Sarah (2018): Tech-free dinners and no smartphones past 10 pm — how Steve Jobs, Bill Gates and Mark Cuban limited their kids' screen time, in: https://www.cnbc.com/2018/06/05/how-bill-gates-mark-cuban-and-others-limit-their-kids-tech-use.html
103 Retter, Emily (2017): Billionaire tech mogul Bill Gates reveals he banned his children from mobile phones until they turned 14, in: https://www.mirror.co.uk/tech/billionaire-tech-mogul-bill-gates-10265298 vom 30.05.2020
104 Commen Sense (2019): 2019. The Common Sense Census: Media Use by Tweens and Teens, in: https://www.commonsensemedia.org/sites/default/files/uploads/research/2019-census-8-to-18-full-report-updated.pdf
105 Gates, Melinda (2017): Melinda Gates: I spent my career in technology. I wasn't prepared for its effect on my kids, in: https://www.washingtonpost.com/news/parenting/wp/2017/08/24/melinda-gates-i-spent-my-career-in-technology-i-wasnt-prepared-for-its-effect-on-my-kids/ vom 31.05.2020
106 *Neuerer, Dietmar (2019):* CSU-Staatsministerin Bär fordert »Digitalkunde« als Pflichtfach ab der Grundschule, in: https://www.handelsblatt.com/politik/deutschland/digitalisierung-csu-staatsministerin-baer-fordert-digitalkunde-als-pflichtfach-ab-der-grundschule/24029670.html?ticket=ST-3138132-Fb7nOx27jaE006NcKmSc-ap5
107 Wait Until 8th (2020): We empower parents to say yes to waiting for the smartphone, in: https://www.waituntil8th.org vom 30.05.2020
108 Bowles, Nellie (2018): A Dark Consensus About Screens and Kids Begins zu Emerge in Silicon Valley, in: https://www.nytimes.com/2018/10/26/style/phones-children-silicon-valley.html?searchResultPosition=6 vom 31.05.2020
109 Keese, Christoph (2014): Silicon Valley, 4. Aufl., Knaus, München
110 Waldorf School of the Peninsula (o. J.): School History, in: https://waldorfpeninsula.org/about-us/history/ vom 02.06.2020
111 Singer Natasha (2017): How Google took over the classroom, in: https://www.nytimes.com/2017/05/13/technology/google-education-chromebooks-schools.html
112 Waldorf School of the Peninsula (o. J.): Fathers. A conversation about being a parent at Waldorf School of the Peninsula, Video, in: https://waldorfpeninsula.org/about-us/film/ vom 02.06.2020
113 ebd.
114 o. V. (2018): Bär (CSU): Beim Ausbau des schnellen Internets höchste Dynamik in Europa, in: https://www.pnp.de/nachrichten/politik/Baer-CSU-Beim-Ausbau-des-schnellen-Internets-hoechste-Dynamik-in-Europa-2860330.html vom 21.06.2020
115 Döbeli Honegger, Beat (2017): Machen Sie den Bücher-Check, in: http://mehralsound1.ch/Argumente/BuecherCheck?redirectedfrom=One2One.BuecherCheck vom 20.06.2020

116 Schopenhauer, Arthur (1988): Über Lesen und Bücher, § 291, Werke in fünf Bänden, Band V, Kapitel XXIV, Haffmans Verlag, Zürich, S. 480 f.
117 Delgado, Pablo u. a. (2018): Don't throw away your printed books: A meta-analysis on the effects of reading media on reading comprehension, in: https://www.sciencedirect.com/science/article/pii/S1747938X18300101?via%3Dihub vom 21.06.2020
118 Stangl, Werner (2020): »Embodied Cognition. Online Lexikon für Psychologie und Pädagogik«, in: https://lexikon.stangl.eu/14550/embodied-cognition/ vom 19.06.2020
119 Müller-Jung, Joachim (2018): Was passiert, wenn wir das richtige Lesen verlernen?, Interview mit Wolf Singer, in: https://www.faz.net/aktuell/feuilleton/debatten/hirnforscher-wolf-singer-ueber-lesen-und-digitalisierung-15833090.html vom 25.06.2020
120 Wampfler, Philippe (2019): Das Netz lesen – eine Anleitung für nicht-lineare Lektüre, in: Krommer, Axel u. a. (2019): Routenplaner #Digitale Bildung, ZLL21, Hamburg, S. 29-38
121 Lembke, Gerald/Leipner, Ingo (2018): Die Lüge der digitalen Bildung, Redline, München
122 Lanier, Jaron (2019): »Zehn Gründe, warum du deine Social Media Accounts sofort löschen musst«, Hoffmann und Campe, Hamburg
123 Statista (2020): Werbeumsätze von Facebook weltweit in den Jahren 2010 bis 2019, in: https://de.statista.com/statistik/daten/studie/458825/umfrage/werbeeinnahmen-von-facebook/ vom 12.08.2020
124 Allen, Mike (2017): Sean Parker unloads on Facebook: »God only knows what it's doing to our children's brains«, in: https://www.axios.com/sean-parker-unloads-on-facebook-2508036343.html vom 07.06.2020
125 Vincent, James (2017): Former Facebook exec says social media is ripping apart society, in: https://www.theverge.com/2017/12/11/16761016/former-facebook-exec-ripping-apart-society vom 07.06.2020
126 Harris, Tristan (2016): How Technology is Hijacking Your Mind — from a Magician and Google Design Ethicist, in: https://medium.com/thrive-global/how-technology-hijacks-peoples-minds-from-a-magician-and-google-s-design-ethicist-56d62ef5edf3 vom 09.06.2020
127 Schmitz, Alfried (2019): »Der einarmige Bandit«, in: https://www.planet-wissen.de/kultur/metropolen/las_vegas_spielparadies_in_der_wueste/pwiedereinarmigebandit100.html vom 10.06.2020
128 Universität Bonn (2015): Wie Handys zum ›digitalen Burnout‹ führen, in: https://www.uni-bonn.de/neues/195-2015 vom 10.06.2020
129 Plassmann, A. A./Schmitt, G. (2007): Lern-Psychologie (Universität Duisburg-Essen), in: http://www.lern-psychologie.de vom 19.02.2020
130 Bundesprüfstelle für jugendgefährdende Medien, BPJM (2020): »Die Spiele-Apps ›Coin Master‹, ›Coin Trip‹ und ›Coin Kingdom‹ haben keine jugendgefährdende Wirkung im Sinne des Jugendschutzgesetzes«, in: https://www.

bundespruefstelle.de/bpjm/service/alle-meldungen/die-spiele-apps--coin-master----coin-trip--und--coin-kingdom--haben-keine-jugendgefaehrdende-wirkung-im-sinne-des-jugendschutzgesetzes/148760 vom 13.06.2020
131 Persönliche Auskunft durch Dr. Uwe Büsching am Telefon, 23.06.2020
132 Storm, Andreas (2020): »Mediensucht 2020 – Gaming und Social Media in Zeiten von Corona«, Präsentation, in: https://www.dak.de/dak/bundesthemen/computerspielsucht-2296282.html#/ vom 07.08.2020
133 Teuchert-Noodt, Gertraud (2020): 2. Perspektive aus Sicht der Neurobiologie, in: Digitale Medien im Kreuzfeuer der Kritik, Positionspapier Bündnis für humane Bildung, Offenburg, S. 11–14
134 DAK-Gesundheit (2018): Untersuchung von DAK-Gesundheit und Deutschem Zentrum für Suchtfragen zeigt Social-Media-Abhängigkeit bei 12- bis 17-Jährigen, in: https://www.dak.de/dak/bundesthemen/onlinesucht-studie-2106298.html vom 13.06.2020
135 Siehe dazu ausführlich: Lembke, Gerald/Leipner, Ingo (2018): Die Lüge der digitalen Bildung, 3. Aufl., Redline, München
136 Behnke, Daniel (2020): Das kleine Gamification-1x1 – Kompetenzerleben in Spielen und im Unterricht, in: https://digital-spielend-lernen.de/das-kleine-gamification-1x1-kompetenzerleben-in-spielen-und-im-unterricht#more-1415 vom 29.06.2020
137 o. V. (2020): Interview mit Nando Stöcklin, Arbeit für eine verspielte Zukunft, in: https://condorcet.ch/2020/06/arbeit-fuer-eine-verspielte-zukunft/ vom 30.06.2020
138 Gräfe, Christine (2011): »Das Design und der Einsatz von Computerspielen für den Wissenstransfer naturwissenschaftlicher Lerninhalte zwischen Universitäten und Schulen«, Diss., Freie Universität Berlin, in: https://www.fachportal-paedagogik.de/literatur/vollanzeige.html?FId=989522#vollanzeige vom 30.06.2020
139 McGonigal, Jane (2011): *Reality is Broken. Why Games Make Us Better and How They Can Change the World*, Jonathan Cape, London
140 Csíkszentmihályi, Mihály (1990): Flow. The classic work on how to achieve happiness, RIDER, London u. a.
141 Huberts, Christian (2014): Eine Kritik am Flow als Game-Design-Paradigma. Oder: Warum ich lieber gegen den Flow schwimme, in: https://christianhuberts.de/2014/02/05/eine-kritik-am-flow/ vom 29.06.2020
142 Stampfl, Nora (2016): Johan Huizinga (1872–1945): Homo ludens – Spiel als Ursprungsort von Kultur, in: https://www.ludologie.de/multiplayer/detailansicht/news/johan-huizinga-1872-1945-homo-ludens-spiel-als-ursprungsort-von-kultur/ vom 03.07.2020
143 Schiller, Friedrich (2012): Über die ästhetische Erziehung des Menschen, Reclam, Stuttgart
144 Böhm, Winfried (1997): Entwürfe zu einer Pädagogik der Person, Klinkhardt, Bad Heilbrunn

145 Hattie, John/Zierer, Klaus (2019): Kenne deinen Einfluss! Visible Learning für die Unterrichtspraxis, 4. Aufl., Schneider Verlag Hohengehren, Baltmannsweiler
146 Gudjons, Herbert (2014): Handlungsorientiert lehren und lernen, 8. Auflage, Klinkhardt, Bad Heilbrunn
147 Lankau, R. (2020): Humanismus vs. Data-Ismus, in: Digitale Medien im Kreuzfeuer der Kritik, Bündnis für humane Bildung, Stuttgart
148 Bowles, Nellie (2019): An Online Preschool Closes a Gap but Exposes Another, in: https://www.nytimes.com/2019/07/07/technology/preschool-online-waterford-upstart.html vom 06.07.2020
149 Waterford (2020): How can you change a child's future?, in https://www.waterford.org vom 06.07.2020
150 OECD (2020): Early Learning and Child Well-being in the United States, OECD Publishing
151 Thiel, Peter (2009): The Education of a Libertarian, in: https://www.cato-unbound.org/2009/04/13/peter-thiel/education-libertarian vom 12.07.2020
152 Commen Sense (2019): »2019. The Common Sense Census: Media Use by Tweens and Teens«, in: https://www.commonsensemedia.org/sites/default/files/uploads/research/2019-census-8-to-18-full-report-updated.pdf
153 Common Sense (2019): »The Common Sense Census: Media Use by Tweens and Teens: New Research Finds YouTube Videos Beat Out TV and Video Games as Entertainment of Choice for Tweens and Teens«, in: https://www.prnewswire.com/news-releases/the-common-sense-census-media-use-by-tweens-and-teens-new-research-finds-youtube-videos-beat-out-tv-and-video-games-as-entertainment-of-choice-for-tweens-and-teens-300946772.html vom 29.05.2020
154 Schaefer Riley, Naomi (2018): America's Real Digital Divide, in: https://www.nytimes.com/2018/02/11/opinion/america-digital-divide.html?module=inline vom 13.07.2020
155 Waldorfschool of Penisula (2020): Tuition Information, in: https://waldorfpeninsula.org/admissions/tuition/ vom 14.07.2020
156 screenfreeparenting.com (2017): The Rich Get Smart, The Poor Get Technology: The New Digital Divide in School Choice, in: https://www.screenfreeparenting.com/rich-get-smart-poor-get-technology-new-digital-divide-school-choice/ vom 14.07.2020
157 Singer, Natasha/Ivory Danielle (2017): How Silicon Valley Plans to Conquer the Classroom, in: https://www.nytimes.com/2017/11/03/technology/silicon-valley-baltimore-schools.html vom 14.07.2020
158 Florida Departement of Education (o. J.): »Florida Virtual School«, in: http://www.fldoe.org/schools/school-choice/virtual-edu/florida-virtual-school/ vom 17.07.2020
159 Reich, Bob (2018): Just Giving: Why Philanthropy Is Failing Democracy and How It Can Do Better, Princeton University Press, Princeton

Anmerkungen

160 Microsoft (o. J.): Microsoft Showcase School Programm, in: https://ms-p2l1160225102310.blob.core.windows.net/ms-p2-l1-160225-1023-13-assets/Microsoft_Showcase_School_Programm_de-DE.pdf vom 15.07.2020
161 Gates, Bill (2013): Technology in Education, in: https://www.gatesnotes.com/education/sxsw-innovation-and-technology-in-education vom 16.07.2020
162 Singer, Natasha (2017): How Google Took Over the Classroom, in: https://www.nytimes.com/2017/05/13/technology/google-education-chromebooks-schools.html vom 16.07.2020
163 Fair Tax Mark (2019): The Silicon Six and their $100 billion global tax gap, in: https://fairtaxmark.net/wp-content/uploads/2019/12/Silicon-Six-Report-5-12-19.pdf vom 16.07.2020
164 Yujie, Xue (2019): Chinese schools are using facial recognition on students. But should they?, in: https://www.sixthtone.com/news/1003759/camera-above-the-classroom vom 18.07.2020
165 Lu, Franka (2019): Die Kinder müssen bis zum Mond fliegen, mindestens, in: https://www.zeit.de/kultur/2019-08/china-bildung-schulsystem-erfolg-eltern-leistungsdruck/komplettansicht vom 19.07.2020
166 ebd.
167 Jun, Yang/Shou, Zou (2019): Uniforms with GPS trackers keep kids under surveillance, in: http://www.chinadaily.com.cn/a/201901/03/WS5c2d7a34a310d91214053462.html vom 19.07.2020
168 Gruber, Angela (2017): »Volle Kontrolle«, Interview mit Katika Kühnrich, in: https://www.spiegel.de/netzwelt/netzpolitik/china-social-credit-system-ein-punktekonto-sie-alle-zu-kontrollieren-a-1185313.html vom 19.07.2020
169 By Jiangnan, Xian (2019): AI headbands tracking student attention levels suspended amidst online controversy, in: http://en.people.cn/n3/2019/1101/c90000-9628768.html vom 19.07.2020
170 Rötzer, Florian (2019): Verhaltenskontrolle: Messung der Aufmerksamkeit von Schülern, in: https://www.heise.de/tp/features/Verhaltenskontrolle-Messung-der-Aufmerksamkeit-von-Schuelern-4279007.html vom 19.07.2020
171 Hasso-Plattner-Foundation (o. J.): Struktur, in: https://plattnerfoundation.org/stiftung/?lang=de vom 28.07.2020
172 SAP (2020): SAP SE Corporate Governance, in: https://www.sap.com/investors/de/governance/supervisory-board/hasso-plattner.html vom 28.07.2020
173 Kroker, Michael/Böhmer, Reinhold (2013): »Wir müssen unternehmerischer werden«, Interview mit Hasso Plattner, in: https://www.wiwo.de/unternehmen/it/interview-hasso-plattner-guter-diktator-aber-kein-ueberchef/8452056-4.html vom 28.07.2020
174 Hasso-Plattner-Institut (2018): Digitalklausur des Bundeskabinetts am HPI, in: https://hpi.de/news/jahrgaenge/2018/digitalklausur-des-bundeskabinetts-am-hpi.html vom 28.07.2020

175 o. V. (2018): Die Schulcloud bietet schrankenlosen Zugang zu Lerninhalten, in: https://docplayer.org/76777301-Die-schulcloud-eroeffnet-zudem-interaktive-kommunikations-und-kollaborationsmoeglichkeiten.html vom 28.07.2020

176 o. V. (2020): Bildungsministerium öffnet Schul-Cloud – auch für Schulen ohne MINT-Schwerpunkt, in: https://www.heise.de/newsticker/meldung/Bildungsministerium-oeffnet-Schul-Cloud-auch-fuer-Schulen-ohne-MINT-Schwerpunkt-4692669.html vom 29.07.2020

177 Die sechs IT-Firmen sind AixConcept GmbH, DigiOnline GmbH, H+H Software GmbH, IServ GmbH, itslearning GmbH und SBE network solutions GmbH.

178 o. V. (2020): Offener Brief: HPI Schul-Cloud behindert Digitalisierung der Schulen, in: https://www.news4teachers.de/2020/04/offener-brief-hpi-schul-cloud-behindert-digitalisierung-der-schulen/ vom 29.07.2020

179 Legler, Benno u. a. (2018): Analyse der deutschen Bildungswirtschaft im Zeichen der Digitalisierung – Wirtschaftliche Bedeutung, Potentiale und Handlungsbedarf, WifOR, Darmstadt

180 Wiarda, Jan-Martin (2020): »Sträflich versagt«, Gespräch mit Christoph Meinel, in: https://www.jmwiarda.de/2020/04/20/sträflich-versagt/ vom 27.07.2020

181 Meinel, Christoph (2017): Eine Vision für die Zukunft digitaler Bildung, in: https://hochschulforumdigitalisierung.de/de/blog/christoph-meinel-hpi-vision-zukunft-digitale-bildung vom 27.07.2020

182 Statistisches Bundesamt (2020): Allgemeinbildende und berufliche Schulen, in: https://www.destatis.de/DE/Themen/Gesellschaft-Umwelt/Bildung-Forschung-Kultur/Schulen/Tabellen/allgemeinbildende-beruflicheschulen-schularten.html vom 29.07.2020

183 o. V. (2019): Bericht: Viele Länder schicken Lehrer in Sommerferien weiter in Arbeitslosigkeit, in: https://de.nachrichten.yahoo.com/bericht-viele-länder-schicken-lehrer-sommerferien-arbeitslosigkeit-075552856.html?guccounter=1&guce_referrer=aHR0cHM6Ly93d3cuZ29vZ2xlLmNvbS8&guce_referrer_sig=AQAAAEFx_K4u0a7CU8zwUitYMzIRpAYd00Ncb2io5h7fhqSd-o6vYIfT2fDyuJS0aiRwbdP59hRqjVnSsvzNl4JL1xQrt15ybeFDCKazXsPWA-daefsDuscg7sBkcymG0q3xBn_1KG_GKNxuC1KJ7sPphE5Spburn2x3eaVFT-BnxYg5N9 vom 29.07.2020

184 Statistische Bundesamt (2020): Fachliche Schnellmeldung zur Fachserie 11, Reihe 1 und Reihe 2, in: https://www.destatis.de/DE/Themen/Gesellschaft-Umwelt/Bildung-Forschung-Kultur/Schulen/Publikationen/Downloads-Schulen/schnellmeldung-schueler-5211003208004.pdf?__blob=publicationFile vom 29.07.2020

185 dejure.org (o. J.): Art. 5, Grundsätze für die Verarbeitung personenbezogener Daten, in: https://dejure.org/gesetze/DSGVO/5.html vom 01.08.2020

186 HPI (2018): Der Schul-Cloud LernStore: Auf dem Weg zu einem Spotify für digitale Lernmaterialien?, in: https://hpi.de/fileadmin/user_upload/hpi/doku-

mente/studiendokumente/bachelor/bachelorprojekte/2018_19/BA-Projekt_CM1_18-19_-_19_Schul-Cloud_LernStore.pdf vom 29.07.2020
187 Adamek, Sascha / Opalka, Susanne (2020): »HPI-Schul-Cloud wies schwere Sicherheitslücken auf«, in: https://www.rbb24.de/panorama/beitrag/2020/05/hasso-plattner-institut-potsdam-schulcloud-schule.htm/listall=on/print=true.html vom 30.07.2020
188 Füller, Christian (2020): Foule auf Wolke 7, in: https://www.gew.de/aktuelles/detailseite/neuigkeiten/foul-auf-wolke-7/ vom 01.08.2020
189 Keese, Christoph (2014): »Silicon Valley«, 4. Aufl., Knaus, München
190 Frost, Birgit (2017): Digitalwirtschaft und Schulen: Kompetenzvermittlung oder wirtschaftliche Abhängigkeit?, in: https://www.bpb.de/lernen/digitale-bildung/werkstatt/255075/digitalwirtschaft-und-schulen-kompetenzvermittlung-oder-wirtschaftliche-abhaengigkeit vom 29.07.2020
191 Verbraucherzentrale Bundesverband (o. J.): Bewertungskriterien, in: https://www.verbraucherbildung.de/materialkompass/bewertungskriterien vom 28.07.2020
192 Gewerkschaft Erziehung und Wissenschaft, GEW (2017): Bildung. Weiter denken! Beschlüsse des 28. Gewerkschaftstages der GEW vom 6. bis 10. Mai 2017 in Freiburg, in: https://www.gew.de/fileadmin/media/publikationen/hv/GEW/GEW-Beschluesse/Beschluesse_GT_2017/3__Bildungspolitik/3.26_Bildung_in_der_digitalen_Welt_FV.pdf vom 30.07.2020
193 Engartner, Tim (2020): Ökonomisierung schulischer Bildung, in: https://www.rosalux.de/fileadmin/rls_uploads/pdfs/Studien/Studien_6-2020_Oekonomisierung_schulischer_Bildung_Web.pdf vom 28.07.2020
194 Apple (o. J.): Wecke die Kreativität in jedem Schüler, in: https://www.apple.com/de/education/k12/ vom 31.07.2020
195 Apple (2020): Finanzierung, die zu Zielen und Budgets passt, in: https://www.apple.com/de/education/k12/how-to-buy/ vom 31.07.2020
196 Frost, Birgit (2017): Digitalwirtschaft und Schulen: Kompetenzvermittlung oder wirtschaftliche Abhängigkeit?, in: https://www.bpb.de/lernen/digitale-bildung/werkstatt/255075/digitalwirtschaft-und-schulen-kompetenzvermittlung-oder-wirtschaftliche-abhaengigkeit vom 29.07.2020
197 Apple (2018): Apples kostenlose Schoolwork App jetzt für Lehrkräfte verfügbar, in: https://www.apple.com/de/newsroom/2018/06/apples-free-schoolwork-app-now-available-for-teachers/ vom 31.07.2020
198 Janssen, Lara (2020): Wenn der Schul-Rechner von Apple kommt, in: https://www.sueddeutsche.de/bildung/apple-bildung-schule-einfluss-1.4787334 vom 31.07.2020
199 Helling, Valentin (2019): Alemannenschule ist Apple Distinguished School – Multitouch-Buch online!, in: https://www.alemannenschule-wutoeschingen.de/2019/01/10/alemannenschule-ist-apple-distinguished-school/ vom 31.07.2020

200 Beglinger, Martin (2018): »Einst hatten die Lehrerinnen und Lehrer das Sagen. Wer heute die Schule regiert.«, in: https://www.nzz.ch/gesellschaft/der-bildungsindustrielle-komplex-ld.1415109 vom 01.08.2020
201 Kaske, Fabian (2017): Edle Spender oder subtile Manipulatoren? Lobbyismus an Schulen und der Fall des Kleincomputers Calliope Mini, in: https://www.lobbycontrol.de/2017/11/edle-spender-oder-subtile-manipulatoren-lobbyismus-an-schulen-und-der-fall-des-mini-computers-calliope-mini/ vom 31.07.2020
202 Calliope GmbH (2017): Partner, in: http://calliope.cc/partner vom 31.07.2020
203 App Camps (2018): Von 12 auf 70 000 Schüler*innen: Die App Camps Story kurz und knapp, in: https://appcamps.de/2018/09/21/app-camps-partner/ vom 01.08.2020
204 Rat für Kulturelle Bildung (2019): JUGEND / YOUTUBE / KULTURELLE BILDUNG. HORIZONT 2019, in: https://www.rat-kulturelle-bildung.de/fileadmin/user_upload/pdf/Studie_YouTube_Webversion_final.pdf vom 01.08.2020
205 Microsoft (o. J.): Microsoft YouthSpark, in: https://www.code-your-life.org/Initiative/1185_YouthSpark.htm vom 02.08.2020
206 Retter, Emily (2017): Billionaire tech mogul Bill Gates reveals he banned his children from mobile phones until they turned 14, in: https://www.mirror.co.uk/tech/billionaire-tech-mogul-bill-gates-10265298 vom 30.05.2020
207 Code your Life (2019): Starke Impulse auf der CODE{affair} 2019, in: https://www.code-your-life.org/Blog/Archiv_2019/1505_Starke_Impulse_So_war_die_CODE_affair_2019.htm vom 02.08.2020
208 SCHULEWIRTSCHAFT (o. J.): Unser Selbstverständnis, in: https://www.schulewirtschaft.de/www/schulewirtschaft.nsf/id/News_DE?open vom 03.08.2020
209 Landeszentrale für politische Bildung Baden-Württemberg, LpB (o. J.): Beutelsbacher Konsens, in: https://www.lpb-bw.de/beutelsbacher-konsens/ vom 02.08.2020
210 Bündnis für humane Bildung (2017): Kritik der digitalen Verblendung, in: http://www.aufwach-s-en.de vom 21.07.2020
211 Bündnis für humane Bildung (2019): 3. Perspektive: Schule ohne digitale Überwachung, in: Digitale Medien im Kreuzfeuer der Kritik, Stuttgart
212 Lankau, Ralf (2018): »Vom Mittel zum Selbstzweck?«, in: http://www.aufwach-s-en.de/2018/08/vom-mittel-zum-selbstzweck/#more-1256 vom 21.07.2020
213 Bleckmann, Paula (2014): Kleine Kinder und Bildschirmmedien, in: https://www.kita-fachtexte.de/fileadmin/Redaktion/Publikationen//KiTaFT_Bleckmann_2014.pdf vom 21.07.2020
214 Fthenakis, Wassilios / Walbiner, Waltraud (2020): »Lernen in erweiterten Welten«, in: MeineKita, das didacta Magazin für die frühe Bildung, 02/2020, S. 7–9
215 Lembke, Gerald/Leipner, Ingo (2020): Zum Frühstück gibt's Apps, 2. Aufl., Springer Spektrum, Heidelberg

216 CS unplugged (o. J.): «Über uns«, in: https://csunplugged.org/de/about/ vom 23.07.2020
217 Wobei an dieser Stelle zu bemerken ist, dass Gerald Lembke, Ingo Leipner und Paula Bleckmann zu den Gründungsmitgliedern des Bündnisses für humane Bildung gehören. Von Bleckmann und Leipner ist bei Knaur auch das Buch *Heute mal bildschirmfrei* erschienen.
218 Bund der freien Waldorfschulen (2019): Medienpädagogik an Waldorfschulen, Stuttgart
219 »London Acorn School« (2020): «The shared beliefs that define us«, in: https://thelondonacornschool.co.uk/our-school/shared-beliefs-that-define-us/ vom 14.08.2020
220 Jenkin, Matthew (2015): »Tablets out, imagination in: the schools that shun technology«, in: https://www.theguardian.com/teacher-network/2015/dec/02/schools-that-ban-tablets-traditional-education-silicon-valley-london#comments vom 06.07.2020
221 Leipner, Ingo (2018): Per QR-Code zum »Verbrecher-Talk«, in: erziehungskunst, Dezember 2018, Stuttgart

STICHWORTVERZEICHNIS

5G 29

Adam, Sascha 240
addictive design 161, 163
Adobe 252
Agenda (Programm) 45
Algorithmus
– stochastischer 86
Alphabet (ehemals Google.) 222
Altmann-Dieses, Angelika 22
Amidi, Saeed 142
Anderson, Chris 141, 146, 217
Antipädagogik 51, 53, 62, 285
App Camps 251f., 295
Apple 132–136, 145, 209, 223f., 231, 245–248, 251, 257, 267, 289, 295
Apple Distinguished School (ADS 248f., 295
Apple Teacher Learning Center 247
AppleTV 39
Arbeit 4.0 127
Attentionale Sensibilität 130
Aufenanger, Stefan 39, 44, 284
Aufmerksamkeit 201
Aufmerksamkeitsdefizit-/Hyperaktivitätsstörung (ADHS) 17
Aufmerksamkeitsmanagement 130f.
Aufmerksamkeitsspanne 159
Augmented Reality 45, 264ff., 270

Baby-Sensor-Armband 76
Bär, Dorothee (CSU) 138, 145f., 149–152, 164, 289, 290

Barnett, Steve 213
Becker, Boris 117ff.
Bentham, Jeremy 94f.
Berg, Achim 9, 13, 27f., 36, 90, 127
Bergen, Presley 43, 241
BETT Show (British Education and Training Technology) 221
Bewusstseinsethik 129
Biene Maja 111
Big Data 61, 86, 89, 92, 233
Bildungsmarkt 238, 241, 249
Bildungsrendite 58
Bildungsrevolution 32, 36, 286
Bilton, Nick 132f., 288
Biometrische Vermessung des Schülers 87
Bitkom 9, 13, 27, 31, 36f., 126ff., 283f., 288
Blackboard Collaborate (Tool) 24, 28
Bleckmann, Paula 104, 114, 128, 264f., 267, 269, 282, 287f., 296
Böhm, Winfried 195, 291
Bond, James 88
Borgards, Roland 30, 32, 284
Bowles, Nellie 140ff., 210f., 213f., 289, 292
BrainCo 230
Breithaupt, Fritz 80ff., 86, 92, 286
Buber, Martin 56, 63, 285
Bullock, Steve 214
Bundesnetzagentur 78f., 286
Bundesvereinigung Deutscher Arbeitgeber (BDA) 255

Burchardt, Matthias 56f.
Büro-Automation 116f.
Büsching, Uwe 174ff., 281

Calendar 251
California State Teachers' Retirement System (CalSTRS) 135
Calliope 249f., 252, 295
Cardenas, David 210, 215
Carges, Mark 145, 147
Carlsson-Paige, Nancy 213
Cayla 79, 286
Chamäleon-Effekt 35
Chan Zuckerberg Initiative 140
Chavarria, Athena 140
China Daily 228f.
Christiansen, Hanna 17
Cito-Test 42
Class Care System (CCS) 225
Classroom App 32, 225, 246, 251, 292
CODE{affair} 254, 295
Code your Life 253f., 295
Collins, Michael J. 220
Common Sense 133, 135f., 215, 289
Computerlernspiele 189, 203
Computer Science 145, 169
CONDORCET 188, 196
Conway, Ron 143
Cook, Tim 134f., 138, 289
Cornelsen 250
Crommer, Axel 126
Csíkszentmihályi, Mihály 191, 193, 197, 202, 291
CS unplugged 269
Cyberspace 116–119, 122, 288

Dammer, Karl-Heinz 58ff., 285
Datenökonomie 209, 232, 259
Datenschutz 84f., 260
Deem, Mark 145
Defending the early years 213
de Hond, Maurice 38–42, 45ff., 58, 111, 115f., 132f., 284f.
Deligöz, Ekin 236

Dengel, Andreas 88
der Freitag 63
Deutsches Kindermanifest 52
Deutsches Zentrum für Suchtfragen 19, 185
Deutsche Telekom Stiftung 250, 287
Deutschlandfunk 43
Digital Distancing 125, 127ff., 134
Digitaler Dualismus 125
Digitale Spaltung (Digital Divide) 216
Digitales Raubrittertum 131
Digitales Suchtverhalten 20
Digitale Überwachung 76ff., 225, 296
Digitalisierung 9f., 12f., 22, 30, 32, 36, 62, 64, 96f., 111, 127, 151f., 155, 255, 258, 279, 283f., 293
Digitalkunde 138, 289
Digital Learning Base 187, 196
Digital Natives 23, 121ff., 124, 153
Disruptive Technologie 127
Distanzlernen 20f.
DIVSI U25-Studie 124, 288
Döbeli Honegger, Beat 149–152, 290
Docs 222, 251
Domscheit-Berg, Anke 90
Dopamin-Kick 172f.
Downgrading 169
Dräger, Jörg 61f., 286
Dr. Free Screen Mom 217
Drive 251
Drucksensoren 89

E4 Wristband 88
Edge Computing 261, 268
Educational Designer 187
Education Foundation of Baltimore County Public Schools 219
Effizienz 20, 58, 60, 64, 77, 154
Eigenverantwortung 65
Emanzipation 51f.
Emanzipatorisches Lesen 163f.
Embodied Cognition 157
Empatica 88
Ende, Michael 25f., 38, 40, 42, 49, 53,

Stichwortverzeichnis

58, 81, 98, 103f., 124, 151, 159, 167, 190, 192, 199, 201, 225, 229f., 232, 236, 238, 276, 278
Engartner, Tim 245ff., 251, 295
Enhance Your Eye (EYE) 90
Entmündigung 10, 31
Entwicklungspsychologie 12, 66, 185, 264
Erkenntnistheorie 119
Erklärung von Stavanger 11, 152, 156, 163f., 203
erziehungskunst 275, 296
Erziehung & Wissenschaft 242
Eube, Anne 128, 288
EU-Projekt E-READ 152
exploratory Learning Analytics Toolkit (eLAT) 84

Facebook 41, 122, 125, 140, 155, 167f., 172, 176ff., 180–183, 186, 215, 252, 290
Fair Tax Mark 223, 292
Fake News 114, 158, 162ff., 203
Faust (Goethe) 149, 151f., 164
Faustische Seele (Spengler) 40f.
FAZ 42, 54, 56, 61, 158f., 238
Fear of missing out (FOMO) 122, 124, 127f., 131, 177, 288
Fernunterricht. Siehe Distanzlernen. 21, 28, 31ff., 36, 284
Ferreira, Jose 61
Fey, Charles 171
Floridi, Luciano 121f., 124
Fluorkohlenwasserstoffe (FCKW) 101
Foucault, Michel 95f.
Fratton, Peter 53–56, 58, 62, 285
Fraunhofer-Instituts IAIS 250
Freiheit
– bedrohte 87
Freiwillige Selbstentmündigung 86
Fricke, Vera 243
Friedlander, Hal 222
Frontalunterricht 56
Frühdigitalisierung 47, 266

Fthenakis, Wassilios Emmanuel 99ff., 103, 112, 264ff., 270
Future Skills Box 255

Galileo 44
Game-based Learning 189
Gamification 188, 193, 202ff., 229f., 291
Gaokao 227
GarageBand 247
Gates, Bill 137ff., 143, 145, 183, 221, 254, 289, 292, 295
Gates, Melinda 137f., 289
Gaudig, Hugo 48, 57
Gehirn & Geist (Metzinger) 129, 288
Gemeinnützige Unternehmergesellschaft (gUG) 252
GEO 98f., 287
GeoGebra 246
Gewerkschaft Erziehung und Wissenschaft (GEW) 244ff., 294
GFG Seibt AG 116
Glanz, Nils 241
Glaw, Franz 275–278
Glücksstrategie 192, 198
Gmail 222, 251
Google 117, 122, 142, 145, 169f., 177f., 209, 222f., 231, 245, 249–253, 267, 270, 290, 292
Google Chromebooks 251
Googlification 144, 222, 251
GPS-Tracker 228
Gräfe, Christine 189f., 193f., 291
Grönemeyer, Herbert 52
Gruschka, Andreas 54, 285
G Suite for Education 251
Gudjons, Herbert 200f., 203, 292
Guizhou Guanyu Technology 228

Han, BIcheng 230
Handelsblatt 138
Hannover Messe 261
Hanwang 225
Harris, Tristan 11, 169ff., 174, 176–183,

185, 196, 290
Harry Potter 163
Hasso-Plattner-Foundation 234, 293
Hasso-Plattner-Institut 13, 61, 240
Hasso-Plattner-Institut für Softwaresystemtechnik (HPI) 233–238, 240ff., 244, 246, 293f.
Hattie, John 31–35, 57, 197–203, 284f., 292
Heise online 236
Hense, Julia 38f., 44, 284
Hewlett Packard (HP) 219
Heyer, Christian 87, 286
Highspeed-Internet 28
Hijacking 169, 290
Hikikomori 68–74, 280
Hikvision 225
Höfer, Dieter 57, 285
Homann, Jochen 78f.
Homeschooling 14–18, 29, 283
Horn, Craig 140, 214
Huberts, Christian 192f., 196, 203, 291
Hüther, Gerhard 49, 106f., 285, 287
hybrid agents 121, 124

Ifenthaler, Dirk 82–86, 94, 286
Ifo-Institut 14ff., 18
iMacs 246
Immersive Quantified Learning Lab (IQL) 87, 89, 91, 95, 210, 286
iMovie 247
Individualisierung 10, 46, 48, 80, 82, 91, 94
Indoktrination 2.0 11, 58, 144, 233, 257
Infrarot-Kameras 88
Initiative »Wait Until 8th« 139
Instant Interruption 181f.
Institut für Arbeits- und Berufsforschung (IAB) 17, 283
Intelligente Baby-Schrei-Erkennung 76
Invisible Learning (Hattie) 31
iPads 39f., 43ff., 47, 98, 111, 133, 141f., 246, 248

Isaacson, Walter 133
itslearning GmbH 241, 293

Jana Partners (Jana) 135
J!NS 88
J!NS MEME 88
Jobs, Steve 38, 40–44, 46ff., 93, 98, 111, 132ff., 138, 143, 183, 188, 284f., 288f.
Joy of missing out (JOMO) 128

Kahoot! 246
Kapitalismus 242
Karliczek, Anja (CDU) 236, 238
Kaske, Fabian 249ff., 295
Keese, Christoph 142ff., 243, 289
Kenne deinen Einfluss (Hattie/Zierer) 32, 198, 284, 292
Keynote 247
KiKANiNCHEN 99
kindergarten readiness program 210
Kindertracking 87
Knewton 61
Konstruktivismus 119f.
Kontinuierliche Verstärkung 172
Kontraste 240
Körber-Stiftung 252
Kraft-Lage-Sinn 108, 110
Krautz, Jochen 56f.
Krebsstation (Solschenizyn) 93, 286
Krings, Dorothee 275, 278
Kühnreich, Katika 229
Kulturpessimist 91, 204

Landeszentrale für politische Bildung Baden-Württemberg (LpB) 256f., 296
Langzeitgedächtnis 206f.
Lanier, Jaron 145, 166f., 179, 290
Lankau, Ralf 163, 209f., 232, 281, 292
Learning Analytics 10, 61, 75, 82f., 85–88, 91–96, 114, 121, 134, 239, 260, 263, 268, 286
Learning Record Store 239
Lebenslange Überwachung 31, 246

Lebenswirklichkeit 98–101, 139
Lehrer-Schüler-Beziehung 32
Lern-App *Anton* 204f.
Lernsoftware 16, 44, 61, 219, 239, 280
Lineares Lesen 163
LinkedIn 178, 180
LobbyControl 249
Lockdown 27, 127
London Acorn School 270f.
Loser, Kai-Uwe 87, 92, 286
Lu, Franka 226ff., 293
Lustprinzip 201, 203

Manager Magazin 90
Mann, Thomas 116, 159, 222
Markowetz, Alexander 172
Maruta, Noriko 280
Massenhafte Datensammlung 92
Matern, Jörg 236
Mayer, Felix 236
McGonigal, Jane 190, 192f., 198, 291
McKinsey 249
Medienkompetenz 98f., 114, 185, 218, 270, 279
Medienmündigkeit 129, 264, 268
Mediensucht 33, 165, 179, 185, 283
Meditation 130
Meijer, Joost 42f.
Meinel, Christoph 13, 61, 236, 294
Merkel, Angela 234
Metcalf, Stephen 63, 286
Metzinger, Thomas 129ff., 138, 288
MHOX 90
Microsoft 137f., 166, 219ff., 223, 231, 233, 245, 247, 253ff., 267, 292, 295
Mietzel, Gerd 106, 287
miniKIM-Studie 104
MINT-Gymnasium 235
MINT (Mathematik, Informatik, Naturwissenschaft und Technik) 235, 293
Moderne Medienerziehung 99
Momo (Ende) 98, 103f.
Montessori, Maria 49f., 63, 271, 285
Moodle (Lernplattform) 24, 28

Mortler, Marlene 111
Müller-Eiselt, Ralph 61f., 286
National Institute of Education Sciences 229
National Security Agency (NSA) 92, 123
NEEBO 76
NEEBO-App 77
Neoliberalismus 58, 60, 63
Neue Lernkultur 55f., 59f., 64, 67
Neuroplastizität 111, 114
Newsfeed 177, 182
New York City Department of Education 222
New York Times 11, 132, 140, 144, 209, 218ff., 222, 251
Numbers 247

Ohanian, Alexis 136ff.
Olstoorn, Peter 46
Opalka, Susanne 240
Open Educational Resources (OER) 243
Open Roberta Plattform 250
Operante Konditionierung 172, 202
Orwell'sche Überwachungsdystopie 230

Pages 247
Palihapitiya, Chamath 168, 172
Panopticon 94
Panoptismus 95
Parker, Sean 167f., 172, 290
Pathologisches Gaming 18
Paypal 215
Pearson Education 249
Perry, John 122, 288
persuasive technology 165
Pew Research Institute 216
Pink Floyd 52
PISA-Studie 213
Plattner, Hasso 13, 61, 233f., 240, 244, 293

Plötzlicher Kindstod (SIDS) 75f.
Postman, Neil 50, 128, 285, 288
Prinzip der Gegenseitigkeit 178f.
Pseudo-Emanzipation 53

Reddit 136f.
Reformpädagogik 48–51, 53, 59, 62
Reich, Bob 220, 223, 234, 292
Renz-Polster, Herbert 75, 106f., 286f.
Resonanz 21, 29, 33f., 36
Resonanzpädagogik (Rosa) 33, 284
Reward System 184
Rezeptionsfähigkeit 266
Reziprozität 178, 181f.
Rosa, Hartmut 33f., 36, 284

SAP 233f., 250, 293
Schaefer Riley, Naomi 217, 292
Schiller, Friedrich 195, 275ff., 291
Schmitz, Sybille 64, 204f., 208, 268, 280
Schmutz, Felix 194, 196
Schnitzler, Hans 40ff., 46f., 284
Schoolwork App 246, 295
Schopenhauer, Arthur 151, 290
Schöpferische Zerstörung 242
Schul-Cloud 234ff., 238–242, 268, 293f.
SCHULEWIRTSCHAFT 255f., 295
Schumpeter, Joseph 242
Schwaderer, Hannes 13
screen inferiority 153f.
Second Life 118
Selbstständige Lernaktivität 59
Sensomotorische Desintegration 31, 114
Sensomotorische Integration 105, 107ff., 111f., 126, 139, 157, 211, 264f.
Shapiro 243
Sheets 251
Siegel, ILana-Mahmea 144
Silicon Valley 9, 11, 97, 132, 139–147, 165, 167ff., 183, 210, 215–219, 223, 259, 289, 292
Singer, Natasha 144, 290, 292

Singer, Wolf 158
Sixth Tone 225
Skalierbarkeit 236ff., 241
Skinner, 1.Burrhus Frederic 172
Slides 251
Smart Classroom Behavioral Management System 225
Smart Uniforms 228
Snapchat 139, 177, 181
Social Distancing 125
Social Media 19, 94, 123, 131, 135f., 162, 166, 179, 185, 225, 227, 290
Solschenizyn, Alexander 93, 95, 286
Soltau, Iris 123f., 288
Soziales Lernen 99
Soziale Spaltung 11, 31, 209, 224, 231, 244
Sozialpsychologische Theorie 195
Spengler, Oswald 40
Spotify 240, 294
Staatstotalitäre Überwachungsnetz 210, 231
Stachura, Elisabeth 119
Stampfl, Nora 194, 291
Stangl, Werner 157f.
Steffens, Ulrich 57, 285
Steinmeier, Frank-Walter 96
Steve-Jobs-Schule 38, 40, 42ff., 46ff., 93, 111, 284
Stoch, Andreas (SPD) 54, 285
Stöcklin, Nando 188, 196, 291
Storm, Andreas 19, 179
Suchtförderung 31
Süddeutsche Zeitung 104, 248
SV Angels 143
Systrom, Kevin 168

taz 43, 284
Technikfeind 12, 91
Technologiegläubigkeit 231
Teuchert-Noodt, Gertraud 107, 184, 281, 287, 291
te Wildt, Bert 33
The Education of a Libertarian (Thiel)

215, 292
The Wall (Pink Floyd) 52
Thiel, Peter 215, 292
Thomasius, Rainer 19, 185
Tobii-Eyetracker 88
Toff, Jason 142
Trump, Donald 223
Twitter 178
Tynker 246

Überwachungskapitalismus 209, 231f., 259
Uniformität 72
Unterricht für eine neue Zeit – O4NT 38ff., 45f., 284f.

van Gelder, Lorianne 44f., 284
Varian 243
Verbraucherzentrale NRW 78, 286
Verflachung kognitiver Prozesse 31, 155
Verflachungshypothese (Shallowing Hypothesis) 155, 163, 203
Verhaltensmodifikation 166–169
Videochat 15, 21, 29
Videokonferenz 24, 28, 63, 245
Vier pädagogische Urbitten (Fratton) 53
Virtualität 34, 40, 278
Virtuelle Lehrer 80
Visible Learning 199f., 284, 292
Vodafone-Stiftung 20, 284
von Bingen, Hildegard 33
von Braunmühl, Ekkehard 51, 285
von der Leyen, Ursula 234
von Loh, Sven 242

Walbiner, Waltraud 265f.
Wampfler, Philippe 120, 124f., 161f., 164, 288, 290
WASD 192
Washington Post 137
Waterford 211, 213ff., 292
Wechat 181, 227f.
Weichert, Thilo 240

Welt 9, 11, 30, 32ff., 36, 39, 41f., 44f., 57f., 60, 63f., 92, 99, 105f., 109, 113f., 116–128, 133, 136, 138, 140, 142, 151, 154, 157, 159, 168, 173, 183, 185, 190, 192, 194f., 202, 211, 216, 219f., 228, 245–248, 253, 265f., 269, 272, 274, 276ff., 286, 288, 294
WhatsApp 181
Wiarda, Jan-Martin 238, 294
Willumsen, Juana 101
Winterhoffm, Michael 53, 285
Wired 141, 217
Wirtschaftsforschungsinstitut (WiFOR) 237, 243
WirtschaftsWoche 58, 234
Wissensmanagement 162f.
Wolf, Konrad 91, 276, 290
World Health Organisation (WHO) 101ff., 107
WSP Media and Technology Philosophy 144
Wurtz, Brad 147

Xing 252

YouthSpark 253, 295
YouTube 16, 24, 44, 127, 139, 181, 252, 267
Yujie, Xue 225, 293

Zeev, Oren 147
ZEIT 80, 226f.
ZEITmagazin 33
Zeitverdrängungshypothese 104f., 120, 139, 146
Zhaohui, Chu 229
Zierer, Klaus 10, 30–33, 35f., 197–203, 284, 292
Zuboff, Shoshana 209, 259
Zuckerberg, Mark 140, 168

Ein Plädoyer gegen Wegwerf-Wissen

Die Panikmache geht weiter: Politiker und Industrie fordern, deutsche Schulen mit Technik einzudecken, um den Anschluss ans digitale Zeitalter nicht zu verpassen. Diese Digitalisierung der Bildung erfolgt jedoch fast nur technologie- und ökonomiegetrieben. Pädagogische Konzepte? Fehlanzeige!

Die Autoren üben nicht nur Kritik, sondern nehmen gezielt auch die wirtschaftlichen Verflechtungen aufs Korn, die zwischen IT-Industrie und Bildungspolitik bestehen. Sie greifen zentrale Mythen der Digital-Befürworter an und entlarven die Anstrengungen für eine »Lernfabrik 4.0«, in der Computer allmählich Lehrer ersetzen sollen.

256 Seiten
Hardcover
19,99 € (D) | 20,60 € (A)
ISBN 978-3-86881-697-6

www.redline-verlag.de

REDLINE VERLAG